2019 개정 누리과정에 따른

영유아 언어교육의 이해 **4**판

이론과 실제

한유미 · 김혜선 · 권희경 공저

학지사

LANGUAGE ARTS FOR YOUNG CHILDREN

4판 머리말

영유아에게 언어는 발달시켜 나가야 할 목표인 동시에 발달을 위한 도구가 된다. 이는 언어가 언어 기술 자체의 발달뿐만 아니라 정보 획득, 사회적 상호작용, 갈등 및 문제 해결 등에 중요한 역할을 하기 때문이다. 특히, 영유아기는 언어 발달의 결정적 시기이므로 영유아가 언어를 익혀 한 사회의 진정한 성원이 되기까지의 과정에 부모, 교사 등 주위 성인의 역할은 매우 중요하다. 더욱이 교사는 영유아가 적극적이고 능동적으로 언어를 익혀 가는 데 결정적인 후원자가 되어야 할 것이다.

이 책은 영유아의 언어 발달에 대한 이해를 바탕으로, 영유아의 언어 발달을 촉진하고자 하는 교사에게 필요한 언어교육의 기본 이론과 실제를 소개하였다. 언어교육의 개념 및 활동의 선정·구성 과정에서 유아교육의 특징인 통합의 성격에 충실하고 적극적인 학습자로서의 영유아 역할을 강조하면서 이론과 실제가 별개의 것이 되지 않도록 노력하였다. 또한 영아기부터 어린이집을 이용하는 아동이 증가하고 있는 사회적 변화에 따라 영아의 언어 발달 및 영아를 위한 언어지도 부분에 많은 지면을 할애하였다.

2006년 『영유아 언어교육의 이해: 이론과 실제』 초판이 나온 지 어느새 15년이 지났다. 그동안 감사하게도 많은 독자들의 관심과 사랑에 힘입어 두 차례의 개정판을 낼 수 있었다. 그런데 2019년 누리과정 개정으로 놀이가 강조됨에 따라 다시금 개편을 해야 할 필요성이 생겼다. 이번 개정판에서는 독자들의 피드백을 반영하고 원고의 내용을 업데이트하였을 뿐 아니라 2019년 누리과정의 개정 취지와 방향성을 최대한 반영하고

자 하였다. 이전 책들과의 가장 큰 차이는 '영유아 언어 영역별 지도'라고 교사 중심으로 서술했던 것을 '영유아의 언어놀이 지원'으로 바꾼 것이다. 그리고 일반 유아교육과나 아동학과에서 '언어장애 영유아 지도'를 다루기 어렵다는 피드백에 따라 이 부분은 삭제하였다.

이 책의 내용이 영유아의 언어 발달을 이해하고 이들의 언어교육과 지도를 실제로 해 나가는 데 있어서 작은 도움이라도 될 수 있기를 진심으로 바란다. 아직도 부족한 부분이 많지만 앞으로 계속 수정·보완해 나갈 계획이다.

이 책이 나오기까지 도움을 주신 학지사 김진환 사장님과 꼼꼼하게 교정 및 편집을 해 주신 편집부 여러분들에게 감사드린다. 몇 차례의 밤샘 작업을 함께한 저자들 및 이러한 과정에 무언의 격려를 보내 준 가족들과 함께 출판의 기쁨을 나누고 싶다.

2022년
저자 일동

차례

실제 편

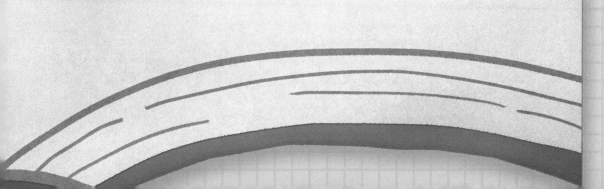

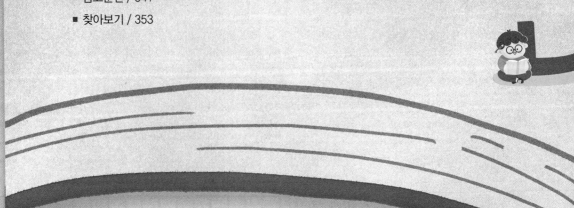

이론 편

01
언어의 기초

영유아 언어교육을 위한 이론적 토대를 갖추는 것은 매우 중요하다. 생활 속에서 언어가 어떠한 중요성을 갖는지, 인간의 언어가 동물의 언어와 어떻게 다른지 그리고 언어의 기원은 무엇인지를 살펴보고 언어의 개념과 특성 및 언어의 유형 등을 살펴본다.

1 인간과 언어

1) 언어의 중요성

깨어 있는 시간의 1/5을 언어를 사용하며 보낼 정도로 인간에게 언어는 중요한 의미를 갖고 있다. 언어의 필요성을 살펴보면 다음과 같다.

첫째, 인간은 언어를 통해 문화를 다른 사회나 다른 시대로 전달한다. 그러나 언어는 단순히 문화의 전달 도구일 뿐 아니라 문화 그 자체이기도 하다. 언어에는 그 언어를 사용하는 사람들의 생각이나 생활양식, 즉 문화가 담겨 있기 때문이다. 예를 들어, 수직적 인간관계와 친족관계를 중시했던 우리나라는 존댓말과 친족용어(예: 당숙, 이종사촌)가 매우 발달해 있다. 인사말의 경우에도 현재에 초점을 둔 영어의 'Good morning'과 달리 우리말은 '안녕히 주무셨습니까?'나 '진지 잡수셨습니까?'와 같이 과거지향적인 성격과 가난해서 끼니를 걱정하던 시절이 반영되어 있다(장신재, 1996). 이렇게 한 사회의 생활양식인 문화는 언어에 영향을 주고, 언어는 다시 이러한 문화를 전달하는 도구로서 기능한다.

둘째, 인간은 언어를 사용해서 자신의 욕구나 의도를 표현한다. 특히, 영유아기에는

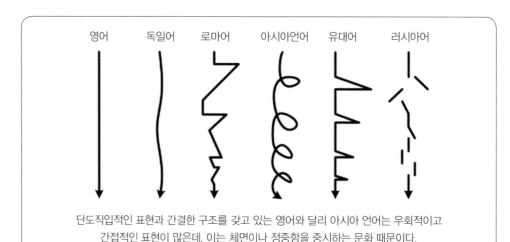

| 영어 | 독일어 | 로마어 | 아시아언어 | 유대어 | 러시아어 |

단도직입적인 표현과 간결한 구조를 갖고 있는 영어와 달리 아시아 언어는 우회적이고
간접적인 표현이 많은데, 이는 체면이나 정중함을 중시하는 문화 때문이다.

●그림 1-1● **문화를 반영하는 언어**

출처: http://onlinelibrary.wiley.com/

언어를 통해 주변인에게 생리적 욕구를 표현함으로써 생존이 가능해진다. 물론 언어 외에도 울음이나 표정, 몸짓 등의 전달 수단이 있지만, 언어는 다른 어떤 수단보다 정확한 의사소통 수단이다. 예를 들어, 목이 말라서 우는 아이에게 어머니는 우유나 물, 주스 중 어떤 것을 주어야 할지 금방 알 수 없지만, '물'이라고 말한 아이에게는 즉시 물을 줄 수 있다.

셋째, 언어를 사용하는 과정에서 대인관계가 형성될 수 있다. 심지어 말을 하지 못하는 영아들의 옹알이도 단순한 발성이라기보다는 양육자의 관심과 사랑을 유발하는 기능을 한다. 즉, 언어는 영유아의 사회성을 발달시키고 성공적인 대인관계를 형성하는 데 중요한 역할을 하는 것이다.

넷째, 언어는 정보를 처리하거나 회상하는 방식에 영향을 미침으로써 사고를 돕는다. 중요한 회의 전에 자신의 생각을 스스로에게 말해 봄으로써 생각을 정리했던 경험이 있을 것이다. 이러한 행동은 영유아에게서도 관찰된다. 예를 들어, 영유아가 "일, 이, 삼"이라고 소리를 내면서 물건의 수를 세는 것은 한 가지 물체도 빠뜨리지 않거나 건너뛰지 않고 숫자를 정확히 세기 위한 것이다. 이처럼 언어는 자신의 생각을 명료하게 하거나 행동을 통제하는 기능을 한다.

다섯째, 언어는 한 개인의 개성이나 인격을 나타내 준다. 영유아의 경우 어른에게 무례한 말을 함부로 하고 욕설을 입에 담는 아이가 있는가 하면, 예의 바른 태도로 말을 하는 아이도 있다. 영유아 언어교육에서는 단순히 많은 어휘를 알게 하거나 문법에 맞는 문장을 가르치는 것뿐 아니라 때와 장소에 적절하고 올바른 태도로 언어를 사용하는 능력을 길러 주는 것 또한 중요하다고 할 수 있다.

2) 인간의 언어와 동물의 언어

아리스토텔레스가 인간을 '말하는 동물'이라고 정의한 이후 많은 학자가 과연 인간만이 언어를 사용할 수 있는가에 대해 관심을 가져 왔다. 그리하여 침팬지 등 영장류에게 말을 가르치려는 실험이 이루어졌으나 이러한 시도들은 번번이 실패하였다. 언어가 인간만이 가지는 종 특유의 현상이라면 그 원인은 무엇인지 살펴보기로 한다.

꿀벌은 침팬지와 달리 훈련을 받지 않고도 의사소통을 한다고 알려진 동물이다. 그러나 꿀벌의 의사소통 방식은 인간의 언어와 분명한 차이가 있다(우윤식, 1997; 이길수

역, 1992). 첫째, 꿀벌은 음성기호가 아니라 몸짓(춤)을 이용하여 메시지를 전달하므로 어두운 곳에서는 의사소통이 불가능하다. 그러나 인간의 언어는 시각적 조건이 필요 없다. 둘째, 꿀벌의 의사소통은 일방통행 방식이지만, 인간의 경우 송신자가 수신자가 되고 수신자가 송신자가 되는 과정이 반복되는 쌍방적 의사소통을 한다. 셋째, 꿀벌이 전하는 메시지의 내용은 지극히 단조롭고 '지금-여기'에 제한되지만,[1] 인간의 언어는 시간과 공간을 초월하여 내용을 전달할 수 있다. 넷째, 꿀벌의 춤은 동물의 울음소리와 마찬가지로 단음으로 분석되지 않고 그 자체가 하나의 덩어리로 기능한다. 그러나 인간의 언어는 일정 수의 어음으로 분석되고, 이 어음들이 다시 여러 가지로 결합하여 유한 수의 단어와 문법 요소를 구성하며, 이들이 다시 여러 가지로 결합하여 무한 수의 문장을 형성한다. 이처럼 동물도 의사소통을 하지만 이들의 의사소통은 인간의 언어와 같은 것은 아니며 단순한 신호체계에 머물러 있다고 할 수 있다.

그렇다면 인간은 어떻게 해서 다른 동물과 질적으로 다른 언어를 갖게 되었을까? 이에 대한 답은 주로 생물학적 입장에서 찾아볼 수 있다. 첫째, 두뇌는 언어와 가장 밀접

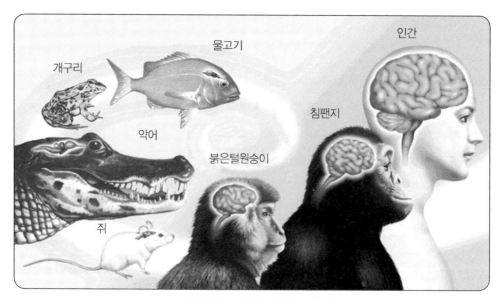

●그림 1-2● 인간의 뇌와 동물의 뇌

출처: http://www.brain.riken.jp/en/awa...ion.html

---

1) 꿀벌은 "지난 주말에 갔던 마을 옆에 있는 꿀이 맛있었다." 또는 "내일 이웃 마을에 가서 꿀을 찾아보자."라는 메시지를 전달할 수 없다.

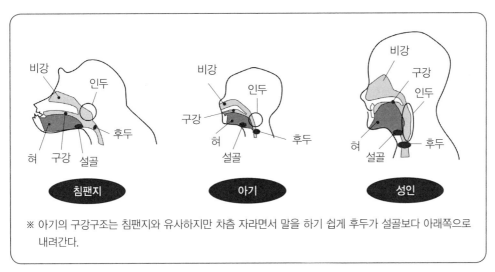

※ 아기의 구강구조는 침팬지와 유사하지만 차츰 자라면서 말을 하기 쉽게 후두가 설골보다 아래쪽으로 내려간다.

●그림 1-3● 인간과 침팬지의 구강구조

한 관련이 있는 신체기관인데, 인간은 고등동물 중 가장 큰 두뇌(1,350g)를 갖고 있다. 또한 두뇌 중에서도 입과 혀를 관장하는 두뇌피질이 가장 넓은 부위를 차지한다. 반면, 인간 다음으로 지능이 높다는 침팬지의 두뇌는 인간의 1/3 정도(450g)에 불과하며, 그중에서도 손을 관장하는 부위가 두뇌피질에서 가장 큰 비중을 나타내고 있다. 둘째, 직립보행 이후 인간의 입은 말소리를 내기 편리하도록 진화되어 왔다. 발음기관인 인간의 설골(舌骨)과 후두(喉頭)는 태아 시기에는 입안 구조상 높게 위치하고 있으나, 출생 후 천천히 내려앉기 시작하고 후두 위의 성도(聲道)가 발달하여 복잡한 말소리를 낼 수 있게 된다. 침팬지는 입이 앞으로 튀어나오고 입안 공간도 넓지 않으며, 후두 옆에 공기주머니가 있어 소리를 크게 낼 수 있지만, 소리를 다양하게 내지는 못한다(이차숙, 노명완, 1994). 셋째, 유전학 연구 결과 인간과 침팬지는 유전자가 서로 유사하지만, 언어능력에 관여하는 FOXP2 유전자 717개의 아미노산 중 2개가 다른 것으로 밝혀졌다. 이러한 미세한 차이가 두 종의 언어능력을 결정하는 데 중요한 역할을 한다고 볼 수 있다.

3) 언어의 기원

개나 소 등 동물이 짖는 소리는 옛날과 변함없이 그대로인데, 인간의 언어는 복잡한 전달체계로 발달되어 왔다. 언어의 기원에 관한 주요 입장과 학설을 소개하면 다음과 같다(박배식, 1992; 우윤식, 1997; 장신재, 1996; Curtiss, 1979).

(1) 신이 만들었다는 입장

먼저 언어는 신이 만들었다는 입장이다. 이는 고대인의 종교적 신앙에서 나온 것으로 인간은 신으로부터 언어를 사용할 수 있는 본능을 받아서 서로 의사소통을 하게 되었다는 것이다. 또한 언어는 인간이 만든 것이 아니라 신이 만들어서 인간에게 부여한 것이므로 처음부터 완벽했다고 본다. 즉, 언어는 일종의 영력, 위력, 마력이 있고, 인간의 힘으로 좌우할 수 없으며, 신만이 관여할 수 있다는 것이다. 그러나 언어가 신의 선물이라는 것을 과학적으로 입증하기는 어려울 뿐 아니라, 늑대 소년과 같이 인간 사회와 격리되어 성장한 아이는 언어를 배우지 못한다는 사실을 볼 때 이 입장은 한계가 있다.

 기독교

신이 아담을 만들고, 아담이 각 생물을 일컫는 바가 곧 이름이라

 힌두교

언어는 우주의 창조주인 브라마의 아내, 사라스바티로부터 온 것이다.

(2) 인간이 만들었다는 입장

반대로 인간 스스로 언어를 창조했다고 보는 입장도 있다. 처음에 인간은 외침이나 몸짓을 의사소통 수단으로 사용했으나 이것만으로는 불충분하여 언어를 만들었다는 것이다. 즉, 인간의 자유의지로 언어가 만들어졌다는 입장으로 언어를 인간이 음성에 의미를 부합시켜 만든 고도의 정신활동의 산물로 본다. 그러나 이 입장은 인간이 어떻게 추상적인 사고력을 갖게 되었으며, 또 추상적인 사고를 말로 표현하게 되었는가를 설명해 주지 못한다. 또한 언어가 없는 상태에서 인간이 단어를 사용하는 방법을 결정하고, 그 결정을 공식화했다는 것도 어불성설이다.

(3) 진화론적 입장

이와 같이 볼 때 언어는 신의 선물도 아니고, 인간이 발명한 것은 더더욱 아니다. 즉, 인간이 진화함에 따라 언어도 함께 진화한 것으로 보아야 할 것이다. 인간의 기원이 곧 언어의 기원이라는 진화론적 관점에 기초한 학설을 살펴보면 다음과 같다.

① 멍멍설

멍멍설(Bow-wow theory)은 인간이 동물 소리인 의성어를 모방해서 언어를 발명했다고 보는 입장이다. 예를 들어, '뻐꾸기', '개구리' 등과 같은 동물 이름은 이들이 내는 소리에서 유래된 것으로 볼 수 있으며, 이러한 예는 특히 영유아의 언어에서 많이 발견된다. 그러나 실제로 세계에 존재하는 어떤 언어에서도 의성어가 차지하는 비율은 매우 적다. 또한 의성어는 상징적인 기능을 갖고 있지 않아서 언어의 본질과 근본적인 차이를 보인다는 점에서 이 가설은 설득력이 약하다.

② 감탄사설

감탄사설(Pooh-pooh theory)은 희(喜), 노(怒), 애(哀), 락(樂), 애(愛), 오(惡), 욕(欲) 등의 자연적이고 본능적인 감정을 표출할 때 만들어 낸 소리가 언어의 기원이라는 입장이다. 즉, '쯧쯧'과 같이 인간이 표출하는 감탄사에서 자연스럽게 언어가 생겨났다는 것이다. 이는 감탄사설, 아야설(ouch! theory), 콧방귀설이라고도 불리며, 대표적 학자는 다윈(Darwin)이다. 그러나 언어에서 감탄사가 차지하는 비율은 매우 적다. 더욱이 감탄사는 목적과 의도가 전혀 없는 자연적이며 본능적인 감정의 표출을 나타내는 본능적 행위인 데 비해, 언어는 집단 구성원들의 의도적인 소통 행동이라는 점에서도 이 가설은 한계가 있다.

다윈(C. Darwin, 1809~1882)
"인간과 동물은 음성을 만드는 데 있어서 거의 차이가 없으며, 인간과 유사하게 동물도 느낌을 음성으로 나타낸다."

③ 딩동설

딩동설(Ding-dong theory)은 자연 속의 다양한 소리를 인간이 성대를 통해 묘사함으로써 언어가 생겨났다는 입장이다. 예컨대, 종이 울리는 소리를 '땡땡'이라고 듣는 것처럼, 사물의 자연적인 성질이 인간에게 본능적으로 적당한 이름을 발견하게 하였다는 것이다. 이 가설은 대부분의 단어와 그것이 지시하는 사물의 관계가 임의적이라는 점에서 한계가 있다. 그러나 언어가 이렇게 시작되었다는 주장은 지능이 언어에 앞서 발달했다는 사실을 시사해 준다.

④ 노동요설

노동요설(Yo-he-ho theory)은 원시사회에서 인간이 공동으로 작업할 때 내는 소리나 노래로부터 언어가 생겨났다고 보는 입장으로 어기영차설이라고도 한다. 즉, 무거운 물건을 끌거나 계속적인 동작이 필요할 때 괴로움을 잊거나 일의 능률을 높이기 위해 또는 작업의 보조를 맞추기 위해 소리를 내게 되는데, 이때 내는 소리가 언어의 기원이라는 것이다. 이러한 입장을 취하는 학자로는 루리아(Luria)가 있다.

2 언어의 성질

1) 언어의 개념

언어는 말이나 의사소통과 동일한 의미로 사용되기도 하지만 엄밀히 말하면 이 세 가지 용어는 다소 차이가 있다(Chaney, 1994; Owens, 2001; http://kem.edunet4u.net).

(1) 말

말(speech)은 언어에 비해 개인적인 측면이 강조되는 개념으로 협의의 언어를 의미한다. 말이란 공기가 후두와 비강 및 구강을 통해서 지나갈 때 혀, 이, 입술, 구개, 코 등과 같은 조음기관의 움직임에 의해서 만들어지는 독특한 소리와 소리의 합성으로 정의된다. 다른 동물들은 인간의 말소리만큼 다양하고 복잡한 소리를 내지 못한다. 또한 소리가 말로서 기능하기 위해서는 의미 있는 것으로 받아들여져야 한다.

(2) 언어

언어(language)는 의사소통을 위해서 사용되는 상징체계이다. 이 상징체계는 말로 하거나 글로 쓰인 단어, 그림이나 인쇄된 기호 또는 사물, 감정, 욕구, 관계, 사건을 표현하는 수동적인 신호로 구성될 수 있다. 이런 의미에서 언어는 말을 포함하는 상위 범주로 볼 수 있다. 따라서 언어는 말을 통해 전달될 수 있지만, 말이 언어의 필수조건은 아니다. 예를 들어, 수화는 손과 몸의 동작이 언어 단위이며, 말과는 다른 독자적인 상징 조합 규칙이 있는 별개의 시공간적인 언어이다.

(3) 의사소통

의사소통(communication)이란 둘 또는 그 이상의 사람들 사이에서 정보가 전달되는 과정을 의미하는 것으로 의도적·비의도적으로 자신의 감정이나 생리적인 상태, 바람, 의견 또는 인식을 다른 사람들에게 전달하는 행위를 포함한다. 의사소통에는 송신자와 수신자가 필요하며, 두 사람 모두 메시지가 효율적으로 전달되었는지 그리고 의도했던 내용이 잘 보전되었는지 확인하기 위해서 상대방에게 주의를 기울여야 한다. 예를 들어, 송신자는 존칭 사용 유무를 결정하기 위해 수신자의 나이를 확인하거나, 수신자의 언어 발달 수준, 수신자의 현재 관심사, 주변 환경 등을 고려해야 한다.

가장 기본적이고 편리한 의사소통 방법은 말을 통한 것이지만, 우리는 실제로 말 이외에도 여러 가지 다른 수단을 사용하여 의사소통을 한다. 즉, [그림 1-4]와 같이 의사소통 과정에는 말이나 언어 외에도 준언어적·비언어적·초언어적 요소 등이 포함된다.

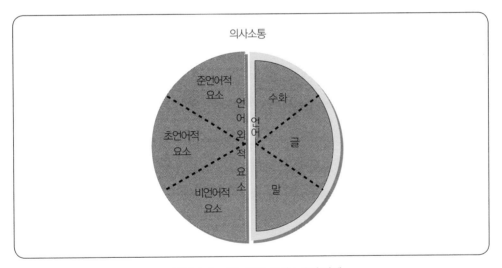

●그림 1-4● 말, 언어, 의사소통의 관계

출처: Owens, R. (2001). *Language Development—An Introduction—*. Boston: Allyn and Bacon.

① 준언어적 요소

준언어적 요소(paralinguistic code)는 태도나 정서를 나타내기 위해 말에 첨가되는 것으로서 억양, 강세, 속도, 일시적인 침묵(pause) 등이 있다. 어순을 바꾸지 않아도 문장 끝을 올리면 평서문이 의문문이 되는 것처럼, 준언어적 요소는 문장의 의미와 형태를 바꿀 수 있다.

- **억양**: 의문문인지 평서문인지를 표시한다. 의문문의 경우 문장의 끝을 올린다.
- **강세**: 중요한 부분을 강조하기 위해 사용되며, 청자의 이해를 도와준다.
- **속도**: 화자가 흥분한 정도나 대화 내용에 익숙한 정도, 그리고 상대방이 이해하고 있는 정도에 따라 달라진다. 예를 들어, 같은 내용이라도 성인에게 말할 때보다 유아에게 말할 때 천천히 말한다.
- **일시적인 침묵**: 메시지를 강조하거나 대신한다. 예를 들어, "사탕 먹어도 돼요?"라고 묻는 유아에게 엄마가 잠시 대답을 보류한다면 사탕을 먹으면 안 된다는 의미이다.

아이 → 엄마: "개 기르면 안 될까?"
엄마 → 아이: "음~ 글쎄."

말과 별개로 어머니의 어조는 아이가 개를 가질 수 없음을 나타낸다.

엄마의 '말'이 아니라 '말투'에서 개를 가질 수 없다는 것을 파악한 유아

●그림 1-5● 준언어적 요소의 예

② 비언어적 요소

비언어적 요소는 영유아의 언어에서 많이 발견되는 것으로서, 몸짓, 자세, 표정, 시선, 머리 또는 몸의 동작, 물리적 거리나 근접성 등을 말한다. 윙크나 찌푸린 표정 등의 비언어적 요소는 말이나 언어에 의존하지 않고서도 메시지의 전달이 가능하다. 그러나 비언어적 요소는 개인차가 크고 문화에 따라서도 그 의미가 다를 수 있다. 예를 들어, 우리나라에서는 머리를 위아래로 끄덕이는 것이 '그렇다'라는 의미이지만, 그리스나 터키, 인도에서는 '아니다'라는 의미다. 이와 같이 비언어적 요소는 주관적이지만, 백마디 설명보다 손으로 지시하는 것이 의미를 전달하는 데 있어 효과적인 경우도 있다.

1961년 미국 대통령 후보 케네디
대통령 선거 TV 연설에서 케네디는 대중을 사로잡는 스피치와 세련된 제스처로
시청자들을 매료시켜 대통령에 당선되었다고 한다.

●그림 1-6● 비언어적 요소의 예

③ 초언어적 요소

초언어적 요소(metalinguistic code)는 언어에 대해 이야기하고, 분석하고, 생각하고, 판단하고, 언어를 내용과 분리해서 하나의 실체로 보는 능력이다. 영유아는 언어의 형식보다 언어의 내용에 초점을 두고 의사소통이 이루어지는 경향이 있다. 예를 들어, '다리'와 '알' 중에서 '발'과 소리가 비슷한 단어를 고르라고 할 경우 '다리'를 선택하지만, 초언어적 능력이 있는 영유아는 '알'이라고 답할 수 있다. 읽기나 쓰기 학습에는 이러한 초언어적 요소가 필요하다.

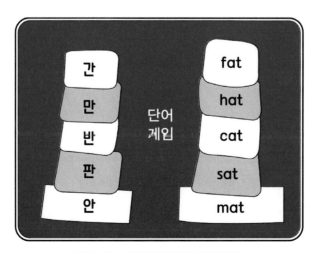

●그림 1-7● 읽기에 필요한 초언어적 요소

2) 언어의 특성

현존하는 언어의 공통적인 특성을 살펴보면 다음과 같다(박경자, 강복남, 장복영, 1994; Ault, 1989; Jalongo, 2000; Owens, 2001).

(1) 추상성

언어는 어떤 것을 나타내는 상징이므로 실제 표상하는 사물과는 거의 유사성이 없다. 예를 들어, '개'라는 단어는 모양이나 소리 모두 실제 개의 물리적 특성과 전혀 비슷하지 않다. 그러나 영유아는 언어를 구체적인 사물과 행동으로 생각한다. 따라서 이들은 길이가 긴 '기차'(두 글자)보다 작은 '세발자전거'(다섯 글자)가 긴 단어라는 것을 의아하게 생각한다.

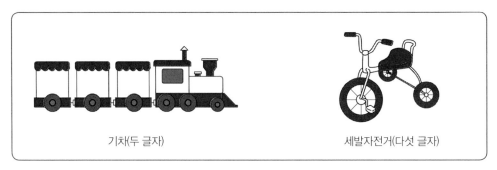

기차(두 글자)   세발자전거(다섯 글자)

●그림 1-8● 언어의 추상성

(2) 임의성

언어는 어떤 사물이나 개념에 임의적으로 음성이나 문자를 연결시키기로 약속한 부

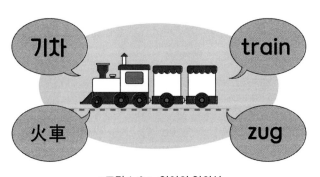

기차   train   火車   zug

●그림 1-9● 언어의 임의성

호다. 언어의 임의적 특성 때문에 같은 개 짖는 소리도 우리나라에서는 '멍멍'이라고 하는 반면, 영어권에서는 '우프우프'로 표현한다. 그러나 영유아는 언어와 개념의 관계를 필연적이거나 절대적인 것으로 생각하는 경향이 있다. 예를 들어, 해의 이름을 바꾸어 달이라고 부른다면 한낮에도 깜깜해질 것으로 생각한다.

(3) 규칙성

언어는 단순한 어휘의 집합이 아니라 어순이나 의미 등을 결정하는 일정한 규칙 체계를 갖고 있다. 즉, 모든 인간의 언어는 자음과 모음이 모여 단어를 이루고, 단어가 결합되어 문장을 형성하며, 이러한 연결은 문법이라는 규칙에 의해 이루어진다. 만약 언어에 규칙이 없다면 언어는 이해할 수 없는 잡음에 불과하다.

(4) 사회성

언어는 여러 가지 학습 유형 중 가장 사회적인 것으로 타인과의 상호작용에 주된 목적이 있다. 또한 언어는 인간을 고립된 존재가 아닌 사회의 일원이 되게 하며, 정신적 유대를 통해 사회가 원활하게 운영될 수 있도록 한다. 따라서 공통된 언어를 사용하는 집단은 하나의 언어사회를 구성한다. 언어를 의미하는 의사소통(communication)과 사회를 의미하는 협동체(community)의 어원이 같은 것도 이러한 이유 때문이라고 볼 수 있다.

(5) 생산성

어떠한 언어도 어휘의 수는 한정되어 있으나 제한된 어휘와 문법으로 만들 수 있는 문장의 수는 무수하다. 예컨대, 어떤 나라의 언어에 명사와 동사가 각기 1,000개씩 총 2,000개의 단어가 있다고 가정할 때 이 나라 언어로 '주어 + 목적어 + 서술어'의 형식으로 만들 수 있는 문장은 무려 1,000,000,000가지나 된다. 이처럼 언어적 창조 행위가 가능한 것은 인간이 언어를 능동적으로 사용하기 때문이다. 또한 언어의 생산성으로 인간은 가상의 사물이나 사건(예: SF)에 대해서도 이야기할 수 있다.

주어(명사 + 조사) + 목적어(명사 + 조사) + 서술어(동사)

$1,000 \times 1,000 \times 1,000 = 1,000,000,000$

---

(6) 가변성

언어는 고정불변하는 것이 아니라 사회현상에 따라 끊임없이 변화한다. 언어의 여러 요소(음운, 구문, 의미, 어휘 등) 중에서 어휘가 가장 변화하기 쉽다. 특히, 오늘날에는 과학기술의 발달로 새로운 어휘가 빠르게 생성되고 있고(예: 인공지능, 인간복제, 컴맹), 소멸되는 어휘도 있으며(예: 시장을 뜻하던 저자), 맞춤법 역시 바뀐다(예: 했읍니다 → 했습니다).

3) 언어의 유형

(1) 청각 vs 시각

언어는 먼저 청각적 방법에 의존하는 음성언어(oral language)와 시각적 방법에 의존하는 문자언어(written language)로 나뉜다. 음성언어는 일차적인 언어로서 아주 먼 옛날부터 발생했지만, 시공간적 제한이 크므로 이를 보완하기 위해서 문자언어가 발명되었다. 오늘날은 멀리 있는 사람과 전화로 대화가 가능하고 중요한 연설 내용을 여러 가지 기기를 통해 영구히 보존할 수 있다. 그러나 이러한 기기가 없던 시절에는 문자언어만이 음성언어의 시공간적 한계를 보완해 줄 수 있는 유일한 방법이었다. 따라서 문자언어는 정보를 영구적으로 보관하고 전달함으로써 지식의 축적과 새로운 지식의 탄생을 가능하게 하였다. 한편, 문자언어는 음성언어보다 형식적이고 조직적인 특성이 있다. 예컨대, 음성언어에서는 몸짓, 억양, 속도, 강세 등이 사용되지만, 문자언어에서는 띄어쓰기, 쉼표, 마침표 등을 사용하여 그 의미를 표현해야 한다. 또한 음성언어는 대화를 주고받는 상황이 의미파악에 도움을 주지만, 문자언어는 그 자체로 모든 의미를 전달해야 하므로 더욱더 정확한 표현이 요구된다.

(2) 수용 vs 표현

음성언어와 문자언어로 구분하는 것 외에도 언어는 상대방의 입장을 받아들이는 수용언어(receptive language)와 자신의 입장을 나타내는 표현언어(expressive language)로 분류될 수 있다. 음성언어 중 듣기는 수용언어, 말하기는 표현언어에 속하고, 문자언어 중 읽기는 수용언어, 쓰기는 표현언어에 해당한다. 듣기, 말하기, 읽기, 쓰기는 언어의 4영역으로서 [그림 1-10]과 같이 표시될 수 있다. 언어의 산출(표현언어)은 언어에 대한 이해(수용언어)를 전제로 이루어지지만, 그렇지 않은 경우도 있다. 가사의 의미를 이해하지 못하고도 외워서 노래를 부르는 영유아가 이에 해당한다. 수용언어와 표현언어 간의 관계에 대해서는 논란이 있다. 그러나 13개월에 어휘 50개를 이해했지만 19개월이 되어서야 같은 수의 어휘를 표현할 수 있었던 영유아의 사례처럼 대체로 수용언어가 표현언어보다 선행한다고 할 수 있다(박배식, 1992).

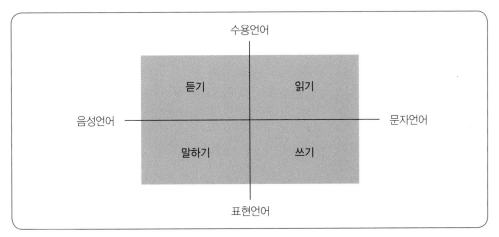

●그림 1-10● 언어의 4영역

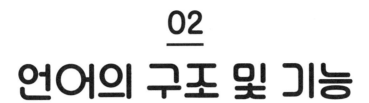

02
언어의 구조 및 기능

언어는 여러 가지 구성 요인들로 구조화되어 있는 매우 복잡한 의사소통 체계이다. 이 장에서는 언어의 구조를 이해하기 위해 음소, 형태소, 단어, 문장 등의 기본 요소와 음운론, 통사론, 의미론, 화용론 등 네 가지 구성 유위을 살펴본 후 언어의 구체적인 기능을 알아본다.

1 언어의 구조

1) 언어의 기본 요소

(1) 음소

음소(phoneme)는 말을 하거나 듣는 사람에게 소리의 차이를 일으키는 최소의 음성 단위이다. 예를 들어, [그림 2-1]과 같이 '강', '방', '상' 등의 단어를 소리 내어 말해 보면, 첫 음소(ㄱ, ㅂ, ㅅ)가 다르기 때문에 의미가 달라진다는 것을 알 수 있다. 또한 이 단어들의 끝 음소를 'ㅇ' 대신 'ㄴ'으로 바꾸어도 의미가 변한다. 이와 같이 음소는 개별적으로 존재하기보다는 항상 다른 음소들과 긴밀한 관계를 맺고 있으므로 이러한 전체적인 체계 안에서 이해되어야 한다.

언어마다 음소는 차이가 있다. 예를 들어, 영어에서 light[lait]와 right[rait]는 각기 다른 음소로 구별되지만, 우리말에서는 [l]과 [r]이 변별력이 없어 하나의 음소를 이룬다. 반대로 우리말에서 불, 풀, 뿔은 ㅂ, ㅍ, ㅃ이 의미의 변별(火, 草, 角)을 일으키지만, 영어에서는 모두 [pul]이라는 같은 소리로서 의미의 변별을 일으키지 못하기 때문에 별개의 음소로 인정되지 않는다.

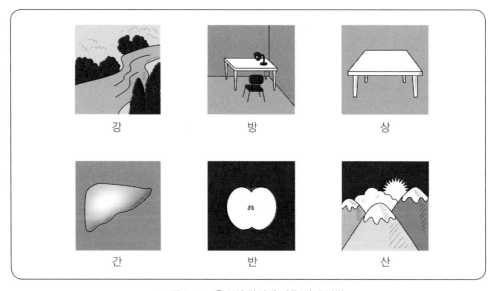

강　　　　　　방　　　　　　상

간　　　　　　반　　　　　　산

●그림 2-1● 음소의 차이에 따른 의미 변화

음소는 자소(grapheme)로 표시된다. 그런데 음소는 한 가지 방법에 의해서만 자소로 표현되는 것은 아니다. 영어의 [f] 음소를 예로 들면, 자소(알파벳)는 다음과 같이 다양한 방식으로 조합되어 음소를 나타낸다(Farris, 2001).

[f]

f: **f**ish, **f**ootball, **f**ox
ff: sta**ff**, pu**ff**
gh: lau**gh**, tou**gh**
ph: **ph**enomenon, **ph**one, **ph**oneme

이와 같이 음소는 발음되는 위치가 어디인지 또는 여러 음소가 이어서 나타나는지에 따라 모습이 달라진다. 따라서 그 수를 정확히 알기가 어렵고, 같은 언어라도 방언에 따라서 음소의 숫자는 다소 많거나 적을 수 있다. 대체로 영어에는 42개의 음소, 우리말에는 40개의 음소가 있다고 한다. 우리말의 음소로는 다음과 같이 19개의 자음과 21개의 모음이 있다.

자음	ㄱ, ㄴ, ㄷ, ㄹ, ㅁ, ㅂ, ㅅ, ㅇ, ㅈ, ㅊ, ㅋ, ㅌ, ㅍ, ㅎ, ㄲ, ㄸ, ㅃ, ㅆ, ㅉ
모음	ㅏ, ㅑ, ㅓ, ㅕ, ㅗ, ㅛ, ㅜ, ㅠ, ㅡ, ㅣ, ㅐ, ㅒ, ㅔ, ㅖ, ㅘ, ㅙ, ㅚ, ㅝ, ㅞ, ㅟ, ㅢ

(2) 형태소

음소가 최소의 음성 단위라면, 형태소(morpheme)는 더 이상 작은 부분으로 나눌 수 없는 최소의 의미 단위를 말한다. 형태소는 그 자체로 하나의 단어로 기능할 수도 있고, 2개 이상의 형태소가 결합하여 단어를 구성할 수도 있다. 예를 들면, '엄마'는 최소의 의미 단위인데, '엄'과 '마'로 쪼개면 의미가 없어져 버린다. 또한 '어머니'는 하나의 형태소로서 단어로 기능하지만, '새' 또는 '큰'이라는 다른 형태소와 결합하여 '새어머니', '큰어머니' 등의 새로운 단어가 될 수 있다.

흔히 형태소는 자립성의 유무에 따라 자립형태소(free morpheme)와 의존형태소(bound morpheme)로 나뉜다. '산'이나 '바다' 등은 자립형태소라는 하나의 형태소로 이루어져 있다. 의존형태소는 항상 자립형태소와 함께 사용되어야 하며, 혼자서는 사용될 수 없는 형태소로 주로 조사나 어미 등이 이에 해당한다. 또한 형태소는 내용의 허실에 따라 어휘형태소(lexical morpheme)와 문법형태소(grammatic morpheme)로 나뉘기도 한다. 어휘형태소는 자립형태소이고, 문법형태소는 의존형태소인 경우가 많지만, 반드시 그런 것은 아니다. 예를 들어, '바다가 깊다.'란 문장에서 '깊'은 자립성 유무에 따라서는 의존형태소에 속하지만, 내용의 허실에 따라서 볼 때에는 어휘형태소이다.

(3) 단어와 문장

단어(word)란 문법상의 뜻과 기능을 가진 언어의 최소 단위를 말한다. 어휘형태소 단독으로도 단어가 될 수 있고(예: 고추), 다른 형태소와 합쳐져서 단어가 될 수도 있다(예: 고추잠자리). 단어는 중간에 휴지(休止)를 둘 수 없고, 다른 단어를 끼워 한 단어의 내부를 분리할 수 없는 특성이 있다.

문장(sentence)은 단어가 일정한 규칙에 따라 연결되고 조직된 것으로, 대개 주어와 술어를 갖추고 있는 말의 집합을 뜻한다. 그러나 이러한 정의로 모든 문장을 다 설명할 수 있는 것은 아니다. 표현이 완결되지 않은 단어 문장이 있을 수 있고, 주어가 없는 명령문과 같은 예외가 있기 때문이다. 예를 들어, "물!"은 한 단어일지라도 위급 상황에서는 "목이 말라서 죽을 것 같으니 빨리 물을 달라."라는 완전무결한 뜻을 지니게 된다. 또한 문장에는 주어와 술어의 관계가 단 1회만 성립하는 단문이 있고, 2회 이상 거듭하여 성립되는 복문이 있다.

2) 언어의 구성 요인

(1) 음운론

음운론(phonology)[1]은 말소리를 체계적으로 연구하는 언어학의 한 분야로서, 말소리들 사이의 발음관계, 옆 소리와의 조정, 그리고 그것들이 실현되는 환경을 이루는 어조, 강약 혹은 억양의 구도 등의 발음 규칙들을 포함한다. 각 언어는 고유의 음운체계를 가지고 있으며, 영유아는 단어를 말하기 위해 필요한 소리를 추출하여 학습함으로써 모국어의 음운체계를 습득한다(Boysson-Bardies, 2005). 다음 예와 같이 영유아는 소리의 미묘한 차이에 성인보다 더 민감하며 소리의 탐색을 즐긴다.

---

1) 음운론은 언어교육 방법 중 하나인 파닉스(phonics)의 어원이기도 하다.

> 지훈(5세)이는 블록 영역에서 혼자 차를 몰고 다니면서 '부룽부룽' 하는 소리를 낸다.
> 주유소에 도착하자 "여보, 휘발유를 넣어요." 하면서 목소리를 높게 낸다. "그럴까, 여보.
> 지갑 좀 줘……."라고 말하며, 차의 시동을 끄는 '부르르르릉……' 소리를 낸다.

지훈이는 의성어(예: 자동차 엔진 소리)를 사용하고 있으며, 엄마 역할을 할 때 목소리의 톤을 높이고, 아빠 역할을 할 때에는 목소리의 톤을 낮춘다. 목소리의 떨림 정도 역시 변한다. 예를 들면, '부룽' 할 때는 진동(vibration)의 양이 변한다. 질문하거나 명령할 때에는 어조도 변한다. 강세나 멈춤도 사용하고 있다. "그럴까, 여보. 지갑 좀 줘……." 라고 말할 때 지훈이는 '지갑'이란 단어에 강세를 주고, '그럴까'와 '여보'라는 단어 뒤에서는 잠시 멈춘다(Jalongo, 2000).

한편 단조로운 소리보다는 다양한 소리가 듣기 좋고 의미를 이해하기도 쉽다. 컴퓨터 음성이 듣기가 어려운 이유도 소리가 기계적이고 밋밋하기 때문이다. 따라서 영유아를 지도할 때는 소리를 다양하게 해야 주의집중과 이해를 쉽게 할 수 있음을 고려해야 할 것이다.

(2) 통사론

통사론(syntax)은 언어의 문법체계를 말하는 것으로, 구(phrase), 절(clause), 문장(sentence)을 만들기 위해 단어를 적절한 순서로 배열하는 것이다. 예를 들어, 영어의 어순은 '주어-동사-목적어'(예: I eat an apple.)이고, 우리말의 어순은 '주어-목적어-동사'(예: 나는 사과를 먹는다.)이다.

통사론에 대한 지식이 있으면 "고양이가 쥐를 잡아먹었어."라는 기본적인 문장을 말하거나 적을 수 있으며, 이를 "고양이는 쥐를 잡아먹지 않았어." 또는 "쥐가 고양이한테 잡아먹히지 않았어."라는 문장으로 변형할 수 있다. 또한 새로운 문장을 무수히 창조할 뿐 아니라 "쥐가 고양이를 잡아먹혔어."와 같이 문법이 틀린 문장을 알아차릴 수 있다. 영유아는 다음 예와 같이 언어의 규칙에 관한 지식을 갖고 있다(Jalongo, 2000).

> 유치원에 다니는 세정이는 친구에게 복수형을 만드는 방법을 설명하기 위해 "혜리야,
> 한 개보다 더 많이 있을 때에는 끝에 '들'을 붙이는 거야."라고 말한다.

(3) 의미론

의미론(semantics)은 단어나 문장의 의미나 내용에 관한 것이다. 언어의 의미는 언어 이론에서 가장 애매하고 논란이 되는 개념이다. 의미론의 발달은 음운론이나 통사론보다 속도가 늦다. 심지어 인간은 자신이 사용하는 단어의 의미를 평생이 걸려도 다 이해하지 못한다고 한다.

얼마 전 저녁식사 중에 지혜(3세)의 엄마는 지혜에게 "감자 좋아하니?"라고 하면서 국에서 깍두기 모양의 하얀 감자를 건져 주었다. 감자는 맛도 좋고 감촉도 부드러웠다. 다음날 햄버거 상점에서 길쭉하게 썬 감자를 바삭하게 튀긴 프렌치프라이를 먹었는데, 아빠가 "지혜가 감자를 좋아하는구나."라고 말했다. 토요일에는 시장에서 어떤 아주머니가 흙투성이의 동그란 물건을 가리키면서 "감자 주세요."라고 했다. 오늘 지혜는 텔레비전 뉴스에서 '뜨거운 감자인 국민연금 문제…….'라는 말을 들었다.

앞의 예는 단어의 의미가 한 개인의 경험과 어떠한 관계가 있는지 그리고 단어의 의미를 이해하는 것이 왜 어려운지를 보여 준다. 감자라는 같은 단어도 상황마다 각기 다른 대상을 지칭하므로 영유아의 입장에서는 감자의 의미가 혼돈스러울 수밖에 없다 (Jalongo, 2000).

한편 통사론적으로는 정확하지만 의미론적으로는 옳지 않은 문장이 있다. 예를 들어, "우리 아빠가 임신했어요."라는 문장은 문법은 맞지만, 의미론적 규칙에는 맞지 않다. 왜냐하면 '아빠'라는 의미와 '임신'이라는 의미는 같이 사용할 수 없는 의미이기 때문이다(정옥분, 2018).

(4) 화용론

화용론(pragmatics)은 의사소통을 하기 위해 언어를 적절하게 사용하는 규칙을 말하는 것으로 언어의 기능과 관계있다. 즉, 공손한 말씨를 쓰는 것이나 상대방의 연령이나 위치를 고려해서 말하는 것, 상대방이 이해할 수 있도록 언어를 조절(예: 반복)하는 것, 그리고 대화 시 두 사람이 동시에 말하지 않고 차례차례 말하는 것 등이 화용론에 해당한다. 또한 대화할 때 적절한 거리를 유지하거나 시선을 맞추고 말하는 것과 같은 비언어적 요소들도 이에 포함된다. 만약 동생에게 "안녕하세요?"라고 말하고, 선생님에게

"밥 먹어라."라고 한다면, 음운론, 의미론, 통사론의 측면에서는 문제가 없지만 화용론에 대한 이해는 부족하다고 할 수 있다.

표 2-1 │ 언어의 네 가지 구성 요인과 그 예

차원	영유아의 행동
음운론: 소리체계의 숙달	• 소리를 이해 　예 '공'과 '콩' 소리를 구별해서 듣고 적절히 반응하는 것 • 소리를 산출 　예 "에."가 아니라 "예."라고 말하는 것
통사론: 문법체계의 숙달	• 말의 구조를 인식 　예 복수형에는 '들'이 붙음을 이해하는 것 • 정확하게 구조화된 말을 산출 　예 "갔어 집에."가 아니라 "집에 갔어."라고 어순을 학습하는 것
의미론: 의미체계의 숙달	• 의미를 이해 　예 헤어질 때 "안녕."이라는 단어와 연결하는 것 • 의미 있는 말을 산출 　예 트럭이 지나갈 때 '버스'가 아니라 '트럭'이라고 하는 것
화용론: 사회적 상호작용 체계의 숙달	• 말의 사회적 함축성을 이해 　예 "불이야!"가 대피하라는 말임을 아는 것 • 사회적 상황에 적절한 말을 산출 　예 "고마워." 혹은 "제발."이라고 말하는 것을 학습하는 것

출처: Levin, G. (1983). *Child Psychology*. Belmont: CA: Wadsworth.

 언어의 기능

　효과적인 의사소통을 위해서는 단어나 문법에 대한 지식 못지않게 언어의 기능에 대한 이해가 필요하다. 그러나 언어의 기능을 구분하는 것은 쉽지 않다. 예를 들어, "덥군요."라고 했을 때 말한 사람이 물리적인 온도를 진술한 것인지, 창문을 열라는 간접적 요청인지, 아니면 물을 달라고 하는 것인지 맥락에 대한 정보 없이는 그 의미를 판단하기 어렵다. 만약 말한 사람은 요청(예: 창문을 열어 달라)의 의미였는데 들은 사람은 진술(예: 날씨가 덥다)로 지각했다면, 의사소통이 제대로 이루어지지 못한 것이다.

　또한 언어의 기능은 한 가지로만 분류될 수 없는 경우도 있다. 예를 들어, 교사가 "선

생님은 영희처럼 신발을 벗고 조용히 앉아 있는 것을 좋아해."라고 말했다면, 그것은
영희를 칭찬하는 것과 다른 아이들도 신발을 벗고 조용히 앉도록 요청하는 것의 두 가
지 언어 기능을 사용하는 것이다(Stabb, 1992).

여기서는 영유아의 음성언어 기능을 중심으로 한 스타브(Stabb, 1992)의 분류와 문자
언어 기능까지 포함한 홀리데이(Halliday, 1973)의 분류를 중심으로 언어의 기능을 살펴
본다.

1) 스타브의 언어 기능 분류

스타브(Stabb, 1992)는 교사가 영유아의 어휘와 문법, 발음에는 관심을 기울이지만,
영유아가 언어를 어떻게 사용하는지는 별로 중요시하지 않는 경향이 있다고 하였다.
그는 영유아가 타인이 말한 언어의 기능을 올바로 지각하지 못하거나 다양한 언어의
기능을 적절히 사용하지 못한다면 심각한 의사소통 문제를 갖게 될 수 있다고 하면서
주로 교실 내에서 일어나는 음성언어를 중심으로 다음과 같이 언어의 기능을 분류, 설
명하였다.

(1) 사회적 욕구의 주장(asserting and maintaining social needs)

자신의 권리나 욕구를 주장하는 것, 상대방에 대해 긍정적·부정적 표현을 하는 것,
의견을 요청하는 것, 그리고 대화를 이어 가기 위해 우발적인 표현을 하는 것 등을 포
함한다. 자기중심적인 영유아는 자신의 권리와 욕구에 따라서 상황을 판단하기 때문에
의사소통을 비판, 위협, 논쟁으로 끝내는 경우가 많다. 그러나 차츰 자신의 권리와 욕
구를 적절히 주장하는 것을 배우고, 타인과 협상하게 된다. 특히, "그래서?", "저런……,
그랬구나."와 같이 상대방에게 관심을 보여 주는 우발적인 표현은 대화를 지속하게 해
준다. 사회적 욕구의 주장 기능은 교사가 영유아에게 자신의 욕구가 무엇인지 직접 말
하게 하거나 학급행사를 할 때 유아들의 의견을 구함으로써 촉진될 수 있다(예: "어린이
날에는 뭘 준비할까?"). 또한 활동자료를 친구와 함께 나누어 쓰거나 순번을 스스로 정하
도록 하는 것도 도움이 된다.

(2) 통제(controlling)

어떤 일이 행해지기를 바랄 때 요청, 요구, 간청, 협박, 명령 등을 하는 것을 뜻한다. 통제 기능은 "과자 좀 주세요."와 같이 직접적으로 표현될 수 있지만, "저 선반 위에 있는 상자에 손이 닿나요?"나 "과자가 참 맛있어 보이네요."와 같은 간접적 표현을 통해 이루어질 수도 있다. 영유아의 경우에는 타인뿐 아니라 스스로를 통제하기 위한 언어 기능도 많이 사용한다(예: "여기에 노란색을 칠해야지."). 통제 기능을 촉진하기 위해 교사는 자신이 영유아에게 지시하기보다 영유아가 지시하게 할 수 있다(예: "너처럼 멋진 집을 만들려면 어떻게 해야 되니?").

(3) 정보(informing)

어떤 사물에 이름을 붙이거나 특정 사건을 회상하는 것, 관찰이나 비교를 통해 정보를 알려 주는 것 또는 정보를 요청하는 것을 의미한다. 영유아의 질문 중에는 정보를 요청하기 위한 것이 많으며, 교사 역시 영유아의 지식 수준을 파악하기 위해 종종 질문을 사용한다("올챙이가 크면 뭐가 되지?"). 그러나 영유아들끼리는 서로에게 정보적 언어 기능(예: 질문)을 잘 사용하지 않는 경향이 있으므로 교사는 화자와 청자가 서로 정보를 공유해야 하는 상황을 만들어 줄 필요가 있다. 또한 브레인스토밍과 같이 목록을 만드는 활동(예: "물에 대해 아는 것을 말해 보자.")이나 두 가지 사물을 비교하게 하는 활동도 정보적 언어 기능을 촉진한다.

(4) 예측 및 추론(forecasting and reasoning)

발견, 집중 탐문(probe), 질문, 사색 등을 추구하는 언어를 뜻하는 것으로, 어떤 사건에 대한 예측이나 추론을 제공하거나 요구하는 것과 관련 있다. 예측 및 추론 기능은 과학실험 중 많이 발견되며(예: "얼음을 녹이면 어떻게 될까?", "저 병은 왜 가라앉았을까?"), 답이 불분명할 때 "왜?"라는 질문을 하는 것이 효과적이다(예: "왜 교실에서는 껌을 씹지 말아야 할까?"). 또한 교사가 그림책을 읽어 줄 때 "다음에 무슨 일이 일어날 것 같니?"라고 질문하는 것과 같이 일상생활에서도 예측 기능을 사용할 수 있다.

(5) 투사(projecting)

자신을 타인(또는 동물이나 무생물도 가능)의 경험에 주입하는 것으로서, 만약 다른 사람이라면 어떻게 할 것인가를 표현할 목적으로 주로 사용된다. 이 기능은 타인의 견해를 알기 위해서 상상력을 확장해야 하므로 다른 기능들보다 훨씬 어렵다. 영유아의 경우 이 기능은 주로 역할놀이 영역에서 발견되며, 분장을 하거나 연극 의상을 입음으로써 촉진될 수 있다. 또한 책을 읽은 후 "이 이야기에서 네가 동생이라면 어떻겠니?", "네가 형이라면 다르게 행동했을까?", "여동생은 어떻게 느낄 것 같니?" 등의 질문을 통해 여러 가지 다른 관점에서 생각해 보게 함으로써 투사 기능을 장려할 수 있다.

교사는 이상과 같은 다양한 언어 기능을 이해하고, 영유아가 이를 균형 있게 사용할 수 있도록 적절한 기회와 피드백을 제공해야 한다.

표 2-2 스타브의 언어 기능 분류와 예

1. 사회적 욕구의 주장	
• 개인적 권리, 욕구 주장	"주스 먹고 싶어."
	"내가 나이가 많으니까 먼저 해야 돼."
• 부정적 표현	"너 너무 말을 많이 하고 있어."
	"병철이는 바보 같아."
• 긍정적 표현	"예, 저도 그렇게 생각해요."
	"정말 맛있는데요."
• 의견 요청	"이거 좋아하니?"
• 우발적 표현	"음……."
	"세상에……."
2. 통제	
• 자신과 타인의 행동을 통제	(자신에게) "이거 먼저 먹어야지."
	(타인에게) "달걀 하나 줘."
• 지시 요청	"이거 어디에 놓을까요?"
• 타인의 주목 요청	"이것 좀 보세요. 여기 보세요."
3. 정보	
• 과거나 현재의 사건 언급	"저건 자동차야."
	"나는 빨간색 물감이 있어."
	"성태는 노란색 전에 빨간색을 칠했어."
• 비교	"기차는 버스보다 길거든……."
• 정보 요청	"이거 무슨 색깔이지?"

4. 예측 및 추론	
• 인과관계 추측, 진술	"짐이 너무 무거워서 다리가 무너졌어."
• 사건에 대해 추측	"내일 비가 올 것 같아."
• 결론에 따라 사건 추측, 진술	"너는 키가 너무 커서 구부려야 할 거야."
	"집을 나가지 않는 게 좋아. 배가 고파질 거야."
5. 투사	
• 자신을 타인의 감정에 투사	"세진이가 나를 미워하나 봐."
• 자신을 타인의 경험에 투사	"나라면 동물원에서 사자와 살고 싶지 않을 텐데."

출처: Stabb, C. (1992). *Oral Language for Today's Classroom*. Ontario: Pippin Publishing Ltd.

2) 홀리데이의 언어 기능 분류

홀리데이(Halliday, 1973)는 인간관계에서 언어의 중요성을 강조하면서 문자언어를 포함하여 언어의 기능을 다음과 같이 설명하였다.

(1) 도구적 언어(instrumental language)

'~하고 싶어요(I want).'와 같이 자신의 욕구를 충족하기 위해 사용하는 언어를 말한다. 유아는 생존을 위해 기본적인 생리적 욕구를 표현해야 하므로 자연히 도구적 언어 기능을 많이 사용한다. "우유가 먹고 싶어요."가 그 전형적인 예이며, 문자언어의 경우 광고가 이 기능에 해당한다.

(2) 통제적 언어(regulatory language)

'내 말대로 해 주세요(Do as I tell you).'라고 하는 것으로 타인의 행동을 통제하기 위해 언어를 사용하는 경우이다. "휴지는 쓰레기통에 넣어 주세요."를 예로 들 수 있으며, 문자언어의 경우 지시문이나 판결문, 교통표지판 등이 이에 해당한다.

(3) 상호작용적 언어(interactional language)

일명 '나하고 너하고(You & Me)' 기능으로 사회적 관계를 형성하고 유지하기 위해 사용하는 언어를 말한다. 예를 들어, "나하고 놀지 않을래?"와 같이 대인관계를 위한 상호작용이나 의례적인 인사가 이 기능에 속한다. 문자언어의 경우 펜팔을 대표적인 예로 들 수 있다. 스마트폰이나 인터넷 메신저 등 SNS의 보급으로 현대인들은 이 언어 기능의 사용이 증가하였다.

(4) 개인적 언어(personal language)

'저는 이런데요(Here I come).'와 같이 자신의 의견이나 감정을 표현함으로써 자신의 개성을 나타내는 것이다. 예를 들어, "파란색 옷보다 분홍색 옷이 더 좋아요."라고 개인적인 견해를 표현하거나 자신의 중요성 및 유일성을 이야기함으로써 정체감을 확립한다. 문자언어의 경우 신문의 사설이나 편집 후기, 일기, 자서전 등이 이에 해당한다.

(5) 상상적 언어(imaginative language)

'~인 것처럼 해 보자(Let's pretend).'와 같이 상상이나 창의성을 표현하는 기능이다. 이러한 기능으로 인해 상상의 세계에 몰입하고 자신의 세계를 추구할 수 있다. 예를 들어, "공주가 되어 보자."라거나 "전등불이 별처럼 보여요."와 같은 말이다. 영유아 교육기관에서는 극놀이 영역에서 많이 발견된다. 문자언어의 경우 시나 소설, 동시, 동화 등이 이에 해당한다.

(6) 발견적 언어(heuristic language)

'왜 그런데요(Tell me why)?'와 같이 주변 환경을 탐색하고 이해하기 위해 언어를 사용하는 경우이다. 예를 들어, "뱀은 무엇을 먹지요?"와 같이 주변 환경 탐색이나 호기심과 관련된 질문과 대답이 이 기능에 속한다. 문자언어의 경우 학습 저널이 이에 해당한다.

(7) 정보적 언어(informative language)

'할 말이 있는데요(I've got something to tell you).'와 같이 다른 사람과 아이디어나 정보를 교환하기 위해 언어를 사용하는 것이다. 예를 들어, "우리 식구는 5명이에요."가 그 예이다. 문자언어의 경우 보고서나 사전, 전화번호부 등이 이에 해당한다.

홀리데이가 제시한 일곱 가지 언어 기능은 모두 중요하지만 발달 시점에 다소 차이가 있다. 앞의 세 가지 기능, 특히 요청을 나타내는 도구적 기능이 먼저 발달하고, 정보적 기능이나 발견적 기능은 비교적 늦게 출현한다. 이와 같은 언어 기능에 대한 이해와 분석을 통해 영유아 교사는 효과적으로 언어지도를 해야 할 것이다.

 심층 탐구

영유아 언어 기능 분석하기

1. 영유아 3~4명의 자연스러운 대화를 3분간 녹음한 후 전사한다.

2. 전사한 대화 내용을 스타브나 홀리데이의 언어의 기능 기준에 따라 분류한다.

3. 자신의 결과를 다른 사람의 것과 비교, 토의한다.

　＊ 분류 결과가 상호 간에 어느 정도 일치하는가?

　＊ 어떠한 언어 기능이 가장 많이 사용되고 있는가?

　＊ 연령이나 성별, 상황에 따라 사용하는 언어 기능에 차이가 있는가?

　＊ 이번 활동을 통해 언어 기능의 분석에 대해 무엇을 느끼게 되었는가?

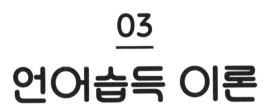

03
언어습득 이론

언어는 다른 영역보다 발달 현상을 설명하기 어려우며, 언어습득의
기제를 설명하는 관점도 학자에 따라 다양하다. 대표적인 언어습득
이론으로는 인간이 언어에 대한 지식이 전혀 없는 백지 상태로 태어
난다는 행동주의와 이와 반대로 선천적으로 언어습득 능력을 갖고 태
어난다는 생득주의, 그리고 인지 과정을 중요시하는 상호작용주의의
세 가지 입장이 있다

행동주의

로크(Locke)로 대표되는 경험주의에서는 인간의 마음을 백지 상태에 비유하고, 지식 습득에서 후천적 경험과 교육의 중요성을 강조하였다. 이러한 경험주의 철학적 사조를 이어받은 행동주의 심리학에서는 모든 과학적 연구가 심성(mentality)을 배제하고 관찰 가능한 행동에 국한되어야 한다는 입장을 취하였다. 1960년대를 주도하던 행동주의 학자들은 행동주의에서 주장된 학습이론을 언어습득에도 적용하였다. 이들에 의하면, 언어습득은 두뇌의 사고 과정이 아니라, 백지 상태로 태어난 영유아가 주위 사람들이 쓰는 언어를 모방하고, 사람들에게서 강화받은 것이 반복해서 이루어지는 기계적인 습관 형성 과정인 것이다. 즉, 종이 울릴 때 개가 음식을 연상하며 침을 흘리는 고전적 조건화에서처럼 영유아는 어머니가 "뜨거워!"라고 말할 때 손을 데지 않기 위해 피하게 되고, 쥐가 막대를 누르면 음식물을 얻을 수 있음을 알게 되는 조작적 조건화와 같이 영유아는 '엄마'라고 말하면 포옹해 준다는 것을 배우게 되면서 언어를 습득한다는 것이다(박경자, 강복남, 장복명, 1994).

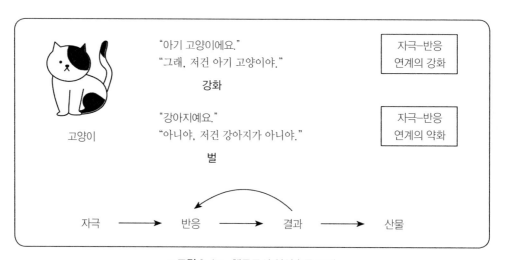

●그림 3-1● 행동주의 언어습득 모델

출처: Owens, R. (2001). *Language Development-An Introduction-*. Boston: Allyn and Bacon.

1) 스키너

대표적 행동주의 학자인 스키너(B. F. Skinner)는 행동이 어떤 행동 뒤에 잇달아 일어나는 사건에 의해 수정·변화된다고 보고, 이전에 일어난 행동이 일어날 확률을 증가시킬 사건을 강화(reinforcement), 행동이 일어날 확률을 감소시킬 사건을 벌(punishment)이라고 불렀다. 그리고 이러한 행동의 변화가 곧 학습이자 조작적 조건화라고 하였다. 그에 의하면, 언어 역시 다른 행동과 마찬가지로 조작적 조건형성으로 학습된다. 따라서 언어 학습 과정에서 학습자(영유아)는 부차적 역할을 하며, 부모는 모델링과 강화를 제공하는 존재로서 중요한 역할을 담당한다. 처음에 영아는 많은 소리를 낼 수 있지만, 9개월경이 되면 모국어에 있

스키너(B. F. Skinner, 1904~1990)
"언어는 학습된 행동이다."

는 소리를 주로 발성하게 되는 것도 바로 이러한 이유에서이다. 즉, 영아가 모국어에 있는 소리를 발성할 때만 부모가 영아를 안아 주거나 관심을 보이고 먹여 주는 등의 강화를 제공하기 때문이다. 일단 습득된 행동이 유지되고 증진되기 위해서는 간헐적인 강화만 있으면 된다. 영유아는 어떤 소리를 냈다가 부모로부터 무시당하면, 그 소리를 점점 덜 내다가 결국 내지 않게 된다. 이와 같이 벌 없이 행동이 사라지는 과정을 소거(extinction)라고 부른다.

스키너는 영유아가 언어를 학습하는 방법을 다음 여섯 가지 반응으로 제시하였다(이정모, 이재호 외 공편, 1998; 정동빈, 1994; Owens, 2001; Sundberg, 2007).

(1) 욕구발화 반응

욕구발화(mand) 반응은 명령(command), 요구(demand), 요청(request) 등의 상황에서 방출되는 언어 반응이다. 예를 들어, 배가 고픈 영아가 "마마"와 같이 불완전한 발성을 할 때 어머니는 이를 '맘마'로 해석하고 우유를 준다면, 영아는 '맘마'가 우유임을 인식하고, 이후에는 배가 고플 때마다 "맘마."라는 발성을 하게 된다는 것이다. 이와 같이 생리적 욕구를 충족시키는 과정에서 일어나는 욕구발화 반응은 언어습득 시 영아가 가장 먼저 사용하는 반응이다.

(2) 접촉 반응

접촉(tact) 반응은 어떤 대상을 접한(contact) 영아가 자신의 언어로 중얼거릴 때 이를 본 성인이 영아에게 강화를 주면 연습을 통해서 그 대상에 대한 언어를 익히게 된다는 것이다. 예를 들어, 우유를 본 영아가 우연히 "맘마"라고 말할 때 어머니가 "그래, 맘마 맞아."라고 칭찬을 해 주면, 영아는 점차 "맘마"라는 정확한 발음을 하고 단어를 학습하게 된다.

(3) 반향적 반응

반향적(echoic) 반응은 영유아가 성인의 말을 흉내 내고 칭찬을 받으면 강화가 되고, 강화에 의해 반복된 발성이 성인의 말과 동일하게 되면서 언어가 습득되는 것을 말한다. 예를 들어, 엄마가 "맘마"라고 하는 것을 듣고 영아가 "맘마"라고 따라 할 때 자극과 반응은 유사한 형태를 띠며 서로 대응을 이룬다.

(4) 문장적 반응

문장적(textual) 반응은 글로 쓰인 단어를 보고 그것을 소리 내어 읽는 반응을 말한다. 예를 들어, 글로 쓰인 맘마라는 단어를 읽고 그것을 소리 내어 "맘마"라고 말하는 것이다. 문장적 조작 반응은 반향적 조작 반응과 같이 자극과 반응이 대응을 이루고 있다. 그러나 반향적 반응과 달리 문장적 반응의 경우 자극은 시각적이고, 반응은 청각적이다.

(5) 언어 내적 반응

언어 내적(intraverbal) 반응은 '실'이라는 단어를 들으면 '바늘'이라는 말이 산출되는 것과 같이 한 언어 자극이 다른 언어 반응을 연상적으로 산출시키는 경우이다. 따라서 대화자 간의 어떤 반응을 직접 요구하는 자극의 역할을 하지 않는 특징이 있다.

(6) 자동적 반응

자동적(autoclitic) 반응은 '주어-동사-목적어'의 어순과 같은 문장틀(sentence frame) 과 관련된 것이다. 즉, 영유아는 각 단어가 다음 단어에 대한 자극으로 작용하는 문장 틀을 학습하면서 문법을 습득한다. 예를 들어, 먼저 '구두 + 예쁘다'가 골격을 갖추고,

여기에 '빨간'을 첨가해서 '빨간 구두 예쁘다.'라는 문장을 생성한다. 또한 이렇게 세 단어 문장을 자유롭게 발성할 수 있게 되면, '구두' 대신 '모자'를 대치하여 '빨간 모자 예쁘다.'처럼 자신의 의도에 따라 동일한 형식의 문장을 자유롭게 생산할 수 있다.

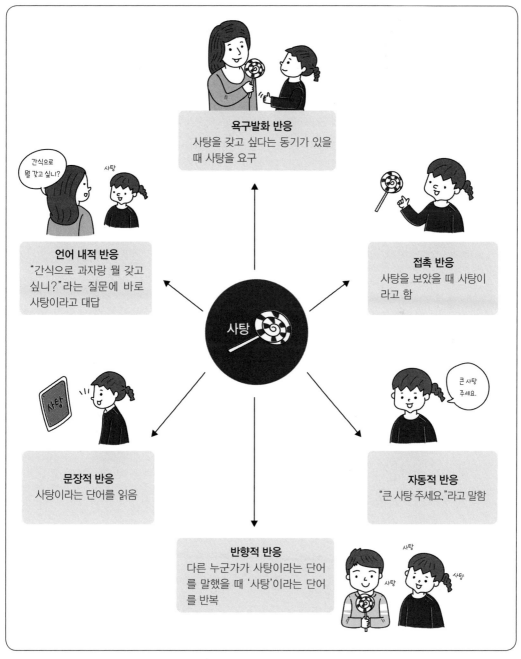

●그림 3-2● 스키너의 언어학습 사례

2) 밴듀라

밴듀라(A. Bandura, 1925~)
"영유아의 행동은 직접적인 경험을 통해 학습될 뿐만 아니라 다른 사람들의 경험을 관찰함으로써 습득되고 또 촉진될 수 있다."

밴듀라(A. Bandura)는 영유아가 [dah] 또는 [ee]라고 말하면 daddy(아빠) 또는 eating(먹는다)과 같이 유사한 단어로 강화되고, 이러한 일이 몇 번 반복되면서 단어를 학습한다는 스키너의 이론을 비판했다. 스키너 이론이 단순한 단어학습은 어느 정도 설명할 수 있지만, 영유아가 취학 전에 수천 개의 단어나 복잡한 구문과 문법을 습득한다는 사실을 설명하는 것은 무리라는 것이다. 즉, 밴듀라는 자연발생적으로 또는 무작위로 발생한 부정확한 말이 정확한 언어로 강화되는 것이 아니라, 다른 사람들이 내는 소리를 모방함으로써 언어를 습득하며, 모방한 소리가 정확할 때 더 많은 강화를 받게 된다는 입장을 갖고 있다. 외국에 입양된 우리나라 영유아가 우리말을 습득하지 못하고, 양부모가 사용하는 언어를 습득하는 것도 이러한 이유로 볼 수 있다. 이와 같이 밴듀라는 모방이 영유아의 언어습득에 주된 역할을 한다고 주장하면서 모방(modeling)이라는 말과 더불어 관찰학습(observational learning)이나 대리학습(vicarious learning)이라는 용어를 사용하였다. 또한 직접적인 강화가 아닌 대리강화의 경우에도 학습이 일어날 수 있다고 하였다. 예를 들어, 선생님에게 무엇인가를 받기 위해 친구가 "~주세요."라고 공손하게 말하는 것을 들은 영유아는 비슷한 상황이 오면 자신도 친구와 똑같이 한다는 것이다(백운학, 1987).

나아가 그는 영유아의 언어 발달에서 가장 중요한 모델을 부모로 보았다. 영유아는 부모와 상호작용하는 빈도와 강도가 높을 뿐 아니라 부모에 대한 존경과 부모처럼 되고자 하는 바람을 갖고 있기 때문이다. 그리하여 영유아는 주로 부모로부터 들은 단어나 문장구조를 모방함으로써 언어를 학습하게 된다는 것이다(정옥분 역, 1991; Bandura, 1977).

3) 행동주의 이론의 평가

행동주의는 이후 사회언어학 이론에 영향을 미쳤고, 언어지체나 언어장애 아동을 위한 교정 프로그램의 근거로 사용되고 있다(Owens, 2001). 그러나 행동주의는 과학적 접근에도 불구하고 다음과 같은 비판을 받는다.

(1) 행동주의는 언어 사용의 창조적인 면을 설명하지 못한다

인간의 언어로 구성할 수 있는 문장의 수는 무한하므로 행동주의 이론이 맞다면, 인간은 태어나서 죽는 날까지 언어습득에만 매달려야 한다. 즉, 모방이나 강화로 언어가 습득된다면, 영유아는 과거에 듣고 강화를 받은 문장 외에는 어떤 문장도 이해하거나 산출할 수 없을 것이다. 그러나 실제로 영유아는 한 번도 접하지 않았던 많은 수의 새로운 문장을 이해하고 산출한다.

(2) 언어습득에서 모방의 역할은 한계가 있다

영유아는 성인의 말을 그대로 모방하지 않고 언어의 규칙을 발견하고 적용하는 능동적인 학습자이다. 예를 들어, 영유아 주변의 성인들은 명사를 연결하는 조사 '와'와 '과'를 적절하게 구별하여 사용한다. 그러나 대부분의 영유아는 언어습득 과정 중에 '사과와 귤와 배'라는 식으로 잘못된 문법을 사용하는 과정을 거친다.

(3) 언어습득에서 강화는 결정적 역할을 하지 못한다

어린 자녀가 "엄마, 시장 가자요."라는 식으로 과잉일반화를 할 때 부모는 야단을 치기보다(벌) 오히려 재미있어 하지만(정적 강화), 대부분의 아이는 점차 이런 말을 사용하지 않는다. 이는 정적 강화가 언어 사용에 영향을 미치지 못함을 시사한다. 이와 반대로 TV만 보고도 어휘를 습득하는 경우처럼, 직접적인 강화 없이도 언어 발달이 이루어지기도 한다.

(4) 언어습득의 속도는 모방이나 강화의 빈도와 비교가 되지 않을 정도로 급속히게 발달한다

대부분의 영유아는 출생 후 불과 몇 년 안에 모국어의 기본 규칙을 숙달하게 된다. 또한 언어습득 과정에서 언어가 급속하게 증가하는 시기가 있는데, 그렇다고 부모가 이 시기에만 집중적으로 강화를 제공하는 것은 아니다.

생득주의

경험주의자인 로크와 반대로 데카르트(Descartes)는 지식은 인간이 마음속에 가지고 태어난 천부적인 요인에 기초한다는 이성주의를 주장하였다. 이러한 견해가 언어습득에 적용된 것이 생득주의이다. 생득주의 입장에서는 아무리 인간에 가까운 영리한 동물이라고 해도 인간과 똑같이 언어를 배우는 능력이 없기 때문에 언어를 인간의 종 특유의 현상으로 본다. 이는 당시 많은 과학자가 영장류에게 인간의 언어를 가르치는 실험을 하였으나, 침팬지의 발성 기제는 인간의 말소리처럼 다양한 소리를 낼 수 없었으며, 수화를 가르칠 경우에도 매우 단순한 어순밖에 학습하지 못했다는 결과에서도 알 수 있다.

한편 생득주의자들은 언어적 보편성과 영유아 간의 발달적 유사성에 주목하였다. 영어를 쓰는 아이나 불어를 쓰는 아이나 중국어를 쓰는 아이 모두 옹알이를 거쳐 1세경에 첫 단어를 말하고, 18개월 무렵 두 단어를 사용하기 시작한다는 것이다. 이러한 인간 언어의 보편성과 발달적 유사성은 생득적인 언어습득기제의 존재를 가정하게 하였다 (Owens, 2001).

1) 촘스키

생득주의의 대표적 학자인 촘스키(N. Chomsky)는 인간은 선천적으로 상호 독립적인 다양한 영역의 지식을 갖고 태어나는데, 그중의 하나가 언어라고 보았다. 이는 언어습득에는 논리적인 지식이 필요하지 않고, 언어에 관한 선천적 지식만으로도 충분하다는 것을 의미한다(Steinberg, 1982). 그는 또한 문법적 규칙이나 의미는 너무 다양하고 복잡해서 강화나 모방만으로는 학습될 수 없다고 보았다. 즉, 컴퓨터에 내장된 하드웨어처럼 인간은 유전적으로 언어습득 능력을 가지고 태어나며, 출생 후 습득해야 하는 것은 언어의 세세한 면이라는 것이다. 촘스키에 따르면, 언어습득이란 영유아가 어떤 환경에 노출되었을 때 생득적인 내재적 능력이 발동되어 주위의 언어자료를 스스로 분석하여 그 언어의 기본적 원리를 구성해 가는 능동적 과정이다. 이와 같이 문법의 이해를 가능하게 하는 생득적인 언어생성기제를 촘스키는 언어습득기제(Language Acquisition

Device: LAD)라고 명명하고, LAD의 존재 이유를 다음과 같이 설명하였다(이차숙, 노명완, 1994; 조정숙, 김은심, 2003; Steinberg, 1982).

(1) 심층구조를 다양한 표면구조로 변형시킨다

모든 언어는 문장의 의미와 관계있는 심층구조(deep structure)와 문법을 말하는 표면구조(surface structure) 두 가지 수준으로 구성된다. 언어마다 표면구조는 다르지만 심층구조에는 보편적 특성이 있다. 즉, 모든 언어는 주어와 술어로 구성되며, 부정문이나 의문문 등이 존재한다. 영유아는 심층구조를 먼저 습득하고 이것을 다시 표면구조로 바꾸는데, 이 과정에서 문법의 변형이 필요하다. 예를 들어, "나는 사과를 좋아해."라는 기본적인 의미(심층

촘스키(N. Chomsky, 1928~)
"침팬지가 사람과 같은 언어 사용 능력이 있다는 것을 증명하는 것은 날개 없는 새를 사람이 가르쳐서 날 수 있게 하는 것만큼이나 가능성이 희박한 것이다."

구조)에 부정문을 만드는 규칙을 적용한다면, "나는 사과를 싫어해.", "나는 사과를 좋아하지 않아.", "나는 사과를 한 번도 좋아한 적이 없어." 등과 같이 다양한 형태(표면구조)로 말할 수 있다. 이와 같이 변형문법을 적용할 수 있는 것은 LAD가 있기 때문에 가능하다.

(2) 불완전한 언어자료를 투입 받아도 모국어의 문법을 습득할 수 있다

인간은 양적 · 질적인 면에서 불완전한 언어자료를 투입 받음에도 문법적으로 완전한 문장을 구사한다. 예를 들어, '내가 즐겨 먹는 케이크를 만든 사람이 사용하는 재료를 파는 가게의 주인이 사는 동네에서…….'와 같이 유한한 수의 단어를 사용해서 무한한 문장을 만들 수 있는 것이다. 이와 같이 한 번도 들어 본 적이 없는 문장을 들어도 이해하거나 무한한 수의 새로운 문장을 창조할 수 있는 것은 LAD가 있기 때문에 가능하다.

(3) 지능에 관계없이 모국어를 습득할 수 있다

언어란 상당히 복잡한 것이지만, 지적 능력이 매우 떨어지는 인간도 간단한 언어규칙을 사용해서 의사소통을 할 수 있다. 이는 본질적으로 언어학습은 지능과 무관한 것임을 시사한다. 만약 언어습득이 학습의 결과라면 언어 발달은 지능과 상관관계가 높아야 하지만, 지능이 높은 사람이나 낮은 사람이나 거의 비슷한 언어능력을 갖고 있다.

또한 수학이나 과학 등 다른 영역의 발달보다 언어 발달에서 개인차가 적은 것으로 발견된다.

(4) 인위적인 훈련 없이도 언어를 쉽게 습득한다

LAD는 일생에서 일정한 시기, 즉 사춘기 이전에만 작용한다. 그리하여 영유아는 체계적인 훈련을 받지 않고 단순히 언어를 접하는 것만으로도 언어를 쉽게 습득할 수 있다. 외국어를 학습하는 성인에 비해 영유아는 힘들이지 않고 짧은 시간에 모국어를 습득한다.

 심층 탐구

문제: a와 b로 이루어진 언어를 쓰는 나라가 있다고 가정하자. 이 언어의 문법규칙은 다음 표와 같다.

문법적 문장	비문법적 문장
bb	b
bbbb	bbb
aaaaaa	aaaaa
abba	ab
baab	ba
abbbba	aba
abaaba	aabb

그렇다면 이 언어에서 aaabbaaa, abbba, bbaaaabb, abbabb, aabaaaba 중 문법에 맞는 문장은 어떤 것인가?

정답: 이 언어에서는 좌우 대칭이 되어야 문법에 맞는 문장이다. 예를 들어, bb는 b−b로 대칭이므로 문법에 맞는 문장이고, ba는 그렇지 않으므로 문법이 틀린 문장이다. 따라서 aaabbaaa(aaab−baaa)와 bbaaaabb(bbaa−aabb)만이 문법에 맞는 문장이다. 촘스키는 인간은 문법규칙을 이해하는 LAD가 있으므로 처음 듣는 문장을 이해하거나 산출할 수 있다고 하였다. 촘스키의 말이 맞다면, 여러분은 ab 언어의 문법을 발견하여 이 문제를 풀었어야 한다. 또한 ab 언어는 문법에 맞는 문장 aa와 bb가 합쳐진 aabb가 비문법적 문장이 되므로 학습이론으로는 영유아의 언어습득 과정이 설명되지 않음을 보여 준다.

2) 렌네버그

렌네버그(E. Lenneberg, 1921
~1975)
"언어를 배우는 데에는 결정적
시기가 있다."

렌네버그(E. Lenneberg)는 언어습득에 대해 촘스키보다 더 강력한 생물학적 입장을 취하고 있다. 그는 언어는 인간만이 갖고 있는 행동이며, 지각, 범주화 그리고 그 밖의 언어습득과 관련된 심리적 과정은 생물학적으로 결정된다고 주장하였다. 즉, 인간은 두뇌, 신경, 구강, 코, 인두, 후두, 폐, 복부, 성대, 힘살 및 근육 등 모든 인체조직이 언어습득에 적합한 형태로 태어났으며, 이러한 신경 및 인체조직의 우수성 때문에 인간만이 언어를 습득할 수 있다는 것이다(Lenneberg, 1967).

한편 그는 인간의 언어습득에는 결정적 시기가 있다고 주장하였다. 다른 나라로 이민을 간 가족의 경우 사춘기 전의 아이들은 그 나라 말을 쉽게 습득하지만, 어른들은 어려움을 겪는 이유가 바로 여기에 있다는 것이다. 언어행동이 나타나기 시작하는 시기와 일어서기, 걸어가기 등 운동 발달의 시점이 일치한다는 점 역시 언어습득이 생물학적 성숙과 밀접한 관계가 있음을 시사한다.

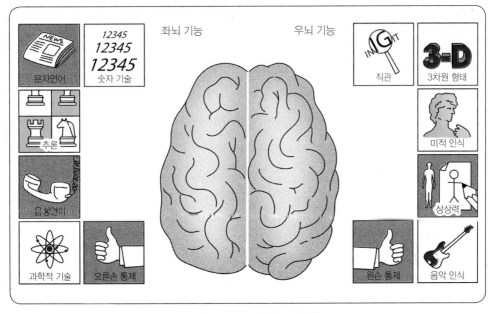

● 그림 3-3 ● 좌뇌와 우뇌의 기능

출처: http://elanguages.org

또한 그는 인간의 두뇌는 좌반구와 우반구로 구성되어 있고, 언어와 관련된 기능은 좌반구가 담당한다고 하였다. 이와 같은 두뇌 기능의 분화, 즉 편재화 현상 (lateralization)은 사춘기에 완성된다.

3) 생득주의 이론의 평가

관찰 가능한 것만을 연구대상으로 삼아야 한다는 행동주의와 달리, 생득주의는 보이지 않는 인간의 마음(mind)을 인정함으로써 언어습득 연구에 많은 공헌을 하였으나 다음과 같은 문제점이 있다.

(1) LAD는 객관적으로 검증되지 않는다

생득주의자들이 제시한 LAD는 물리적으로 관찰할 수 없는 것이고, 게다가 너무 추상적이다. 이들은 LAD가 어디에 있으며, 구체적으로 어떻게 작동하는가에 대해 명쾌한 설명을 하지 못하고 있다. 즉, LAD가 있다는 설정만으로 언어습득을 설명할 수는 없다.

(2) 언어습득이 선천적이라는 주장은 무리가 있다

언어가 선천적인 것이라면, 인간 사회에서 격리되었던 제니나 야생소년 빅터가 언어습득에 실패한 것을 어떻게 설명할 수 있는가? LAD가 있다면 언어교육을 받을 필요가 없고, 언어에 노출만 되면 언어습득이 가능해야 한다. 그러나 언어를 습득하는 데에는 적어도 5년이나 그 이상의 시간이 걸린다. 단순히 환경에 노출만 되면 언어가 습득되는 것이 아니라, 상당 기간이 지나야 언어가 습득된다는 것은 언어습득을 선천적인 것만으로 볼 수는 없음을 시사한다.

(3) 언어습득에 미치는 사회적 요인을 간과하고 있다

"연습 없이 말을 배운 자는 촘스키뿐이다."라는 라도(Lado)의 지적처럼(장신재, 1996 재인용), 생득주의자들은 언어습득을 너무 영유아의 몫으로만 여기고, 환경이나 사회적 요소의 역할은 무시하고 있다. 언어습득은 언어 투입에만 의존하지 않으며, 사회문화적 배경, 교육적 배경, 지능 및 심리 요인 등 복합적인 변수가 작용한다. 이로 인해 촘스키 이론은 실제 언어교육에 대한 구체적인 제시가 빈약하다.

(4) 초기 언어습득 단계의 설명에 한계가 있다

생득주의는 과거에 접해 보지 못한 새로운 문장을 이해하고 산출하는 언어 사용의 창조적 측면을 강조했다. 그러나 실제 영유아의 초기 언어습득 단계를 살펴보면 이들의 언어는 전혀 창조적이지 않다. 오히려 두 단어 문장이 출현하기 이전의 초기 언어습득 단계에서는 모방이나 강화에 의해 언어가 습득되는 부분이 많다. 따라서 언어습득의 초기 단계에서는 행동주의 이론이, 그리고 이후 단계에서는 생득주의 이론의 설득력이 크다고 볼 수 있다.

③ 상호작용주의

상호작용주의는 언어 발달에서 환경적 요인이나 유전적 요인 중 어느 하나를 중요시하는 것이 아니라 인지 과정을 강조하는 입장이다. 상호작용주의는 피아제(Piaget), 비고츠키(Vygotsky), 워프(Whorf) 등의 세 가지 입장으로 나누어 볼 수 있다. 피아제는 인지가 언어에 영향을 미친다고 본 반면, 워프는 언어가 인지에 영향을 미친다고 생각하였다. 비고츠키는 인지가 언어보다 선행하지만 다시 인지는 언어적 구조에 의해 영향을 받는다는 입장을 취하고 있다.

1) 피아제

영유아를 수동적인 존재로 보는 행동주의와 달리, 피아제를 비롯한 인지적 구성주의에서는 언어 발달에서 영유아의 능동적 참여를 강조하였다. 또한 영유아가 지닌 내적 능력에 의해 언어습득이 가능하다는 데는 생득주의와 입장을 같이하지만, 생득주의자들처럼 언어습득을 위한 특별한 장치가 따로 있다고는 생각하지 않았다(정동빈, 1994). 즉, 언어는 환경에 의한 것이거나 생득적 특성이라기보다는 인지적 성숙의 결과로 획득되는 여러 능력 중 하

피아제(J. Piaget, 1896~1980)
"인지능력의 선행조건이 구비되어 있지 않으면 언어습득은 불가능하다."

나라는 것이다. 따라서 인지 발달은 언어 발달의 원동력이 되며, 인지 발달 단계가 언어 발달 단계를 결정짓는다.

피아제에 따르면, 인지 발달 단계 중에서 영유아기에 해당하는 감각운동기와 전조작기에 언어 발달이 급속하게 이루어진다. 감각운동기는 출생 후 2세까지로 이 시기의 영유아는 말이나 글이 아닌 감각적 경험과 신체적 활동을 통해서 세상을 이해한다. 이렇게 해서 얻은 지식은 영유아가 말을 시작하면 언어를 통해 나타난다. 따라서 영유아가 사용하는 초기 단어들은 영유아와 친숙한 사람이나 사물의 이름(예: 엄마, 우유)이 대부분이다. 또한 대상영속성 개념[1]이 가장 많이 발달하는 시기와 '없다-있다'와 같은 단어가 출현하는 시기가 비슷하게 나타난다(장유경, 1997; Gopnik & Choi, 1990).

감각운동기 말에 출현하는 지연모방과 표상능력도 언어습득과 밀접한 관련이 있다. 지연모방(deferred imitation)이란 그 자리에서 모방하는 것이 아니라, 일정한 시간이 지난 후 자발적으로 재연하는 모방을 말한다. 피아제의 관찰 사례를 소개하면 다음과 같다.

> 피아제의 딸(16개월)은 아기 침대 안에 있던 남자 아이가 빠져나오려고 난간을 뒤로 밀면서 발을 동동 구르고 화를 내는 것을 한참 바라보았다. 이 남자 아이가 돌아가고 12시간쯤 지난 후 갑자기 생각난 듯 남자 아이와 똑같은 행동을 하였다(이승복, 1994 재인용).

이러한 지연모방은 지금 이 자리에서 일어나고 있는 사건뿐 아니라 과거의 경험에 대해서도 이야기할 수 있는 인지적인 기초가 된다.

표상능력은 언어습득을 위한 가장 중요한 인지적 요소인 상징적 기능을 사용할 수 있는 능력과 관계된다. 상징적 기능이란 내재적으로 형성된 표상('공'이라는 대상에 대한 표상)을 여러 형태의 상징이나 기호로 표현하는 것('공'이라는 단어)으로, 언어 사용능력과 상징 놀이, 그림 그리기 등이 있다. 예를 들어, 레고 블록으로 전화놀이를 하는 것과 같이 유아가 자신의 머릿속에 있는 전화기라는 대상을 레고 블록이라는 상징물을 통해

---

1) 대상영속성(object permanence) 개념이란 모든 대상은 독립적인 실체로서 존재하며, 대상이 한 장소에서 다른 장소로 이동하여 눈에 보이지 않더라도 계속 존재한다는 사실을 이해하는 것을 말한다. 예를 들어, 대상영속성 개념이 없는 유아는 자신이 보는 앞에서 장난감을 치워 버려도 이제는 그 장난감이 존재하지 않는다는 듯이 장난감을 찾으려는 시도를 하지 않는다.

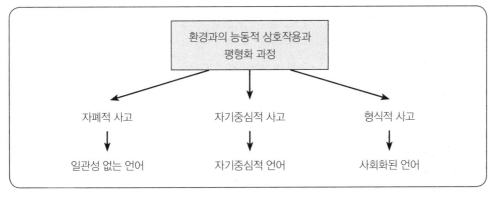

●그림 3-4● 피아제의 언어 발달 과정

재현하는 것이다(장유경, 1997).

또한 전조작기 단계의 인지적 특성인 자기중심성은 유아의 언어에도 그대로 반영되어 나타난다. 2～7세의 전조작기 유아는 인지적으로 미숙하여 타인의 생각이나 지각, 감정 등을 자신의 것과 구별하지 못하므로 의사소통을 위한 대화가 제대로 이루어지지 않는다. 유아기의 언어 특징인 자기중심적 언어에는 반복, 독백, 집단적 독백이 있다. 피아제가 레프와 파이라는 유아를 관찰한 사례는 다음과 같다(Ault, 1989).

(1) 반복

반복(repetition)은 상대방에게 어떤 내용을 전달하려는 의사를 갖고 하는 것이 아니라 반사적으로 익힌 단어나 구절 또는 다른 사람이 한 말을 그대로 되풀이하여 흉내 내거나 말놀이를 하는 것이다.

　레프: (시계 소리 '쿠쿠'를 듣고) 쿠쿠……쿠쿠.
　파이: (멀리서 잭이 이지에게 속바지가 보인다고 하자 즉시) 내 바지도 보이고, 내 셔츠도 보여.

(2) 독백

독백(monologue)은 자신의 말을 들어 줄 상대가 없어도 자신의 생각을 말로 표현하는 것을 말한다. 흔히 독백은 다음과 같이 동작에 수반하여 장난스럽게 소리 지르거나 말하려는 충동으로 나타난다.

> 레프: (책상에 혼자 앉아서) 나는 저 그림을 그리고 싶어. 저기……. 나는 뭘 그리고 싶어. 그림을 그리려면 정말로 큰 종이가 필요할 거야.
>
> 레프: (장난으로 주먹을 치면서) 이것 봐, 전부 떨어진다!
>
> 레프: (그리기를 막 끝내면서) 이제 다른 걸 하고 싶어.

(3) 집단적 독백

독백이 뚜렷한 청중 없이 말하는 것이라면, 집단적 독백(collective monologue)은 타인이 있을 때 자신에게 소리 내어 말하는 것이다. 따라서 자기중심적 언어 중 가장 사회적인 유형으로 타인의 존재에 자극을 받아서 말을 하는 것이지만, 타인이 자신의 말에 귀 기울이거나 반응해 주기를 기대하지는 않는다. 즉, 말하는 기쁨에 타인 앞에서 독백하고 자기에게 관심을 가져 준다고 생각하는 기쁨이 첨가된 유형으로 볼 수 있다.

> 파이: (비에게) 저것은 사람이 없는 기차야. (대답이 없음)
>
> (해이에게) 이 기차에는 사람이 없어.
>
> (해이는 대답이 없음)
>
> 파이: 나는 계단을 그려 봐.
>
> (비는 "나는 오후에는 올 수 없어. 나는 무용 수업이 있어."라고 대답)
>
> 파이: 너 무엇이라 말했니?
>
> (비는 같은 문장을 반복)
>
> 파이: 너 무엇이라 말했니?
>
> (비는 대답하지 않음. 자기가 한 말을 잊었으며, 옆에 있는 다른 친구를 밂)

앞의 예에서 파이는 비와 해이에게 같은 말을 했지만, 둘 모두 대답을 하지 않았고, 그래도 파이는 놀라지 않았다. 또한 파이는 비에게 "너 무엇이라 말했니?"라고 두 번이나 물었지만, 그녀의 말을 듣지 못했다. 즉, 자기 생각과 그림 그리기에 바빴던 것이다.

자발적 언어 중 자기중심적 언어가 차지하는 비율은 레프가 47%, 파이는 43%로 유아의 언어 중 거의 절반은 효율적인 의사소통이 아니다. 따라서 피아제는 유아가 진정한 의미로 언어를 사용할 수 있는 능력을 갖게 되는 것은 자기중심적 사고를 벗어나는 7~8세 정도가 되어야 생긴다고 주장한다.

이상과 같이 피아제는 언어 발달을 위해서는 인지적 요소들이 선행되어야 하지만, 반대로 언어 발달이 인지 발달에 필수적인 것은 아니라고 보았다. 왜냐하면 "우유."라고 말을 하지 못하는 영아일지라도 '우유'에 대한 기본적인 지식이 없는 것은 아니기 때문이다. 이와 같이 지능이 언어적 소통에 의한 것만은 아니라는 것은 역으로 언어적으로 지식을 주고받는 것만으로는 대상에 대한 이해를 높일 수 없음을 시사한다.

피아제의 인지신행설은 여러 가지 실험연구에서 경험적으로 지지받고 있지만, 언어가 인지 발달에 미치는 영향력을 과소평가했다는 비판도 받는다. 또한 유아가 2개 이상의 단어를 조합하여 문장을 형성할 때인 전조작기에 복잡한 통사규칙을 어떻게 발견하고 학습하는지도 제대로 설명하지 못하고 있다. 왜냐하면 전조작기는 피아제의 인지 발달 단계에서 가장 부정적인 용어들로 묘사되는 시기이지만, 실제로는 이 시기에 문법규칙의 습득을 포함하여 언어능력이 급격한 진전을 보이기 때문이다.

따라서 피아제 이론으로 언어 발달 현상을 설명할 때 나타나는 가장 큰 장애물은 그가 사용한 전조작기의 개념에 있다. 이후의 학자들(Case, 1985; Flavell, Miller, & Miller, 1993; Gelman, 1978)은 피아제가 생각했던 것보다 전조작기 유아들이 더 유능한 존재임을 밝혀냈다. 이들의 연구 결과는 유아의 놀라운 언어습득과 사용능력에 대한 최신 이론들을 형성하는 자극제가 되었다(이승복, 1994; 장유경, 1997).

2) 비고츠키

피아제와 같은 해에 러시아에서 태어난 비고츠키(L. Vygotsky)는 많은 부분에서 피아제와 공통점이 있지만 차이점도 있다. 피아제를 인지적 상호작용주의자라고 한다면, 비고츠키는 사회문화적 상호작용주의자로 불린다. 비고츠키는 지식이 인간 내부에서 구성된다는 점에서는 피아제에 동의하지만, 영유아의 발달은 생득적인 요소와 함께 사회적 상호작용의 경험에 따라서도 달라진다고 보았다. 영유아를 스스로 발견하고 독립적으로 지식을 구성하는 존재로 보았던 피아제와 달리, 그는 영유아의 발달에 미치는 환경, 특히 부모의 역할을 강조하였다. 또한 피아제는 발달과 교육은 별개의 것이며 교육 없이도 발달이 일어난다고 보았

비고츠키(L. Vygotsky, 1896~1934)
"아동이 숙달한 언어구조는 인지의 기본 구조가 된다. 아동의 인지 발달은 그가 인지의 사회적 수단, 즉 언어를 숙달하는 데 달려 있다."

던 것에 비해, 비고츠키는 교육이 발달에 필수적이라고 보았다. 비고츠키는 이를 영유아의 실제적 발달 수준과 잠재적 발달 수준 간의 간격을 의미하는 근접발달지대(zone of proximal development)라는 개념으로 설명하였다. 근접발달지대는 교육의 필연성을 강조했고, 이로 인해 비계설정(scaffolding)이라는 교수법이 제시되었다. 대개의 경우 비계설정자는 부모(특히, 어머니)로서, 이들은 영유아의 언어 발달 초기부터 가정에서 언어적 상호작용을 통하여 자녀에게 자연스럽게 비계설정을 제공한다. 즉, 부모나 성인과의 언어적 상호작용은 언어 발달을 위해 절대적으로 필요하다는 것이다(주영희, 2000).

또한 비고츠키는 영장류의 관찰을 통해 인지와 언어가 서로 다른 유전적 기원을 갖고 별개의 발달 곡선을 갖는다고 주장하였다(장유경, 1997; Butterworth, 1984). 즉, 인지 발달에는 언어 이전의 사고(pre-verbal thought)가 있고, 언어 발달에는 지능 이전의 언어(pre-intellectual speech)가 있다는 것이다. 언어 이전의 사고로 그는 침팬지가 인간과 같은 의미의 말은 못하지만 막대기와 같은 도구로 바나나를 끌어오는 인지적 행동을 한다는 점을 들었다. 또한 10~20개월 영아에게 침팬지 실험을 적용한 결과 이들이 침팬지와 유사하게 행동함을 보고하였다. 지능 이전의 언어는 언어를 모방할 수는 있지만 지적 능력은 제한된 앵무새와 같은 것으로서, 영아의 울음이나 옹알이가 이에 해당한다.

그러다가 2세경이 되면 이제까지 독립적으로 발달해 오던 언어와 인지 발달 곡선이 만나게 된다. 즉, 언어가 인지를 돕고 인지가 언어를 도움으로써 생각한 바를 말로 표현할 수 있고, 말도 논리적으로 할 수 있게 되는 것이다. 이때 영유아의 발달에는 두 가지 중요한 현상이 일어난다. 하나는 영유아가 모든 사물에는 이름이 있음(단어의 상징적 기능)을 깨달으면서 새로운 사물을 대할 때마다 끊임없이 "이게 뭐야?"와 같은 질문을 하는 것이다. 다른 하나는 이러한 결과로 영유아의 어휘 수가 급속도로 증가하는 것이다. 그는 언어가 이성적으로 되고 인지가 언어적으로 되는 것을 언어적 사고(verbal thought)라고 불렀다. 이는 언어가 인지에 의존한다고 본 피아제와 달리, 비고츠키는 언어와 사고를 동등한 인지 영역으로 보고 있음을 시사한다.

피아제가 유아의 독백과 같은 자기중심적 언어를 인지적 미성숙에서 비롯된 부정적인 것으로 보았음에 비해, 비고츠키는 혼잣말(private speech)을 많이 하는 유아는 사회적 능력도 높을 것으로 생각하였다. 즉, 자기 행동과 생각을 통제하기 위해 조용히 스스로에게 말하는 것은 문제해결에 도움을 준다는 것이다. 이는 언어의 기능에 대한 관점의 차이에 기인한다. 피아제는 자기중심성 때문에 유아기에는 독백(혼잣말)이 나타나고 이후 인지가 발달함에 따라 탈중심화가 되면서 사회적 언어가 발달한다고 보았다. 반면 비고츠키는 언어의 일차적 기능은 사회적 의사소통이므로 언어 발달의 방향은 오히려 사회적 언어에서 사적 언어(혼잣말)라고 생각하였다(주영희, 2000). 그에 따르면, 영유아가 처음 말을 배울 때 하는 '엄마', '맘마' 등은 사회적 의사소통을 위한 것이므로 사회적 언어라고 할 수 있다. 사회적 언어는 점차 내면화되어 내적 언어(inner speech)로 발달하는데, 이러한 과정에서 나타나는 과도기적 언어가 바로 사적 언어(혼잣말)이다.

비고츠키가 제시한 언어 발달의 네 단계를 요약하면 다음과 같다.

표 3-1 비고츠키의 언어 발달 단계

언어 발달 단계	특성
초보적 언어 단계 (primitive speech stage)	0~2세 영아기의 언어 이전의 인지 혹은 인지 이전의 언어 단계이다. 즉, 언어와 인지가 아직 만나지 않았고, 말과 사고의 조작이 원시적으로 나타난다.
상징적 언어 단계 (external speech stage)	2세경 언어와 인지가 만나기 시작하면서 의사소통을 위한 외적 언어, 즉 사회적인 언어가 나타나는 단계이다. 외적 언어는 사고가 단어로 변형된 것으로서 사고가 구체화되고 객관화된 것이다. 이 단계의 유아는 아직 인지구조를 습득하지는 못하지만, 언어구조(문법구조)에는 익숙해진다. 예를 들어, 인과관계와 시간관계를 이해하기 전에 '때문에', '그러나', '~할 때' 등의 단어를 사용할 수 있다.
자기중심적 언어 단계 (egocentric speech stage)	3~6세경 자신의 생각과 행동을 통제하기 위해 스스로에게 조용히 말하는 혼잣말 형태가 나타나는 단계이다. 예를 들어, 소리를 내면서 수를 센다. 자기중심적 언어는 소리 내어 생각하는 형태를 말하며, 형태상으로는 외적 언어와 같지만 기능상으로는 내적 언어와 유사하다.
내적 언어 단계 (inner speech stage)	말이 사고로 내면화되는 단계이다. 기능적으로나 구조적으로 자기중심적 언어가 누적됨으로써 발달한다. 이때부터 언어구조는 사고의 기본으로 작용하게 된다. 예를 들어, 머릿속으로 수를 세는 것처럼 소리 없는 언어 형태를 말한다.

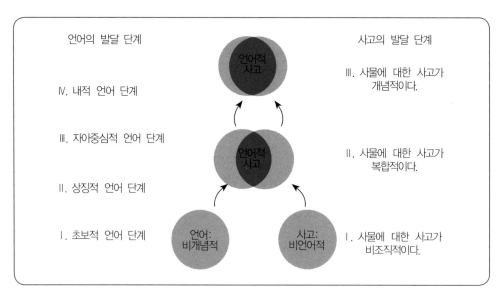

언어의 발달 단계

IV. 내적 언어 단계

III. 자아중심적 언어 단계

II. 상징적 언어 단계

I. 초보적 언어 단계

언어적
사고

언어적
사고

언어:
비개념적

사고:
비언어적

사고의 발달 단계

III. 사물에 대한 사고가
개념적이다.

II. 사물에 대한 사고가
복합적이다.

I. 사물에 대한 사고가
비조직적이다.

●그림 3-5● **비고츠키의 언어 발달 과정**
출처: 권민균 외(2005). **아동발달.** 서울: 창지사.

결론적으로 피아제는 언어란 현실을 표상하기 위해 사용하는 여러 가지 상징 과정 중 하나일 뿐이며, 인지 발달에 별로 중요하지 않은 것이라고 생각했다. 이와 반대로 비고츠키는 언어가 인지적 환경에 대한 아동의 참여를 매개하기 때문에 이후의 인지 발달을 이끌어 내는 원동력이 된다고 보았다. 따라서 두 이론이 언어교육에 시사하는 바는 각기 다르다. 피아제에 따르면, 영유아의 언어 발달을 위해서는 언어를 구사하는 데 필요한 적절한 인지적 발달을 자극하는 것이 더욱 효과적인 방법이다. 이러한 지적 자극이 반드시 언어적이어야 할 필요는 없으며, 영유아 혼자서도 인지 발달을 위한 지적 자극을 발견하는 것이 가능하다. 이에 비해 비고츠키는 성인이나 또래의 주도적이며 적극적인 개입이 매우 효과적이라고 보았다. 특히, 언어를 사용하여 영유아의 흥미를 끄는 상호작용은 유아의 언어 발달뿐 아니라 인지 발달에도 큰 도움이 된다는 것이다(장유경, 1997).

3) 워프

워프(B. Whorf)는 사피어(Sapir)의 영향을 받아 언어적 결정주의를 주장한 대표적인 학자이다. 한때 보험회사 조사원으로 일했던 그는 공장 화재의 원인을 조사하면서 다음과 같은 관찰을 하였다. 빈 가스통에는 폭발하기 쉬운 가스가 있기 때문에 가득 찬 가스통보다 훨씬 더 위험한데도, 근로자들은 가득 찬 가스통 옆에서는 담배를 안 피우면서 빈 가스통 옆에서는 마음대로 담배를 피우고 있었다. 그는 이를 근로자들이 '비었다'라는 단어를 '안전하다', '위험하지 않다', '무해하다', '진공이다', '활성이 없다' 등의 단어와 연관 짓고, '가득 찼다'라는 단어는 '위험한 물질이 있다'는 개념과 연관 짓기 때문으로 보았다 (Whorf, 1956).

워프(B. Whorf, 1897~1941)
"언어는 세상을 바라보는 방식을 결정한다."

　이러한 입장에서 워프는 인간의 사고 과정이나 경험 양식은 언어에 의존하며, 언어가 다르면 그에 대응하여 사고나 경험도 달라진다는 '워프 가설' 또는 '사피어-워프 가설'을 주장하였다. 이 가설에 따르면, 에스키모인이 사용하는 언어에는 하늘에서 내리는 눈, 땅 위에 쌓인 눈, 얼음처럼 단단하게 뭉친 눈, 찌꺼기 같은 눈, 바람에 날리는 눈 등 눈에 관한 단어가 무려 20여 개나 있으며, 이로 인해 그들은 여러 종류의 눈을 구별할 수 있다. 또한 단어뿐 아니라 문법도 인간의 사고나 행동에 영향을 미칠 수 있다. 예컨대, 워프가 연구했던 미국 인디언 호피족의 언어에는 과거-현재-미래와 같은 시간 구분이 문법적으로 범주화되어 있지 않은데, 이로 인해 호피족의 시간 개념이나 시간 엄수 개념이 흐릿하다는 것이다(Whorf, 1956). 이러한 입장에서 볼 때 과거-현재-미래의 시제뿐 아니라 진행형과 완료형이 있는 영어는 시제가 발달한 언어이므로 영어 사용자들은 시간 개념이 철저하다고 할 수 있다.

　언어적 결정주의 입장에서는 구조가 다른 언어를 사용하는 사람들은 각기 서로 다른 방식으로 세계를 바라보게 된다고 설명한다. 또한 인지가 언어에 완전히 의존하고 있으므로 인지 발달은 언어 발달이 선행되어야 가능한 것으로 본다(정동빈, 1994). 따라서 어휘가 풍부하고 언어의 폭이 넓을수록 인지 발달 역시 활발해지는 것이다. 이러한 워프의 이론은 학문적으로 많은 영향력을 끼쳤으나 다음과 같이 이를 반박하는 증거도 많다.

　첫째, 단어를 아는 것이 대상에 대한 지각에 영향을 미치지는 않는다. 눈에 관한 어휘가 부족한 영어를 사용하는 스키 선수들도 눈의 유형을 잘 구별할 수 있다. 따라서

에스키모인이 반드시 언어를 통해 눈의 다양성을 학습한다고 볼 수는 없다.

둘째, 시간에 대한 문법이 시간 개념에 영향을 미친다는 것도 무리가 있다. 예를 들면, 멕시코의 사포텍어(Zapotec)는 시제가 동사의 중요한 요소이지만, 사포텍인은 시간표대로 움직이지도 않고 시간에 집착하지도 않는다. 반대로 중국어에는 시제가 없지만 중국인도 영국인만큼 시간에 골몰하고 시간을 소중히 여긴다(http://synnic.com.ne.kr/).

셋째, 같은 언어를 쓰는 사회(심지어 가족) 내에서도 종교나 이데올로기는 다양하며, 다른 언어를 쓰는 사람들도 민주주의나 채식주의 등과 같이 동일한 관점을 갖고 있는 경우가 있다. 또한 언어는 변화하지 않았으나 사회체제는 변화하는 중국(봉건주의 → 자본주의 → 공산주의)의 예를 보아도 언어 자체가 문화를 결정짓는다고 보기는 어렵다(Steinberg, 1982).

 심층 탐구

영유아 언어 기능 분석하기

다음의 사례나 입장은 언어가 인지에 영향을 미친다는 것인가 또는 그렇지 않다는 것인가? 그리고 이에 대한 본인의 생각은 어떠한가? 토의해 보시오.

- 혜옥이는 선천적으로 말을 못하지만 말을 이해할 수는 있다.
- 데이트를 할 때 클래식 음악에 대해 이야기하면서 속으로는 상대방의 외모를 생각한다.
- 언어가 사람들의 민족성을 형성한다.
- 헬렌 켈러는 언어적 지식은 부족했지만 지능은 정상인과 차이가 없었다.
- 1세인 진이는 아직 "사과!"라는 일어문을 사용하지만, "사과를 책상 위에 놓아라."라는 여러 단어로 된 문장을 이해할 수 있다.
- 외국어 단어의 의미를 제대로 살려 번역하는 것은 매우 어렵다.
- 영어와 한국어를 똑같이 잘 쓰는 사람도 한국어로 말할 때 더 공손하게 행동한다.

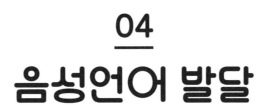

04
음성언어 발달

영유아기는 음성언어의 발달이 급격히 이루어지는 시기이며, 영유아
의 음성언어 발달을 이해하는 것은 언어교육을 효과적으로 지도하기
위해 매우 중요하다. 음성언어 발달에 대한 연구 흐름을 시대별로 살
펴보고, 영유아의 음성언어 발달 과정을 단계별로 살펴본다.

1 음성언어 발달 연구

1) 고대

헤로도토스(Herodotus)는 음성언어의 습득에 관한 가장 오래된 연구를 다음과 같이 기록하고 있다. 고대 이집트인은 자신들이 세계에서 가장 오래된 민족이라고 믿고 있었다. 기원전 484년 사메티쿠스 왕은 어느 나라가 인간의 근원인지 알아보기 위한 실험을 하였다. 왕의 지시에 따라 목동은 갓난아이 두 명을 격리한 후 생리적 욕구만 충족시켜 주고 말은 한마디도 못 듣게 하고 키웠다. 왕은 아이들이 저절로 이집트 언어를 말하기를 바랐지만, 실제로 2년 뒤 처음 한 말은 프리지아 말로 빵을 뜻하는 'Bekos!'였다. 이로 인해 이집트 왕과 백성들은 프리지아를 세상에서 가장 오래된 나라로 받아들이고, 그다음은 이집트라고 하였다. 이러한 실험은 언어가 선천적인 것이라는 믿음에서 이루어진 것으로 볼 수 있다(Christophersen, 1973).

2) 근대

중세에는 대부분의 사람이 히브리어(hebrew)를 최초의 언어라고 생각하였다. 이러한 생각은 수 세기 동안 지속되어 18세기 야생소년 빅터(Victor, 12세)가 발견되었을 때 사람들은 그의 입에서 인류 최초의 언어를 들을 수 있을 것으로 기대하였다. 그러나 빅터는 파리에서 집중적인 언어교육을 받았음에도 끝끝내 말을 배우지 못했다(Farris, 2001). 당시 이 사례는 과학적 흥미의 대상이 되었으며, 언어습득에는 결정적 시기가 있음을 나타내는 증거로 받아들여졌다.

19세기에는 임상의학자들이 언어의 생물학적 기초에 관심을 갖고 연구를 하였다. 그중 대표적 인물은 유명인의 뇌를 측정하고, 이를 모아 인간박물관을 세운 프랑스 외과의사 브로카(Broca)이다. 그는 언어장애 환자의 사후 해부검사 결과를 토대로 뇌의 특정 부위 손상과 언어장애 사이의 관계를 밝혔다. [그림 4-1]과 같이 브로카 영역이 손상된 브로카형 실어증(Broca aphasia) 환자는 말수가 적고 느리며 전보식 문장을 사용하고, 말소리의 변형이나 치환, 왜곡 등을 보인다. 그러나 이들은 언어 표현에는 문제

●그림 4-1● 브로카 영역과 브로카형 실어증의 예

출처: http://bsrc.kaist.ac.kr

가 있어도 뜻을 이해하는 것에는 큰 문제가 없으므로 표현적 실어증이라고도 한다.

독일 신경의학자 베르니케(Wernicke)는 측두엽 상측두이랑의 뒤쪽 부위가 손상되면 말은 거침없이 할 수 있지만, 말의 의미는 이해하지 못함을 발견하였다. 따라서 베르니케형 실어증은 수용적 실어증이라고 한다. 이와 같이 19세기에 진행된 뇌 연구는 인간

"생후 8일째 …… 울 때 이마 전체를 찡그리고 수축하면서 눈 주위의 피부에 주름이 지고 좀 더 큰 아이들처럼 입을 벌리고 흐느끼듯이 울음소리를 내었다……."

●그림 4-2● 다윈의 아들 윌리엄 관찰 일지
출처: http://www.darwinproject.ac.uk

의 언어와 뇌가 매우 밀접한 관계를 갖고 있음을 밝혀 주었다.

19세기 후반에서 20세기 초까지 다윈(Darwin)의 이론에 자극을 받아서 영유아의 언어습득에 관한 연구가 이루어졌다. 유럽에서는 여러 국가에서 연구소가 설립되어 영유아의 언어습득을 연구 주제로 삼았다. 기존의 연구들은 간접적 관찰이나 비체계적 관찰에 의존한 것이 대부분이었으나, 프레이(Prey)와 스턴(Sterne)과 같은 연구자들은 자기 자녀를 대상으로 언어 발달을 체계적으로 직접 관찰하였다(이정모, 이재호 외 공편, 1998).

제1차 세계 대전 이후 1950년대까지 이루어진 언어습득에 대한 연구는 대부분 언어발달의 표준(norms)을 설정하는 데 목적이 있었다(Ginsber, 1997; Ingram, 1989; 박혜경 외, 1999 재인용).

3) 현대

촘스키 이전에는 경험주의와 실증주의에 기초한 불룸필드(Bloomfield)의 구조문법(Structural grammar) 언어학이나 언어습득을 수동적 습관 형성의 결과로 보는 행동주의로 대표된다. 그러나 1957년 촘스키의 저서 『Syntactic Structure』로 언어학계에 이른바 촘스키 혁명이 일어나 변형문법의 시대가 열렸고, 이에 따라 음성언어 발달에 관한 연구도 근본적으로 변화하게 되었다. 촘스키는 '언어습득기제'라는 개념을 제시하여 영유아가 성인의 문법을 알아가는 과정을 설명하면서, 인간이 태어나면서부터 갖고 있는 것을 언어역량(language competence)이라고 하였으며, 언어능력이 실제의 상황에서 말의 산출과 이해로 구현되는 것을 언어수행(language performance)이라고 불렀다. 이전의 언어학자들이 언어수행을 중심으로 연구한 것과 달리, 촘스키는 언어역량에 관심을 가졌다. 언어역량과 언어수행은 동일한 것이 아니다. 예를 들어, 예기치 못한 사건을 접하면 말문이 막혀 버리는 것을 경험하지만, 나중에 정신을 가다듬고 보면 그 상황에 맞는 말이 떠오르는 경우가 종종 있다. 이는 언어역량이 있는데도 언어역량의 발현을 막는 어떤 요인이 작용하여 언어수행으로 나타나지 못했기 때문이다. 이러한 입장에서 촘스키는 언어역량은 언어수행에 선행하며, 선천적으로 모든 인간에게 내재되어 있다고 하였다(우윤식, 1997).

언어역량은 다시 화용론적 언어역량과 문법적 언어역량으로 구분되는데, 촘스키는 화용론적 언어역량을 소홀히 하고 있다는 비판을 받았다. 이러한 입장에서 언어가 사용되는 맥락과 언어의 화용론적 측면에 관심을 둔 화행론(Speech Act Theory)이 등장하였다. 예를 들어, 영아가 한 단어로 표현하는 '엄마'라는 말이 전달하려는 의도는 여러 가지이며, 외판원의 긴 설명에는 실제로 말로 표현되지 않았더라도 물건을 사 달라는 뜻이 담겨 있다는 것이다. 이는 언어를 맥락과 분리하여 구조나 문법성으로 접근하면 언어의 근본적인 기능을 무시하는 결과가 초래됨을 시사한다. 이와 같이 발화의 문법성보다 적절성에 더 큰 무게를 두는 화행론은 영유아의 언어습득 연구를 보다 실제적이고 효과적으로 접근하게 해 주었다(주영희, 2000).

2 음성언어의 발달 단계

영아를 의미하는 영어 단어 'infant'의 어원은 '말을 하지 못한다'는 의미의 라틴어 'infans'이다. 그러나 의사소통은 말을 통해서만 이루어지는 것이 아니며, 인간은 출생하는 순간부터 언어를 습득하기 위한 작업을 시작한다. 부모들도 자녀가 말을 하기 훨씬 전부터 자녀와 의사소통을 시도한다. 다음의 예와 같이 어떤 부모들은 아기가 트림을 하거나 웃으면 아기가 무엇인가를 말하려고 하는 것으로 받아들이기도 하고, 또 어떤 부모들은 자녀와의 신체적 접촉을 통해 의사소통을 시도하기도 한다.

엄마: 안녕. 엄마한테 한번 웃어 보렴. (아기의 가슴을 부드럽게 간질거린다.)

영아: (하품한다.)

엄마: 졸리구나? 오늘 너무 일찍 일어났어.

영아: (주먹을 편다.)

엄마: (영아의 손을 만지면서) 우리 아기, 뭘 보니?

영아: (엄마의 손가락을 잡는다.)

엄마: 아, 이걸 원했었구나. (다정하게) 자, 이제 웃어 보렴.

심지어 태아가 자궁에서 불편함을 호소하기 위해 발길질을 해서 엄마의 자세를 바꾸게 하는 것을 보면 출생 전부터 이미 의사소통이 시작된다고 할 수 있다. 이러한 입장에서 본격적인 언어가 나타나기 전인 '언어 이전의 의사소통' 단계와 언어 출현 이후의 '언어적 의사소통' 단계로 나누어 영유아의 의사소통 발달 과정을 살펴본다.

1) 언어 이전의 의사소통

(1) 소리의 이해

① 말소리에 대한 인식

영유아 언어 발달에 관한 연구들은 대개 듣기능력보다 말하기 능력에 초점을 두고 있다. 그러나 듣기능력은 말하기 능력보다 훨씬 먼저 일어나며, 심지어 태아 때부터 이미 존재한다는 입장도 있다. 예를 들어, 한 연구에서 임신 33~36주에 특정 운율을 크게 들려주고 37주에 다른 운율을 들려주었을 때 태아의 심장박동수가 크게 증가했다. 이는 태아가 말소리의 패턴에 주목하고 차이를 변별할 수 있음을 나타낸다. 신생아의 경우 악기 소리보다는 사람들의 말소리나 보컬 뮤직을 듣는 것을 좋아하고, 생후 2일이면 엄마의 목소리를 구별할 수 있게 된다. 또한 생후 4일 된 영아는 외국어를 들을 때보다 모국어를 들을 때 젖을 세게 빠는 현상을 보인다. 이러한 연구 결과들은 영유아가 소리가 어디에서 나는지, 소리의 속도나 강도, 지속시간 등을 토대로 소리들 간의 차이를 변별할 수 있고, 특정한 말소리에 집중할 수 있음을 시사한다. 생후 5개월경부터 영아는 특정 단어에 선택적으로 반응을 할 수 있다. 이들이 처음 반응하는 단어는 대개 자기 이름이다. 생후 8개월 정도 되면 영아는 몇 가지 구(句)를 이해하게 되고, 생후 8~10개월이 되면 각 단어의 의미를 이해하기 시작한다(박정민, 2002)

② 아기 말

아주 어린 영아도 아기 말(baby talk)을 듣는 것을 좋아한다. 아기 말이란 영아가 말하는 방식을 일컫는 용어가 아니라, 성인이 영아에게 하는 말을 지칭하는 용어로 모성어(motherese)라고도 한다.

아기 말은 정상적인 성인의 말과는 뚜렷한 차이가 있으며, 구체적으로 다음과 같은 특징이 있다(Berger, 2003).

- 문장이 짧고 단순하다.
- 반복과 부연설명이 많다.
- 모음을 연장하고 어조를 높여 말한다.
- 과장하며 목소리의 크기를 변화시킨다.
- 영아의 단편적 표현을 완전한 문장으로 확장해서 말해 준다.
- 대명사 대신 3인칭을 사용한다(예: "선생님이 주실 거예요.").

아기 말은 영아가 성인의 말에 주의를 집중하고 의미를 이해하게 하는 데 효과적이다. 이와 같이 아기 말은 영아의 언어습득을 도울 뿐 아니라 정서적인 유대를 강화하는 역할도 한다.

표 4-1 　아기 말의 예

아기 말	일상적인 말
kitty(야옹이)	kitten(아기고양이)
bow(멍멍이)	dog(개)
bow-wee(쉬)	urinate(소변)
wee-poo(응가)	defecate(대변)
poo-night(코 잔다)	sleep(자다)
night-mommy(엄마)	mother(어머니)

출처: 주영희(1998). 유아의 언어 습득 책략과 모성어 연구. 경인교육대학교 초등교육연구원 교육논총, 15, 191-205.

(2) 소리의 산출

영아기에는 듣기능력만이 급속히 발달하는 것은 아니며, 출생 후부터 비록 언어는 아니더라도 능동적으로 소리를 산출한다. 영아기의 소리 산출은 다음과 같은 순서를 밟는다.

① 울음

울음(crying)은 영아가 양육자에게 자신의 욕구를 표현하는 최초의 의사소통 방법이다. 울음은 자신의 요구를 알리는 것 외에도 발음기관 전체를 움직여 발달을 촉진하는 의미도 있다. 출생 직후의 울음은 우는 이유가 구분되지 않는 미분화된 울음(undifferentiated crying)이다. 즉, 이때의 울음은 숨을 내쉼으로써 일어나는 반사적인 반응이다.

생후 1개월 이후 점차 분화된 울음(differentiated crying)이 나타나 양육자는 아기 울음의 원인을 구별할 수 있게 된다. 즉, 울음이 보다 정확한 의사소통 수단이 된다. 일반적인 울음은 소리의 높낮이가 규칙적이고, 배고플 때의 울음은 불규칙적이고 낮은 강도로 시작해서 점차 소리가 커지고 리드미컬해진다. 화가 났을 때는 기본적인 울음 패턴과 시간적 순서는 같지만(즉, 울음-휴식-호흡-휴식) 길이의 차이로 구별할 수 있다. 아플 때의 울음은 갑자기 시작되며, 처음부터 큰 소리로 길게 울다가 한참 잠잠하고 다시 헐떡거리며 숨을 들이마시는 특징이 있다(Hetherington & Parke, 1993).

이와 같이 영아가 성장함에 따라 울음 패턴은 변화하고 영아의 의사소통 체계의 일부가 된다. 쳐다보기나 몸짓 등 다른 의사소통 행동이 없을 때 나타나는 단순한 울음(simple crying)은 감소하고, 첫돌 무렵이 되면 모든 아기는 양육자의 반응을 이끌어 내고 통제하는 수단으로, 그리고 의사소통 수단으로 울음을 사용한다. 이후 언어능력이 발달하면서 울음은 감소한다.

② 쿠잉

영아는 이전보다 확실히 덜 울고 점차 울음이 아닌 발성을 나타내는데, 이를 쿠잉

(cooing)이라고 한다. 생후 2개월 정도 된 영아는 말을 건네거나 고개를 끄덕여 주면, 미소를 지으면서 15~20초 정도 모음으로만 구성된 '우-우-우'나 '어-어-어'와 같은 소리를 낸다. 쿠잉은 우연히 산출되는 목울림 소리로서 주로 음식을 먹거나 먹은 후 기저귀를 간 후에 나타난다. 이와 같이 영아가 만족하거나 기분이 좋을 때 나타난다고 하여 해피사운드(happy sounds)라고도 한다.

③ 옹알이

옹알이(babbling)는 일종의 입놀림이며 발음의 기초적인 연습이라고 할 수 있다. 옹알이를 하는 시기에 대해서는 학자마다 차이가 있다. 대개 5~6개월이 되면 혀 놀림이 시작되는데, 이때는 청각 반응이 민감해지면서 자기 소리를 듣고 자기가 만족을 느껴 반복적인 소리를 자주 내게 된다. 옹알이는 자음과 모음이 반복적으로 연결되어 '다다다-'나 '바바바-'와 같은 소리를 내는 것이다. 자음으로는 엄마의 젖을 빠는 본능적 동작과 가장 가까운 순음이 제일 먼저 시작되며, 일반적으로 /ㅁ/이 나타난다(박배식, 1992). 이는 〈표 4-2〉와 같이 여러 언어에서 엄마를 나타내는 단어에 공통적으로 /ㅁ/이 들어간다는 사실에서도 알 수 있다.

옹알이는 처음에는 제한된 소리로 나타나지만, 점차 인간이 내는 거의 모든 소리를 낼 수 있는 '음소의 확장(phonetic expansion)' 현상이 일어난다. 그러나 다시 모국어에 없는 음소는 소멸하고 모국어에 있는 음소만 남는 '음소의 축소(phonetic contraction)' 현상이 나타난다. 바로 이러한 이유로 우리나라나 일본의 영아는 [ra] 소리와 [la] 소리

표 4-2 엄마와 아빠라는 말에 대한 세계 언어와 유사성

언어	엄마	아빠
한국어	엄마	아빠
영어	마마	다다
	마미	대디
스페인어	마마	파파
프랑스어	마마	바보
이탈리아어	맘마	파파
중국어	마마	빠빠

출처: 조복희(1999). 아동발달. 서울: 교육과학사.

를 변별하지만(음소의 확장), 우리나라나 일본의 성인은 이를 구별하지 못한다(음소의 축소). 음소의 축소 현상은 옹알이가 환경의 영향을 받음을 시사한다. 또한 미국 영아의 옹알이에 비해 중국 영아의 옹알이에서 피치(pitch)의 다양성이 더 많이 나타나는 것 역시 영아가 들은 모국어의 특성, 즉 환경 때문으로 볼 수 있다.

그러나 옹알이를 유전에 의한 것으로 보는 입장에서는 옹알이를 발음을 관장하는 뇌 영역과 성대의 성숙 결과로 본다(Sachs, 1985). 영아 자신이 청각에 장애가 있거나 부모가 청각에 장애가 있어서 영아의 소리에 반응하지 못하는 경우에도 처음에는 옹알이를 한다는 점, 그리고 어느 언어권에서나 옹알이 소리는 유사하다는 점에서 옹알이는 유전적 현상이라는 것이다. 그러나 이후 말소리와 비슷한, 좀 더 발전된 옹알이를 하는 것은 듣기능력의 영향을 받기도 한다. 정상아는 생후 7개월이면 발전된 옹알이를 하지만, 청각장애아는 12개월 이후에야 이것이 가능하고, 완전한 청각장애 아동은 전혀 불가능하다. 이와 같이 볼 때 옹알이의 시작은 유전에 의해서 이루어지지만, 이후 환경의 영향을 받아서 발전함을 알 수 있다(Owens, 2001).

●그림 4-3● 옹알이

출처: http://Babyblues.com

④ 자기소리 모방

영아는 생후 7개월경부터 발음기관 중 혀와 입술의 발달이 시작되면서 여러 음성을 모방하여 반복을 즐기게 되고, 자기가 낸 소리를 듣고 만족을 느낀다. 즉, 소리를 듣는 동안에는 조용해지고, 소리가 멈추면 흥분하여 옹알이를 하다가 우연히 자신이 들은 것을 반복한다. 이 시기에는 자음과 모음의 분화가 시작되고, 이가 나기 시작하면서 치음이 나타난다. 자음과 모음을 결합하여 여러 소리(예: 마마마마)를 만들어 반복하는 자기소리 모방(lallation) 또는 불완전한 모방(imperfect imitation)은 6~12개월 영아가 울음 외에 내는 소리의 절반을 차지한다.

⑤ 타인소리 모방

영아는 자기소리 모방이 끝나면 어른의 말소리를 모방하려고 한다. 특히, 생후 9~10개월 무렵의 영아는 이해하지도 못하면서 어른의 말소리를 의식적으로 모방하는데, 메아리처럼 그대로 모방한다고 하여 반향적 모방(echolalia)이라고도 한다. 이때 영아는 어른의 말소리뿐 아니라 동작까지도 모방하려고 한다. 또한 중류층 영아가 하류층 영아보다 이 단계에서 더 많은 음성화를 한다는 사실은 부모의 음성화가 영아의 음성화를 촉진한다는 것을 시사한다.

표 4-3 음성언어의 발달 과정

월령	언어 발달
0~2개월	• 1개월에 접어들 즈음 후음(喉音)을 속삭임처럼 소리 내며 사람 음성에 반응을 보인다.
2개월	• 울음으로 의사를 전달한다. • 끙끙거리는 소리가 '우~우', '아~아'처럼 모음에 가까운 형식을 취하게 된다.
3개월	• 훌쩍거리거나 길고 높은 소리로 울거나 싱긋 웃기도 하며 꿀꺽 하는 후음을 내기도 한다. • 다른 사람의 말을 들으면 소리 내고 싶은 자극을 받는다.
4개월	• 혼자 혹은 다른 사람에게 끊임없이 옹알거린다. • 질문하듯 목소리를 높이기도 한다.
5개월	• 다른 사람의 입을 유심히 바라보며 억양을 흉내 내려 한다. • 'ㅁ'이나 'ㅂ' 같은 자음을 발음하는 아이도 있다.
6개월	• 입 모양을 바꿔 새로운 소리를 낸다.
7개월	• 단숨에 여러 음을 낸다. • 각기 다른 음색과 억양을 인식한다.
8개월	• 좀 더 폭넓은 음을 흉내 내기 시작한다. • 머리나 상반신을 돌려 귀에 익은 소리에 반응을 보인다. • 특정 어구에 반응하는 법을 안다(예: "와, 크다."란 말에 두 손을 들어 벌림).
9개월	• 자기 이름이나 "안 돼." 하는 말 등에 반응을 보인다. • 다른 사람들 대화에 유심히 귀를 기울인다. • "엄마.", "아빠." 같은 소리를 낸다. • 기침 소리 같은 것을 곧잘 흉내 낸다.

10개월	• 말에 행동까지 곁들인다(예: "빠이빠이." 하면서 손을 흔듦).
11개월	• 행동뿐 아니라 단어까지 흉내 낸다. • 각기 다른 상황에서 각기 다른 단어가 쓰임을 앎으로써 단어의 뜻을 파악한다.
12개월	• 자신만 아는 짧은 문장을 옹알거린다. • 어조와 억양을 제때 그럴듯하게 활용한다. • 2~8개의 단어를 말할 수 있다.
13개월	• 단어를 완벽하게 발음할 수는 없으나 그것이 무엇을 뜻하는지는 안다(예: "고." 하면서 공을 가리킴).
14개월	• 가락이나 같은 음의 반복을 좋아한다. • 행동으로 자신의 욕구를 표현한다(예: 읽어 달라는 뜻으로 책을 가져 옴).
15개월	• 간단한 명령(예: "이리 온.")에 따른다. • 엄마가 뭐라고 말하면 눈에 익은 사물을 가리키기도 하며, 신체 주요 부위의 이름을 기억한다.
16개월	• 6~7개 단어를 똑똑히 발음한다. • 낱말 게임이나 노래 부르기를 즐긴다.
17개월	• 욕구를 표현하기 위해 낱말을 사용하기 시작한다(예: 업어 달라는 뜻으로 "어부바." 라고 말함). • 말할 수 있는 단어보다 많은 단어를 알고 있는 것으로 추정된다.
18개월	• 어휘력이 급증하여 하루 12개나 되는 단어를 습득하기 시작한다. • 질문을 받으면 자기 몸이나 옷의 부위를 가리킨다. • 자신을 이름으로 지칭한다.
19개월	• 자신의 생활에 중요한 낱말이나 사물에 몰두한다.
20개월	• 생후 2년이 되어 갈 즈음 모든 사물에 이름이 있음을 알고 "저게 뭐야?" 하고 끊임없이 묻는다. • 두 단어를 결합시킬 줄도 안다(예: "엄마, 우유.").
22개월	• 간단한 이야기를 즐겨 듣는다. • 이야기를 이끌어 가며 단어로 자신의 감정이나 생각을 표현한다.
23개월	• 단어를 사용해 가며 좌절이나 분노를 표현한다. • 간혹 감정을 전달하기 위해 표정을 짓거나 소리를 지른다.
24개월	• 24개월에 접어들 즈음 200단어 이상의 어휘를 갖춘 아이도 있다.
25~29개월	• 어휘력이 급증하여 명사와 동사를 결합하여 3~4개 단어로 된 문장을 구성한다. • '나'같은 대명사를 비롯, 여러 품사를 구사하기 시작한다. • '왜'라는 질문을 던지기 시작한다. • 남이 말하는 것에 관심을 기울인다.
30~36개월	• 2~3개 단어로 이루어진 명령도 이해한다. • 이야기의 흐름을 이해하며 책 속에 담긴 많은 개념도 기억한다.

출처: 중앙일보(1999). Newsweek 한국판 특별호-1. 귀여운 우리 아기. 중앙일보사.

⑥ 표현적인 무의미한 소리

생후 1년 정도가 되면 영아는 일련의 발음을 이용하여 일시 중단, 음조의 변화, 그리고 리듬을 가진 문장처럼 들리는 소리를 낸다. 이러한 소리는 모국어에 있는 소리이기는 하지만, 실제 단어를 말하는 것은 아니다. 즉, 진짜 단어처럼 들리지만 사실은 무의미한 횡설수설에 불과한 것이다. 이를 표현적인 무의미한 소리(expressive jargon)라 하며, 일어문을 사용하기 시작하면 곧 사라진다.

생후 5개월 된 세림이는 음절과 유사한 소리를 낸다. 세림이는 '마', '타', '다', '쿠'와 같은 자음-모음 소리와 '우'와 같은 모음 소리를 내면서 옹알이를 한다. 11개월 된 민수는 이러한 소리들을 단어인 것처럼 함께 연결하려고 한다. 민수는 억양과 몸짓을 사용하지만, 실제로 알아들을 수 있는 단어는 하나도 없다. 기본적으로 민수가 내는 소리는 우리말에 있는 소리이기는 하지만, 실제 단어를 말하는 것은 아니다.

(3) 몸짓

소리의 산출 외에도 영아기의 의사소통은 많은 부분 일명 베이비 사인(baby sign)이라고 불리는 몸짓(gesture)에 의존한다. 몸짓은 아직 말을 할 수 없는 영유아가 말하고 싶은 것을 동작으로 상징화해서 의사소통하는 것으로서 신체언어(body language) 또는 숨겨진 언어(secret language)라고 한다. 몸짓은 거의 모든 문화권에서 나타나며, 심지어는 한 번도 몸짓을 본 적이 없었을 맹인조차도 사용하는 보편적인 현상이다. 영유아의 경우 입이나 입술, 혀, 이 등 조음기관의 성숙이 천천히 이루어지는 반면, 손동작은 비교적 빨리 발달하기 때문에 말을 할 수 있기 훨씬 전부터 몸짓을 한다. 몸짓을 통한 의사소통에는 다음과 같은 유형이 있다(박정민, 2002).

① 몸짓의 종류

■ 지시적 몸짓

지시적 몸짓(deictic gesture)은 몸짓의 형태가 아니라 맥락에 따라서 의미가 정해진다는 특징이 있다. 주로 9~13개월에 나타나며, 다가가기, 주기, 보여 주기, 지적하기 등이 있다.

- **다가가기**: 요구하거나 요청하기 위해 손가락을 폈다 오므렸다 하면서 원하는 사물을 향해서 다가가고, 성인의 눈과 사물을 번갈아 가면서 본다.
- **주기**: 성인의 관심을 끌려고 성인에게 사물을 준다.
- **보여 주기**: 성인의 관심을 끌려고 성인의 시선 안에 있는 사물을 들고 있다.
- **지적하기**: 성인이나 지시하고자 하는 것을 번갈아 보면서 환경 안에 있는 어떤 사물, 위치, 사건을 향해서 검지손가락을 편다.

■ **표상적 몸짓**

　표상적 몸짓(representational gesture)은 의미가 맥락에 덜 의존적인 것으로서, 관습적인 손이나 몸의 움직임 또는 안면 표정 등이 해당한다. 지시적 몸짓이 단순히 어떤 지시물을 '지적하는' 것에 그치는 반면, 표상적 몸짓은 지시물이나 지시물 집단 또는 관계를 '나타낸다'는 특징이 있다. 예를 들어, 전화기를 의미하기 위해서 귀에 주먹을 가져가는 것이나 새를 표현하기 위해서 손을 펄럭이는 것 등이 있다. 표상적 몸짓은 사물과 생각들을 상징적으로 표현할 수 있음을 영아가 이해하기 시작했다는 것을 나타낸다.

　표상적 몸짓은 다시 두 가지 유형으로 나누어진다. 첫 번째는 물체의 움직임이나 특성을 전달하는 참조적(referential) 몸짓이며, 두 번째는 몸짓의 의미가 전통적으로 고정이 되어 있는 관습적(conventional) 몸짓이다.

표 4-4　관습적 몸짓의 종류와 예

종류	행동
고개 끄떡이기	긍정을 의미하는 행동으로 머리를 아래위로 흔든다.
고개 젓기	보정을 의미하는 행동으로 머리를 좌우로 흔든다.
손 흔들기	상대방에게 인사를 하기 위해 손을 움직인다.

"좋아요"   "조용히 해요"   "전화해요"   "없어요"   "위"

"아래"   "모자"   "기저귀 봐 주세요"   "더 주세요"

●그림 4-4● 참조적 몸짓의 예

출처: 문승윤(2008). 손짓으로 말하는 아기 대화: 베이비 사인으로 아기의 마음을 읽어요. 서울: 출판 명인.

② 몸짓과 말의 조합

대개 생후 10개월 전후 지시적 몸짓을 사용하기 시작하고, 12~18개월에는 상대방을 보면서 몸짓을 하고 발성을 하는 쌍방향적 신호가 나타나기 시작한다. 즉, 처음에는 단순히 몸짓을 사용하지만, 점차 상대방을 응시하면서 발성하고 몸짓을 사용하는 것으로 발전해 간다. 이러한 쌍방향성은 영유아가 주제와 청자라는 두 가지 의사소통 측면을 동시에 고려하는 능력이 있음을 시사한다(Masur, 1983).

처음에는 몸짓은 말을 동반하지 않고 단독으로 사용되다가 점차 말과 함께 사용되기 시작한다. 12개월경이 되면 상대적으로 몸짓을 더 많이 쓰는 아이가 있고, 말을 더 많이 사용하는 아이가 있지만, 거의 모든 영유아는 자발적으로 몸짓과 말을 조합해서 사용한다(Morford & Goldin-Meadow, 2009). 몸짓은 영유아가 의사소통하고자 할 때 부족한 단어를 보충해 주는 역할을 하기 때문이다. 또한 어린 영아의 경우에는 양육자의 말을 이해하기 위해서 양육자의 몸짓에 의존하기도 한다(Morford & Goldin-Meadow, 2009; Zinober & Martlew, 1985). 양육자 역시 아직 말을 잘하지 못하는 영유아의 몸짓을 통해 이들의 마음을 읽고 대처할 수 있게 된다.

몸짓과 말이 통합된 초기에는 몸짓과 말은 동일한 정보를 전달한다. 이 시기의 몸짓은 말하는 단어의 의미를 강화하는 방법으로 쓰인다. 예를 들어, 사과를 가리키며 "사

과"라고 말한다. 그러나 점차 몸짓과 말이 서로 다른 정보를 전달하기 시작한다. 영아
는 몸짓으로는 사물을 가리키며, 말로는 그 사물에 대해 할 행위를 말하거나(예: 사과
를 가리키며 "냠냠") 또는 몸짓으로 사물을 가리키면서 말로는 그 사물의 주인을 말한다
(예: 사과를 가리키며 "내 거야."). 이렇게 몸짓과 말이 서로 다른 정보를 전달하는 조합은
이어문(예: "사과 먹어.")의 시작을 예고한다. 이러한 입장에서 몸짓이 말과 함께 쓰일 때
몸짓이 단어의 의미를 강화하는 방법에 따라 보완적 몸짓과 추가적 몸짓으로 분류할
수 있다. 보완적 몸짓은 단어와 같은 정보를 제공해 줌으로써 말한 내용을 보충해 주는
것이다. 추가적 몸짓은 단어와 동일한 내용을 전달하지 않고, 관련된 특정 정보를 전달
하는 몸짓이다. 각각의 예를 살펴보면 〈표 4-5〉와 같다(박세진, 2009).

표 4-5 **말과 몸짓의 조합 유형**

몸짓 유형		예
보완적 몸짓	표상-지시적 몸짓	"사과"라고 말하며 사과를 가리킨다.
	표상-참조적 몸짓	"날아"라고 말하며 팔을 흔든다.
	표상-관습적 몸짓	"싫어"라고 말하며 고개를 흔든다.
추가적 몸짓	지시적 몸짓	"냠냠"이라고 말하며 사과를 가리킨다.
	표상-참조적 몸짓	"새"라고 말하며 팔을 흔든다.
	표상-관습적 몸짓	(음식이) "짜"라고 말하며 고개를 흔든다.

③ 몸짓의 효과

이와 같이 몸짓은 영유아가 보다 빨리 능동적인 의사소통자가 되도록 만들어 준다.
즉, 몸짓을 통해 영유아는 수동적인 관찰자로 남아 있지 않고, 능동적으로 의사소통을
주도하게 되는 것이다. 몸짓은 언어습득을 늦출지 모른다는 우려와 달리, 오히려 음성
언어 발달을 지지한다는 것이 많은 연구에서 밝혀졌다. 예를 들어, 2세에 몸짓을 쓴 영
유아는 또래보다 평균 50개의 단어를 더 알고 있었으며, 3세가 되자 4세 수준의 단어
를 말하고 이해하는 것으로 나타났다. 또한 영아기 때에 몸짓을 훈련받은 집단은 초등
학교 2학년 때 실시한 지능검사에서 평균 12점 높은 점수를 받았다(Morford & Goldin-
Meadow, 1992). 이로 미루어 보아 영유아의 몸짓은 언어 발달뿐 아니라 인지 발달을 촉
진한다고 할 수 있다.

어디에? 몰라		방법	양 손바닥을 어깨 높이로 내밀고 어깨를 들썩인다.
		기억 포인트	'난 모른다'의 전통적인 몸짓
		사용 가능한 상황	물건이나 사람이 어디 있느냐고 물을 때 질문에 대한 대답
잠		방법	양쪽 손바닥을 붙여 뺨에 댄다.
		기억 포인트	곤히 잠든 모양을 흉내
		사용 가능한 상황	누군가 잠자고 있음을 말할 때 재워 달라고 요구할 때
전화기		방법	주먹을 귀에 댄다.
		기억 포인트	수화기를 귀에 댄 모습
		사용 가능한 상황	전화벨이 울린다고 말할 때 진짜 전화기나 장난감 전화기를 볼 때 전화하는 사람이 나온 사진을 볼 때
토끼		방법	코를 찡긋하거나 손가락 2개를 들어서 ∨자를 그린다.
		기억 포인트	토끼가 코를 찡긋거리는 시늉을 흉내 내 거나 토끼의 귀 모양을 나타낸다.
		사용 가능한 상황	동물원 등에서 진짜 토끼를 볼 때 토끼 그림을 볼 때
새		방법	양팔을 양 옆으로 움직인다.
		기억 포인트	새의 날갯짓 흉내
		사용 가능한 상황	밖에서 진짜 새를 볼 때 새 그림을 볼 때 큰 새에 대해 이야기할 때
책		방법	손바닥이 위로 가게 해서 양손을 내밀고 두 손바닥을 겹쳤다 폈다 한다.
		기억 포인트	책을 펼치고 덮거나 책장을 넘기는 흉내
		사용 가능한 상황	책과 잡지를 볼 때 책을 읽어 달라고 할 때 누가 책을 읽고 있다고 말할 때

● 그림 4-5 ● 영아의 다양한 몸짓

출처: 공경희 역(2000). 베이비 사인. 서울: 명진.

심층 탐구

영아의 몸짓을 지도할 때 고려 사항

1. 항상 말과 몸짓을 함께 사용한다.
2. 영아가 첫 번째 몸짓을 나타낼 때까지는 시간이 걸리므로 인내심을 갖는다.
3. 영아의 몸짓을 다른 가족원이나 교사(양육자)와 공유한다.
4. 영아가 리드하는 대로 따른다.
5. 창의성을 발휘한다. 즉, 자신만의 독특한 몸짓을 만든다.
6. 간단한 것으로 시작한다(예: 우유, 더 많이).
7. 영아의 시도를 항상 칭찬한다.

출처: http://www.born2talk.com/001_infant_signing.asp

2) 언어적 의사소통

언어적인 말(linguistic speech)의 발달은 첫 단어와 더불어 시작해서 성숙할 때까지 지속된다.

(1) 이해언어

영유아는 자신의 의도를 말로 표현하기 전에 언어에 대한 이해를 먼저 시작한다. 영아의 어휘 목록에는 이해어휘 목록과 표현어휘 목록 등 두 가지 유형이 있다. 일반적으로 영아는 표현어휘 목록보다 이해어휘 목록을 더 많이 갖고 있다. 예를 들어, 영어권의 18개월 무렵 영아는 일상적인 대화에서 50개 정도의 단어를 표현할 수 있지만, 200개(즉, 4배) 정도의 단어를 이해할 수 있다. 동일한 단어의 경우 음성적으로 표현하는 것보다 듣고 이해하는 것이 훨씬 더 쉽고 먼저 나타나기 때문이다. 그러나 영아는 아직 언어의 지시적인 속성은 이해하지 못하고, 주로 맥락에 의존하여 단어의 의미를 파악하는 경향이 있다. 영아의 어휘습득은 다음과 같은 과정을 거친다(곽금주 외, 2005).

① 의미의 수평적 발달

영유아가 자신이 알고 있는 단어의 의미에 새로운 속성을 추가해 가는 것을 말한다.

예를 들어, 호랑이라는 단어에는 동물의 한 종류를 뜻하는 의미 외에 '무서운 사람'을 뜻하는 의미가 있다는 사실을 깨닫고, 이를 자신이 알고 있던 호랑이의 의미에 덧붙이는 과정이다. 이는 한 단어가 여러 의미로 쓰일 수 있는 다의어(多意語)나 그 사회에서의 관습적 표현을 이해하는 데 도움이 된다.

② 의미의 수직적 발달

어떤 단어 개념의 속성을 알고 그와 관련된 단어를 계속 습득함으로써 단어들이 군집화되는 것을 뜻한다. 예컨대, 호랑이라는 단어를 알게 된 후에 이와 유사한 속성을 가진 동물(예: 사자나 표범)의 이름도 쉽게 익히며, 나아가 동물의 범주를 구성하게 된다. 일단 하나의 범주가 인지구조에 형성되고 나면, 이 범주에 새로운 단어를 분류해서 포함하는 일이 쉬워진다. 동물이라는 범주를 이해하고, 호랑이, 사자, 표범 등의 단어와 속성을 습득한 영아는 새로 접하는 단어인 '늑대'를 쉽게 추가시킬 수 있다.

아직 말을 하지 못하는 9~10개월 영아도 자신의 이름 등 자주 들었던 단어를 들으면 이해하고 반응하며, "○○ 어디 있니?"라는 질문에 ○○를 찾으려고 두리번거리는 행동을 보이기 시작한다. 16~18개월에는 점차 여러 단어로 이루어진 문장을 이해할 수 있고, 이에 따라 간단한 지시를 듣고 수행할 수도 있다. 그러나 대부분 자신이 들은 문장을 구문구조보다는 문장에 포함된 일부 단어나 세상에 대한 지식을 통해 이해한다. 예를 들면, "기저귀 갈아야지?"라는 말뿐 아니라 "자, 이제 기저귀 갈았다."라는 말에도 새 기저귀를 들고 오는 행동을 보인다. 19~24개월경에는 "그만", "하지 마"와 같은 말을 이해하며, 일상적인 사물, 신체 부위, 동물 이름, 동작어 등을 이해한다. 20개월 정도에는 대부분 금지를 나타내는 부정적 서술문과 소유자와 소유물의 관계를 이해한다. 24개월에는 수량을 나타내는 단어 3개 이상과 10개 이상의 동사, 그리고 일상적인 형용사 3~4개를 안다. 또한 두 가지 지시를 순서대로 실행할 수 있고, 의문사에 따른 대답을 할 수 있다. 절반 정도의 영아가 5문장 이상의 긴 문장을 이해하기 시작한다(곽금주 외, 2005). 이해언어는 유아기에 놀라운 속도로 증가하여 6세에 이르면 약 8,000개의 기본 단어와 그 단어와 관련된 변형단어(복수, 과거시제 등)를 이해하게 된다. 매년 약 1,700개의 단어 혹은 매일 약 5개의 단어를 획득하는 셈이다(장휘숙, 2002).

(2) 표현언어

① 일어문

12개월경이 되면, 영아는 남들이 알아들을 수 있는 한 단어를 말하기 시작한다. '언제부터 말을 시작한다고 보는가?' 하는 기준은 문화마다 다르다. 예컨대, 파푸아 뉴기니의 어떤 부족은 '젖'이나 '가슴'을 말할 수 있어야 한다고 보는 반면, 서양에서는 '엄마'나 '아빠' 같은 소리를 내야 말을 한다고 여긴다(Jalongo, 2000). 또한 첫 단어를 말하는 시기는 영아마다 개인차가 매우 다양하다. 문화나 사회적 환경, 영아의 성격, 출생 순위 등은 초기 단어들이 나타나는 시기에 영향을 미친다. 대부분의 경우 영아는 첫 단어를 생후 11~14개월에 말하는데, 초기의 어휘 목록의 증가는 속도가 매우 느리다. 영아들이 50개 정도의 어휘 목록에 도달하기까지는 거의 반년 정도가 소요된다. 또한 영아는 예전에 사용했던 단어들 중 어떤 것들은 더 이상 사용하지 않게 되고, 동일한 한 단어의 발음이 여러 가지로 다양화될 수 있다(강옥경, 김명순 공역, 2005). 영아가 처음 사용하는 단어는 자신이 경험한 것의 이름(예: 가족, 반려동물, 음식, 장난감)이나 사회적 상호작용을 위한 단어(예: 바이바이)가 대부분이다. 우리나라 영유아의 경우 대부분 12개월이 되면 첫 단어를 말하는데, 이 중 '엄마'가 가장 많고 그다음이 '아빠'와 '맘마'다.

이 시기 영유아는 기억력이 부족하기 때문에 성인 문장으로 이야기하는 내용도 단일어로 표현한다. 그러나 이때 영유아가 사용하는 한 단어는 한 문장을 대표하며, 엄연히 문장으로서 역할을 하므로 일어문(holophrase)이라고 한다. 일어문은 다양한 의미를 전달한다. 예를 들어, 영유아가 바닥에 쏟아진 물을 보고 "물"이라고 말했다면, 이는 "여기 물이 있어요."라는 의미일 수도 있지만, 목이 마른 상황에서라면 "물 좀 주세요."라는 의미일 수도 있다. 그래서 일어문의 의미는 상황의 맥락 안에서만 정확히 파악될 수 있으며, 영유아에게 가장 가까운 엄마만이 이해할 수 있는 경우가 많다.

영아가 일어문에 사용하는 단어의 의미는 성인이 사용하는 의미와 다른 경우가 많다. 흔히 영유아는 이모, 친구 엄마, 가게 아줌마 등 모든 여자를 '엄마'라고 부르는데, 이와 같이 단어의 의미를 성인의 경우보다 더 포괄적으로 생각하는 것을 '과잉확장(over-extension)'이라고 한다. 이때 영유아는 이들을 정말로 자기 엄마로 생각해서가 아니라 단지 '아줌마'나 '이모'라는 단어를 몰라서 '엄마'라는 단어를 사용하는 것이다.

반대로 단어의 의미를 성인의 경우보다 좁혀서 생각하는 경우도 있다. 예를 들어, 토끼나 여우 등 네발 달린 짐승만 '동물'이라 하고, 곤충이나 물고기는 동물이 아니라는 것이다. 이는 영유아가 아직 유목포함(class-inclusion) 개념을 확실하게 형성하기 때문에 나타나는 일시적인 현상이며, 인지가 발달하고 어휘 수가 증가함에 따라 자연스럽게 사라진다.

② 이어문

일어문에서 이어문(duos)으로의 발달은 생각만큼 빨리 일어나지 않는다. 영유아는 18개월경이 되어야 기억력과 어휘 수가 증가하면서 두 단어를 결합하여 자신의 생각을 보다 의미 있게 표현할 수 있다. 즉, "엄마, 우유.", "잠 싫어." 등과 같은 초보적인 문장을 사용하기 시작한다. 이와 같이 두 단어로 이루어진 이어문은 전보식 문장, 주축문법과 의미론적 관계 등으로 설명된다.

■ 전보식 문장

전보식 문장(telegraphic speech)은 영유아가 두 단어를 조합해서 사용할 때 전보를 치는 것처럼 군더더기 단어들은 생략하고, 핵심적인 단어만 연결하여 문장을 구성한다고 하여 붙여진 이름이다. 전보식 문장에 포함되는 핵심적인 단어는 명사와 동사, 형용사, 부사 등의 내용어(content word)이다. 반면 조사, 전치사, 접속사, 관사, 조동사 등의 기능어(function word)는 전보식 문장에서 생략된다. 예를 들어, "나는 저 책을 정말 좋아해요."를 "책 좋아."라고 줄여서 표현하는 것이다. 이러한 표현은 영유아들이 기능어보다는 내용어가 중요하다는 것을 직관적으로 알고 있으며, 문법적 구별도 이해하고 있음을 나타낸다.

■ 주축문법

주축문법의 관점에서 맥닐(McNeill, 1966) 이어문을 단어가 아무렇게나 연결된 것이 아니라 일종의 규칙이 있는 것으로 보았다. 즉, 이어문은 '주축어(pivot) + 개방어(X구조)'로 이루어진 표현으로서, 이어문에 사용된 단어는 주축어 또는 개방어 중 한 가지 범주에 속한다. 예를 들어, "엄마, 우유.", "엄마, 빵."에서 '엄마'라는 주축어에 '우유'와 '빵' 등의 새로운 개방어를 연결해서 문장을 만든다. 맥닐은 주축어와 개방어를 구별하는 것은 두 단어를 조합하는 문법적 규칙을 알고 있다는 뜻이므로 첫 문법의 출현이라고 보았다.

엄마	우유	이모	예뻐
엄마	빵	언니	예뻐
엄마	맘마	멍멍	예뻐

| 주축어 | 개방어 | 개방어 | 주축어 |

　　주축문법은 영유아가 주축이 되는 단어를 먼저 선택하고, 여기에 새로운 단어를 포함시켜 문장을 표현한다고 설명한다. 이는 이어문의 표면적인 분석은 제공해 주지만, 두 단어의 의미론적 관계는 설명하지 못한다. 즉, 맥닐은 언어의 형식만 보고 언어의 기능은 보지 못했다는 것이다. 예를 들어, [그림 4-6]과 같이 "엄마, 양말."이라는 표현은 상황에 따라 전혀 다른 의미를 나타낼 수 있다. 또한 영유아가 세 단어 이상을 발화하면 주축어와 개방어의 구별은 더욱 불확실해지는 것으로 지적된다(Bloom, 1970).

상황 A: 엄마가 양말을 신겨 준다.　　　　　상황 B: 엄마의 양말

●그림 4-6● 의미론적 관계 분석의 예

■ 의미론적 관계 분석

　　주축문법이 이어문의 특성을 충분히 설명하지 못한다는 비판이 생겨나자 단어의 조합인 문장의 의미에 관심을 둔 의미론적 관계 분석이 등장하게 되었다. 이 입장에서는 앞의 예에서 "엄마, 양말"이라는 표현이 "엄마가 양말을 신겨 준다"는 의미일 수도 있

고, '엄마의 양말'이라는 의미로도 사용될 수 있다고 본다. 즉, 두 경우 모두 '엄마'의 위치가 고정되어 있어서 주축문법에 따르면 '주축어-개방어' 구조로 보아야 하지만, 실제 의미를 살펴보면 '행위자-목적어'와 '소유자-소유'라는 것이다(Bloom, 1970). 우리나라 영유아가 사용하는 이어문의 형태를 관찰 분석한 결과는 〈표 4-6〉과 같다.

표 4-6　이어문에서의 의미 관계

	의미 관계	예
1	행위자-행위	엄마 맴매. 해피 간다.
2	목적-행위	빵 줘.
3	행위자-목적	엄마 밥.
4	장소-행위	여기 앉아.
5	장소 실체/실체-장소	저기 새. 사탕 여기.
6	행위자-장소	아빠야 일루.
7	소유자-소유	아빠 책. 고모 거.
8	실체 수식/수식-실체	고모 예뻐. 무서운 아찌.
9	지시하기-실체	요거 불.

출처: 조명한(1982). 한국아동의 언어획득연구: 책략모형. 서울: 서울대학교출판부.

③ 다어문

■ 의미론적 관계

영유아는 두 단어를 연결하여 사용하기 시작한 지 2개월 정도 지나면, 세 단어를 조합하여 문장을 말할 수 있다. 예를 들어, "엄마, 우유.", "우유 줘."라고 하던 것을 "엄마, 우유 줘."라고 말하는 식으로, 이어문을 바탕으로 하여 단순한 표현에서 복잡한 형식으로 표현하는 것이다. 또한 이어문에서는 흔히 동사가 생략되는 데 비해, 세 단어 이상으로 구성된 다어문에서는 동사가 필수적으로 포함된다. 따라서 다어문은 문장의 기본 구성 요소를 고루 갖추고 있으며, 문장의 의미 역시 보다 분명히 이해될 수 있다.

■ 문법의 과잉일반화

이어문을 사용하다가 다어문을 사용하게 되면서 영유아의 문장은 길어지고 정교해

●그림 4-7● 문법의 과잉일반화 예

출처: sxulinguisticsforeducators.wikispaces.com

진다. 즉, 성인이 사용하는 문장과 점차 유사한 체계를 갖추게 되는 것이다. 그러나 이들은 자신이 알고 있는 언어적 규칙에서 예외를 거의 인정하지 않기 때문에 성인이 사용하는 문법과는 다른 문법을 나타내기도 한다. 예를 들어, 영어를 사용하는 영유아의 경우, 흔히 "We goed to the zoo."와 같은 불규칙 동사에도 과거시제를 나타내는 '-ed'를 붙인다. 그러나 한국어를 사용하는 영유아의 경우, 과잉일반화 현상이 동사 시제에서는 잘 나타나지 않고, 주로 조사습득 과정에서 나타난다. 예를 들어, 행위자를 표시하기 위해서 '가'라는 주격 조사를 행위자 뒤에 덧붙인다는 규칙을 알게 되면, 이러한 규칙을 모든 명사(예: "곰가 낸내.", "삼촌가~")에 과잉일반화하여 적용한다. 이와 같이 문법의 과잉일반화 현상은 영유아가 언어를 능동적으로 학습하며, 문법적 특성을 깨닫고 있다는 증거로 볼 수 있다.

■ 문법적 형태소의 출현 순서와 결정 요인

문법적 형태소를 사용한다는 것은 복잡한 문법체계를 인식하고 있음을 의미한다. 그러나 영유아가 처음부터 문법적 형태소를 적절하게 사용하는 것은 아니며, 문법적 형태소의 종류에 따라 출현 시기도 차이가 있다. 우리나라 영유아의 경우 개인차가 있기는 해도 대체로 공존격 조사(같이, 랑, 하고, 도), 처소격 조사(에, 에게, 한테), 주격 조사 (은, 는, 이, 가), 목적격 조사(을, 를), 도구격 조사(로, 으로)의 순서로 습득한다(조명한, 1982). 공존격 조사나 처소격 조사에 비해 주격 조사는 생각보다 늦게 나타난다. 주격 조사 중에서도 '이'와 '은(는)'은 '가'보다 수개월 늦게 습득하며, '이' 대신 '가'로 대치(예: "선생님가 줬어.")하거나 '가' 또는 '는' 앞에 '이'를 삽입하기도 한다(예: "선생님이가 줬어." "사슴이는 어딨지?"). 이외에도 목적격 조사를 사용해야 할 때에 주격 조사를 사용하는 등 다른 격의 조사를 사용하는 실수도 흔히 나타난다(예: "이 아이는 얼굴이 씻어 얼굴.").

동사의 어미는 서술형(다, 이다, 야, 라, 자), 과거형(ㄴ, 았, 었), 미래형(ㄹ), 수동형(이, 히), 현재형(ㄴ다)의 순서로 출현한다. 우리나라 영유아들은 이러한 어미습득이 비교적 조기에 이루어지고, 실수가 별로 없는 것으로 보고되고 있다. 그러나 간혹 실수하는 예를 보면, 서술문 어미 '다'를 의문문에도 과잉적용하여 사용한다(예: "엄마, 이게 어떤 거다?"). 또한 존칭어미 '시', 공손어미 '요', 공식어미 '습(입)니' 등의 존댓말과 관련된 어미 사용도 2세경에 이미 시작된다.

| 표 4-7 | 2세 영아가 사용하는 굴절어미 |

-다	서술문
-아/-어/-오	서술문/의문문/명령문
-니	의문문
-까	의문문
-래	의지
-게	미래/의지
-자	청유문
-요	공손
-지	서술문/의문문
-대	보고
-네	예사높임
-습(입)니-	공식
-았/-었	과거시제
-잖-	부가질문(부가의문)
-(우)시	주어경칭
-고	문장연결/동사연결
-우(면)	조건

출처: 이영자(1994). 유아언어교육. 서울: 양서원.

문법적 형태소의 종류에 따라 출현 순서가 다른 것은 다음과 같이 설명될 수 있다(서봉연, 이승복, 1994).

첫째, 사회적 소통에 필요한 것일수록 먼저 습득한다. 예를 들어, 영유아는 타인에게 의존할 수밖에 없으므로 남과 함께하려는 욕구를 나타내는 공존격 조사를 일찍 습득하는 것이 당연하다. 동사의 어미 중 진행형 어미가 가장 늦게 사용되는 것 역시 이에 대한 사회적 소통의 요구가 적기 때문이라 할 수 있다.

둘째, 인지적으로 먼저 발달되는 개념을 언어에서도 먼저 습득한다. 예를 들어, 영유아는 공간 개념이 비교적 일찍 발달하므로 처소격 조사를 주격 조사보다 먼저 습득한다. 또한 과거에 대한 표상이 미래에 대한 표상보다 더 쉽기 때문에 과거형 어미가 미래형 어미보다 먼저 나타난다. 즉, 문법적 형태소의 사용은 인지 발달의 직접적인 영향을 받는다.

셋째, 지각적으로 두드러진 것일수록 먼저 습득한다. 일반적으로 영유아는 주의력과 기억력 때문에 단어나 문장의 끝부분에 더 주목한다. 우리말은 문법적 형태소가 대부분 단어 끝부분에 있으므로 영어권 영유아에 비해 문법적 형태소를 빨리 습득하는 것으로 볼 수 있다.

넷째, 문법이나 의미가 복잡한 것일수록 늦게 습득한다. 예를 들어, 대부분의 언어권에서 수동형 어미가 늦게 발달하는데, 이는 피동문이 능동문에 비해 문법적으로 복잡하기 때문이다. 또한 우리나라 영유아가 영어권 영유아보다 피동문을 빨리 사용한다. 이는 영어 수동문에서는 주어와 목적어의 위치 교환과 과거분사의 사용, by의 첨가 등 복잡한 절차가 필요하지만(예: is eaten by), 한국어 피동문에서는 단순히 피동접미사 '이', '히'만 붙이면 되기 때문이다(예: 먹다 → 먹히다).

■ **부정문**

1년 7개월경이 되면 성인이 사용하는 형태의 부정문을 사용하기 시작한다. 영유아가 자주 사용하는 부정문의 형태는 부재('없다'), 거부('싫어'), 부정('아니야'), 금지('안 돼', '하지 마'), 무능('못')이다. 영유아는 위 부정문의 형태 중 '안'을 가장 많이 쓰며, 부정뿐 아니라 거부나 금지를 나타내는 데 사용하기도 한다. '못' 형태의 부정문은 '안' 형태의 부정문보다 훨씬 늦게 습득하며, 5세 이전에는 잘 사용하지 않는다. 또한 "안 똥 마려워.", "안 이빨 썩어.", "나 못 밥해."와 같이 부정을 나타내는 요소를 잘못된 위치에 놓는 실수를 흔히 범한다.

표 4-8 영유아가 사용하는 부정문의 유형과 예

범주	성인	영유아
부재(non-existence)	아빠 담배 어디 있니? 아가 어디 있니?	아빠, 담배 없다. 아가, 없다.
거부(rejection)	혜진아, 이리 와. 은영이 몇 살이야? 말 탈래?	실러(싫어). 몰라. 안 탈래.
부정(denial)	승화야, 빵 맛있니? 송아지야, 어디 해 봐?	아니. 송아지 아냐.
금지(inhibition)	세수 안 해? 빵 안 먹어?	비누칠 하지 마. 다 먹지 마.
무능(inability)	자전거 탈 줄 아니?	못 잘 타.

출처: 이경화(1994). 유아언어교육. 서울: 상조사; 이영자(1994). 유아언어교육. 서울: 양서원.

■ **의문문**

영유아는 의문문에 대답을 할 수 있게 된 다음에 의문문을 산출할 수 있다. 예를 들어, '무엇'이 포함된 질문에 답할 수 있어야 '무엇'으로 묻는 질문을 할 수 있다. 또한 처음에는 문장의 끝 단어를 올려서 의문문을 표현하다가(예: "엄마 가방?") 점차 의문형 어미와 의문사를 사용하여 의문문을 만든다. 의문형 어미로는 '~지'("이게 뭐지?"), '~까'("이게 뭘까?"), '~니'("이게 뭐니?"), '~냐'("이게 뭐냐?") 등이 있다. 소위 5W 1H로 알려진 의문사는 무엇 → 어디 → 어떻게 → 왜 → 누구 → 어떤 → 언제의 순으로 나타난다. 이와 같이 사물이나 사건의 명칭과 위치에 관한 '무엇'과 '어디'가 가장 일찍 출현하고, 시간 개념에 관한 '언제'를 가장 늦게 습득한다는 것은 영유아의 인지 발달을 반영하는 것이라고 하겠다(주영희, 2001). 특히, '무엇'이나 '왜'는 영유아의 지적 호기심과 밀접한 관련이 있는 의문사로서 주변세계 탐색을 위해 자주 사용된다.

■ **피동문과 사동문**

능동문은 문장의 기본형으로 주어가 제 힘으로 행동하는 경우이다. 피동문(passive)은 능동문과 반대되는 개념이며 영어의 수동문에 해당하는 것으로서 주어가 다른 주체

에 의해 행동을 당하는 경우를 말한다. 사동문(causative)은 주어가 남에게 어떤 행동을 하도록 시키는 것을 의미한다. 예를 들어, "영희는 칭찬을 들었다"는 능동문이고, "칭찬이 영희에게 들렸다"는 수동문, "선생님은 영희가 칭찬을 듣게 했다"는 사동문이 된다.

일반적으로 사동문이 피동문보다 쉬워 영유아는 사동문을 먼저 습득한다. 이는 영유아 언어 중에는 부모나 양육자에게 하는 요구가 많은데, 이러한 요구를 나타내는 명령문이 대개 사동문으로 구사되는 경향이 있기 때문이다. 또한 피동사는 본딧말로 느껴지지 않으나 사동사는 본딧말로 느껴지는 것도 이유가 될 수 있다(이인섭, 2001).

④ 복문

문법적 형태소를 획득하면 영유아는 고정된 어순에서 해방되어 어느 정도 자유롭게 자신의 의도를 문법적으로 표현할 수 있다. 자신의 의도를 자유롭게 표현해 가면서 영유아의 말은 성인의 말과 비슷해지는데, 그 대표적인 형태가 복문의 사용이다. 일반적으로 복문은 접속문과 내포문으로 분류할 수 있다.

접속문은 2개의 명제를 병렬하는 대등구성 형식(예: "우유도 먹고, 빵도 먹고.")이나 주절과 종속절을 병렬하는 연합구성 형식(예: "우유 마시면 빵 줄 거야.")을 취한다. 접속문의 출현 초기에는 흔히 접속사가 빠진 접속문이 나타난다(예: "아빠 아파 아빠 약.", "아야 똥 누〈고〉 올게."). 또한 접속문이 나타나는 순서를 보면 대등, 대립, 시간적 순서, 원인의 접속문이 먼저 출현하고, 그 후 한정조건의 접속문이 나타나며, 마지막으로 동시성을 의미하는 접속문이 나타난다.

내포문은 한 명제가 다른 명제에 포함되는 형식(예: "그것도 삼촌이 사 준 거야?")을 말

표 4-9 접속문의 종류와 예

범주	예
대등(coordination)	대공원에 비행기 있고 또 엄마, 돌리는 거 돌리면 돌아가.
대립(antithesis)	끄며는 켜지고, 키며는 꺼져(이중 전등스위치).
시간적 순서(sequence)	아빠 회사 가서 일해.
원인(casuality)	많이 먹으면 배 아야 해.
한정조건(temporal condition)	문 안 닫을게. 엄마 들어가.
동시성(simultaneity)	미끄럼 타다가, 내가 미끄럼 타다가 혼자 쑥쑥 올라갔어.

출처: 이경화(1994). 유아언어교육. 서울: 상조사.

한다. 영유아가 흔히 구성하는 내포문은 '~는(은)'을 '거(것)', 'ㄴ 데' 등의 불완전 명사에 연결하는 형식(예: "이거 명수 먹는 거 맞아.")이다.

우리나라 영유아의 경우 접속에 의한 복문과 내포에 의한 복문의 사용은 거의 같은 시기에 시작하지만 점차 내포에 의한 복문을 더 많이 사용하는 것으로 나타난다(이승복, 1994).

05
문식성 발달

인류가 음성을 산출하여 말을 하게 된 역사는 50~100만 년을 헤아리는데, 문자를 사용하기 시작한 것은 불과 5,000~6,000년 전의 일이다. 그러나 현대 사회에서 문자의 의미는 매우 크다. 역사적 사실이나 문화 등을 기록할 수 있고, 이를 바탕으로 다른 사람의 관점을 이해할 수 있으며, 의사소통을 할 수 있는 기본적인 자산이 된다. 이 장에서는 문식성 발달에 대한 읽기 준비도 관점과 발생학적 관점에 대해 살펴보고, 영유아의 읽기, 쓰기 발달에 대해 살펴본다.

1 문식성 발달에 관한 연구

1) 읽기 준비도

(1) 성숙주의 읽기 준비도

성숙주의 읽기 준비도는 성숙이 영유아의 읽기에 가장 큰 영향을 미치는 요소라고 밝힌 발달심리학자 게젤(Gesell)의 관점을 반영한 이론으로 1920~1930년대 문자언어 교육에 영향을 주었다. 모르펫과 워시번(Morphett & Washburne, 1931)은 지능지수가 같은 여러 연령의 영유아들을 대상으로 읽기 지도를 학습시킨 결과 유아의 나이가 6세 6개월 정도 되면 읽기에 필요한 정신적 과정이 저절로 펼쳐진다는 것을 발견하였다. 이와 같이 성숙주의 읽기 준비도 관점은 영유아의 읽기나 쓰기를 성숙의 결과로 나타나는 능력으로 보고, 문자교육은 영유아가 읽고 쓸 준비가 되는 만 6세경에 시작하는 것이 가장 효과적이므로 초등학교 입학 전에는 가르치지 말 것을 권장하였다. 따라서 영유아기에는 색칠하기, 종이 자르기, 모양 그리기, 그림 맞추기와 같은 읽기 학습을 위한 준비활동을 주로 하였다. 읽기에 필요한 기술(pre-requisite skill)을 갖출 때까지 읽기 교육을 늦춰야 하며, 인지적 · 사회적 · 신체적 준비를 시키는 일이 더 중요하다고 여겼다. 읽기 교육에서 성숙주의 준비도(maturational readiness)는 영유아가 자연스럽게 성숙할 때까지 기다린다는 의미로 이해되었으며, 준비도 검사(readiness test)를 통해 영유아가 준비되었는지 아닌지를 판별하고자 하였다. 쓰기 교육은 유아가 충분히 읽을 수 있는 능력을 갖춘 다음에 시작할 수 있다고 보았으며, 쓰기에 필요한 기술습득과 관련된 것이 먼저 제공된 이후에 쓰기 교육을 하는 것이 효과적이라고 주장하였다.

이러한 준비도 관점은 논쟁과 도전을 받으면서 꾸준히 지속되어 여러 가지 검사 도구의 발전을 가져 왔다. 성숙주의 관점은 1950~1960년대 행동주의 이론이 대두될 때까지 읽기 교육의 주류를 형성하였다.

〈시각적 변별〉

"이 그림들 중에서 다른 그림 하나를 찾아서 동그라미를 해 보세요."

1.　△　△　□　△　△

5.　⊕　⊕　⊕　⊗　⊕

〈청각적 변별〉

"…… 똑같은 말을 하면 '같아요'라고 말해야 해요. …… 서로 다른 말을 하면 '달라요'라고 말해야 하는 거예요."

1. 우주–우수
2. 송아지–송아지
3. 강아지–망아지

〈청각적 기억〉

"…… 선생님이 말한 다음에 똑같은 순서를 말하는 거예요…….
3. 1–9
5. 6–9–3

〈지각 운동〉

(빈 공간을 가리키면서) "……여기에 똑같이 그려 보세요."

1. ◯	
5. ├─┼─┤	

● 그림 5-1 ● 읽기 준비도 검사의 예

출처: Phelps, L. (1991). *PHELPS Kindergarten Readiness Scale(PKRS)*. Brandon, VT: Psychology Press Inc.

(2) 행동주의 읽기 준비도

1950~1960년대에 대두된 행동주의 이론도 성숙주의 관점과 마찬가지로 영유아들이 읽기를 배우기 이전에 '준비되어' 있어야 한다고 주장하였다. 그러나 행동주의에서의 '준비도'는 자연적인 성숙으로 이루어지는 것이 아니라 다양한 경험을 통해 준비되는 것이라고 생각하였다(Durkin, 1966). 즉, 읽기와 관련된 적절한 이전 경험은 영유아의 읽기에 대한 준비도를 강화시켜 준다는 것이다. 행동주의 이론의 영향을 받아 조기교육을 찬성하는 입장이 강조되었으며, 유치원이나 초등학교에서 읽기 준비도 프로그램과 읽기를 위한 선행 기술을 가르쳐야 한다는 생각이 자리 잡게 되었다(Teale & Sulzby, 1986). 또한 1957년 소련의 인공위성(스푸트니크) 발사로 성숙주의적 관점의 발달적 준비도(developmental readiness) 관점을 재검토하기 시작하였고, 이로 인해 영유아가 준비될 때까지 기다리기보다 가능한 한 더 일찍 더 많이 가르쳐야 한다는 주장이 확산되기 시작하였다. 이러한 주장은 적절한 방법을 통한 조기교육의 효과를 주장하는 브루너(Bruner)의 연구 결과로 더 지지를 받았다.

행동주의에서의 읽기 준비도 관점은 읽기 과제를 제시할 때 쉬운 것에서 어려운 것의 순서로 적절히 배열하고, 각 단계에 적절한 연습 기회를 제공하면 충분히 성숙하지 않은 영유아도 읽기를 배울 수 있다는 것이다. 영유아가 준비될 때까지 그냥 기다리기보다는 빨리 읽도록 준비시키는 것이 바람직하다는 생각은 과거 진단 도구로 사용되던 '읽기 준비도 검사'를 읽기의 선행 기술을 가르치는 일종의 훈련 도구인 '읽기 준비도 프로그램'으로 변화시키는 결과를 낳았다. 즉, 성숙주의의 '준비도' 개념이 행동주의의 '준비도 가속화' 개념으로 바뀐 것이다. 이에 따라 취학 전 유아의 읽기 발달을 위해 시각적 변별력과 시각적 기억력 기르기, 청각적 변별력과 청각적 기억력 기르기, 철자의 이름과 소리 알기, 눈과 손의 협응력 기르기와 같은 형식적인 교육이 이루어졌다. 또한 행동주의 읽기 준비도의 주된 관심사는 읽기와 관련이 있었기 때문에 읽기가 능숙해진 이후에 쓰기에 대한 교육을 실시하는 것이 더 효과적이라고 여겼다. 쓰기 교육에서도 읽기와 마찬가지로 본격적인 쓰기 교육을 하기 이전에 소근육 발달 도모하기, 눈과 손의 협응력 기르기, 쓰기 도구 사용법 알기, 기본 획 긋기(basic stroke), 글자 지각하기, 인쇄된 글자에 관심 보이기(orientation to printed language)와 같은 준비도를 길러 주는 기술을 갖추는 것이 필수 조건이라고 여겼다.

행동주의 준비도 관점에서는 문자언어 발달 기준을 성인과 같은 수준으로 읽고 쓸 수 있는 관례적인 읽기 행동이나 쓰기 행동으로 보았다. 따라서 그 이전에 유아가 보이는 긁적거리기나 책을 읽는 시늉 같은 행동은 중요한 문식성 행동으로 보지 않았다.

2) 발생학적 문식성

(1) 발생학적 문식성의 관점

1980년대 이후 등장한 사회·언어학적 접근 및 상호작용적 이론은 영유아들이 문자언어에 노출되어 생활하고 있기 때문에 읽기 행동이 매우 일찍 출현한다고 하였다. 문자언어에 노출되는 과정 자체가 문자언어 발달에 중요하므로 읽기를 위한 준비도 같은 것은 없다고 보았다. 이러한 주장은 읽기 준비도를 갖추기 이전이나 형식적 교육을 받기 전에 읽거나 쓰는 유아에 대한 연구(Clark, 1976), 유아의 창안적 글자 쓰기(invented spelling)에 대한 연구들(Chomsky, 1979; Read, 1975), 읽기 전에 쓰는 유아가 있다는 연구(Clay, 1975) 등이 발표되면서 영유아의 읽기, 쓰기에 대한 새로운 관점으로 지지를 받았다.

이와 같은 새로운 관점이 '발생학적 문식성(emergent literacy)'으로서, 이는 생애 초기부터 문식성이 발달되어 간다고 보았다. 또한 읽기와 쓰기는 상호 연결되어 발달하는 역동적이고 통합적인 과정으로서 실제 생활의 장면에서 발생한다고 여긴다. 영유아의 읽기, 쓰기는 단순히 글자를 해독하여 읽거나 글자의 구조를 알아서 읽고, 쓰는 것을 넘어서는 차원이라고 본다. 따라서 영유아가 책에 대해 관심을 보이거나, 긁적거리기로 쓰기, 책이나 잡지 등을 들고 읽는 척하는 행동들도 읽기, 쓰기라고 간주하였다. 즉, 문식성은 영유아의 생애 초기부터 발달이 시작되고, 의미를 주고받는 사회적 상호작용(social interaction)을 지속적으로 할 때 발달이 되므로 인지적, 언어학적, 사회·문화적 맥락을 고려한 경험의 제공이 매우 중요하다(이차숙, 2004).

발생학적 문식성 관점에서는 영유아가 읽고 쓸 수 있게 되는 것이 직접적인 교수에 의해 습득되는 것이 아니라 영유아가 스스로 읽기와 쓰기에 필요한 지식을 능동적으로 구성하여 내면화한다고 본다. 따라서 문자언어 학습은 아동 중심으로 전개되는 것이 가장 바람직하다고 권고하였다. 또한 영유아의 읽기, 쓰기 발달에서 문자가 풍부한 환경의 역할을 강조하였다. 즉, 문자가 풍부한 환경에서 영유아는 문자와 상호작용하는 기회를 풍부하게 갖고 이를 통해 읽기, 쓰기 발달이 촉진된다.

영유아의 읽기, 쓰기 발달에 대해 읽기 준비도 관점과 발생학적 문식성 관점은 여러 면에서 상반된 견해를 나타낸다. 그 차이점을 살펴보면 〈표 5-1〉과 같다.

표 5-1   문식성 발달에 대한 읽기 준비도와 발생학적 문식성의 관점

	읽기 준비도	발생학적 문식성
이론적 관점	• 읽고 쓸 수 있기 위해서는 기본적인 기술을 먼저 습득해야 한다. • 읽기는 학교에서 배울 수 있다.	• 생애 초기부터 문식성이 발달한다. • 학교에 입학하기 전에 읽기가 무엇인지 체험한다.
문식성 기술과 전략의 습득	• 읽기 기술을 익힘으로써 읽고 쓸 수 있다. • 쉬운 수준에서 어려운 수준으로 나아가는 읽기 기술을 차례차례 습득함으로써 성인과 같이 읽을 수 있다.	• 일상생활 속에서 문자와 지속적인 상호작용을 통해 읽기, 쓰기를 배운다. • 문식성은 실제 상황에서 문자를 목적적으로 활용함으로써 습득된다.
교수 · 학습방법	• 교사의 형식적인 지도와 정기적인 평가를 통해 읽고 쓸 수 있게 된다.	• 성인과의 비형식적인 상호작용과 관찰을 통해 읽고 쓸 수 있게 된다.
듣기, 말하기, 읽기 · 쓰기의 관계	• 음성언어 발달과 문자언어 발달은 독립적으로 일어난다. • 읽을 수 있게 된 이후에 쓸 수 있 으므로 읽기 기술을 먼저 가르친 다음 쓰기 기술을 가르쳐야 한다.	• 듣기, 말하기, 읽기 · 쓰기는 서로 연관되어 있으며 동시적으로 발달한다. • 음성언어 발달은 문자언어 발달과 연관되어 있으며 서로를 지원하는 과정을 통해 발달이 촉진된다.
문식성 발달	• 문식성 발달 과정과 발달 속도는 일정한 단계를 따라 순서를 거침으로써 이루어진다.	• 문식성 발달 과정과 발달 속도에는 개인차가 있다.

(2) 문식성 발달의 일반적 양상

영유아의 문식성이 발달하는 일반적인 특징은 다음과 같다.

첫째, 영유아들은 문자가 기능적으로 사용된다는 것을 배운다(Goodman, 1986; Mason, 1980; Smith, 1971). 대부분의 영유아는 부모의 이름을 말하거나, 음식 이름, 도로 표지판, 식당 이름 등과 같은 일상생활 속에서 의미 있고, 목적이 있으며, 기능을 가지고 있는 문자를 말하거나 읽고 쓴다.

둘째, 영유아들은 점차 글자의 형태(forms of print)에 관심을 가진다. 이름을 정확히 어떻게 쓰는지 등 소리와 글자 및 단어의 형태에 관심을 갖는다.

셋째, 영유아들은 문자의 표준성(conventions of print)에 관심을 가진다. 표준성이라는 것은 글자는 왼쪽에서 오른쪽으로 읽거나 쓰는 것을 이해하는 것, 읽기·쓰기를 할 때 마침표, 느낌표, 물음표 등이 어떻게 활용되는지 이해하는 것, 글자나 단어를 쓸 때 띄어쓰기를 해야 한다는 것을 인식하는 것이다. 영유아들은 글자의 기능에 관심을 갖는 단계에서도 글자의 형태나 표준성에 대해 인식할 수 있다. 그러나 초기 단계에서는 기능에 더 많은 관심을 나타내고, 형태나 표준성에 대해서는 관심을 덜 가진다. 문자의 표준성에 관심을 가지는 단계에서는 바른 철자로 읽기, 쓰기 등에 많은 관심을 나타내며, 읽기·쓰기의 수준이 성인의 수준에 다다른다.

　영유아의 문식성 발달에 매우 중요한 요소는 문식성이 풍부한 환경을 제공하는 것이다. 문식성이 풍부한 환경에서 영유아는 문자와 지속적인 상호작용을 하고 이를 통해 문자에 대한 의미를 형성해 간다. 예를 들어, 영유아와 엄마가 함께 시장을 볼 때, 영유아는 가게에서 자신이 좋아하는 과자를 발견하기 위해 여러 가지 과자 상자를 주시하고, 마침내 자신이 좋아하는 과자를 발견한다. 영유아는 상자에 그려진 그림을 이용해서 상자 안에 무엇이 들어 있는지를 읽은 후 엄마에게 사 달라고 한다. 비록 영유아는 글자를 정확하게 읽을 수는 없지만 상자 속 글자의 기능이 무엇인지는 알고 있는 것이다. 이러한 경험을 통해 영유아는 자신과 매우 밀접한 관련성을 가지고 있는 문자의 기능을 터득하고, 문자를 사용하는 데에 자신이 매우 주도적인 역할을 수행하였음을 알게 된다. 즉, 문자가 풍부한 환경에서 영유아가 문자와 상호작용할 수 있는 기회가 많으면, 자연스럽게 읽기, 쓰기에 관심을 가지게 되어 발달이 촉진된다는 것이다. 문자가 풍부한 환경을 접함으로써 영유아가 발견하게 되는 사실은 〈표 5-2〉와 같다(Machado, 2013).

　　　　표 5-2 　읽기 발달과 쓰기 발달의 원리

발달의 기본 원리	읽기 발달 및 쓰기 발달
자연적 발달의 원리	• 가정에서 부모와 책 읽기 활동을 하면서 자연스럽게 읽기가 발달된다. • 가족 구성원이 신문을 보거나 책 읽는 것을 보면서 읽기가 발달된다. • 주변 환경에서 볼 수 있는 문자들을 읽는 경험을 하면서 읽기가 발달된다. • 놀이를 통해 낱자와 낱자의 소리를 연결하거나 단어를 만드는 경험을 하면서 읽기가 발달된다. • 가정에서 부모나 형제가 메모를 하거나 쪽지를 쓰거나 시장 목록을 작성하거나 과제하는 것을 보면서 쓰기를 배운다.

상호작용적 발달의 원리	• 가족 구성원과 문자와 관련된 지속적인 상호작용을 통해 문자의 중요성을 인식하면서 읽기 및 쓰기가 발달된다. • 교사나 가족들과 책 읽기나 문자와 관련된 상호작용을 하면서 읽기가 발달한다. • 친구가 쓴 글을 읽어 보는 경험을 통해 읽기가 발달한다. • 교사가 읽어 준 글을 유아들이 합창하여 읽는 경험을 하면서 읽기가 발달한다.
기능적 발달의 원리	• 읽기를 통해 정보를 얻어 내야 한다는 사실을 경험함으로써 읽기의 기능을 이해한다. • 글 속에 익숙하지 않은 정보가 있으면 읽기가 어렵다는 사실을 경험한다. • 교사나 부모의 안내를 받아 읽으면 이해가 쉬워진다는 사실을 경험한다. • 읽기를 기능적으로 경험함으로써 읽기 활동에 능동적으로 참여하게 된다. • 읽기는 의미를 찾아내는 것이라는 사실을 이해한다. • 유아는 실제적인 이유에서 글을 쓰는 경험을 통해 쓰기의 기능을 알게 된다. • 낱자 이름을 반복하여 쓰기, 낱자 모양 익히기, 낱자의 음가 암기하기 등과 같은 활동은 유아에게 무의미하다. • 자기가 쓴 것을 읽어 줄 대상과 쓰기를 해야 할 실제적 이유가 있을 때 쓰기는 의미 있는 활동이 된다.
구성적 발달의 원리	• 읽기와 사회적 맥락과의 관계를 이해함으로써 읽기를 통해 자신이 전달하려는 의미를 구성해야 한다는 것을 안다. • 글과 일상생활의 관계를 이해함으로써 읽기의 의미를 구성한다. • 쓰기를 통해 의미를 구성하기 위해서 사회적 맥락 속에서 쓰기를 경험한다. • 쓰기가 의미 있기 위해서는 유아의 일상과 관련 있고 일관성과 응집성이 있는 글쓰기 경험이 필요하다.
통합적 발달의 원리	• 읽을 수 있기 위해서는 복합적인 상황에서 읽기 과정에 필요한 다양한 기능을 통합해야 한다. 예를 들면, 발음, 어휘, 문법, 낱자의 이름, 낱자의 소리, 단어 재인 기능 들을 동시적으로 습득해야 한다. • 듣기, 말하기, 읽기, 쓰기가 통합되는 활동을 통해 언어체계를 이해하게 된다.
점진적 발달의 원리	• 읽기 및 쓰기 발달은 계속적이며 연속적이고 점진적인 성향을 지닌다. • 읽기 및 쓰기 발달은 출생 직후부터 시작하여 점진적으로 이루어진다. • 읽기 및 쓰기와 관련된 일상생활의 경험을 통해 서서히 쓰기가 발달한다.

출처: 김명순, 신유림 공역(2000). 영유아의 문해발달 및 교육. 서울: 학지사.

2 읽기 발달

1) 읽기 발달에 관한 견해

읽기를 한마디로 정의하기는 어려운데, 읽기는 낱자나 단어를 보고 소리 내어 발음하는 해독(decoding)과 글자에 의미를 부여하고 이끌어 내는 과정이 동시에 진행되는 과정이라 말할 수 있다. 문장을 읽는다는 것은 문장에 대한 이해(comprehension)와 통찰력(insight)을 가지는 것이며, 책을 읽는 사람의 삶과 연결될 때 이러한 이해와 통찰력은 더 높아지고 이로 인해 문장에 대한 의미는 더욱 명확해진다. 그러므로 읽기는 글자에 의미를 부여하고 그로부터 의미를 이끌어 내어 이해에 이르는 과정이라 할 수 있다(Weaver, 1994). 영유아의 읽기가 출현하는 시기는 글자가 의사소통을 위한 언어라는 것을 이해하고 글자를 해석하기 위해 읽기 행위를 하는 순간이라고 할 수 있다. 영유아들이 글자가 주는 의미를 알려고 시도할 때 다양한 읽기 행동이 나타나며 이를 통해 영유아의 읽기에 대한 이해의 수준을 파악할 수 있다(Morrow, 1997).

영유아의 읽기는 성인 수준에서의 읽기와 질적으로 다르고, 읽기는 듣기와 마찬가지로 수용적 과정이어서 직접적으로 관찰되기가 어려우며 다른 행동을 통해 추론된다. 영유아의 읽기 발달에 관한 연구들에서 밝혀진 사실은 다음과 같다. 첫째, 가정이나 학교에서 성인과의 책 읽기 활동을 통해 읽기가 발달한다. 둘째, 가족 구성원들이 신문을 보거나, 책을 읽거나, 광고지를 보는 행동은 영유아의 읽기 발달에 영향을 미친다. 셋째, 일상생활 속에서 문자와의 다양한 상호작용이나 글자놀이 등을 통해 읽기가 발달한다. 넷째, 글과 일상생활의 관계를 경험함으로써 읽기가 발달한다.

2) 영유아의 읽기 발달 과정

(1) 맥기와 리치겔스

맥기와 리치겔스(McGee & Richgels, 1996)는 영유아의 읽기 발달 과정을 문식성 발달의 시작, 초보적 읽기, 실험적 읽기로 나누어 살펴보았다.

① 문식성 발달의 시작(출생~3세)

영유아 문식성의 출현은 생애 초기부터다. 영유아들은 일상생활에서 자연스럽게 읽기, 쓰기와 관련된 활동을 하면서 문식성을 이해하기 시작한다. 또한 영유아는 일상생활에서 주변 사람들이 문자를 활용하거나 문자와 상호작용하는 다양한 상황을 관찰한다. 예를 들어, 부모가 책·신문·편지·전단지 등과 같은 인쇄매체를 읽는 것, 자녀와 함께 책을 읽는 것, 표지판·간판·텔레비전 자막 등을 읽는 것, 요리를 할 때 요리 순서법을 읽는 것, 형제자매가 소리 내어 책을 읽는 것 등을 본다. 이러한 상황에서 영유아는 문자가 일상생활에서 어떤 목적으로 활용될 수 있는지 관찰하게 되며, 이는 영유아의 문식성 발달에 중요한 조건이 된다. 출생부터 2~3세까지의 영아들에게서 가장 흔하게 관찰되는 문식성 활동은 책 읽기 활동이며, 이를 통해 영아들이 형성하는 중요한 문식성 개념은 다음과 같다. 첫째, 책은 재미있다. 둘째, 책은 특별한 방법으로 다루어야 한다. 셋째, 함께 책 읽기는 일정한 과정을 포함한다. 넷째, 책에 있는 그림들은 상징적이다. 다섯째, 책과 인쇄물은 의미를 전달한다(김명순, 신유림 공역, 2000).

② 초보적 읽기(3~5세)

3~5세 유아는 자기가 좋아하는 과자 이름, 음식점 표시, 도로표지판 등에 붙어 있는 글자를 안다. 아직 표준적 읽기 단계에 도달한 것은 아니지만 유아들은 그림이 아니라 글자가 의미를 전달한다는 것을 알게 되고, 실제 물건이 존재하지 않아도 그림과 글자가 무엇을 상징하고 있는지 이해한다. 즉, 유아는 맥도날드라는 글자를 정확하게 읽지는 못하지만 자신이 즐겨 먹는 햄버거의 상표와 글자를 보고 맥도날드라는 의미를 구성하는 것이다. 성인의 눈으로 보면 이러한 행동은 읽는 것이 아니지만 이 수준의 유아들은 분명히 글자가 나타내는 의미를 구성하였으므로 읽는다고 말할 수 있다. 왜냐하면 유아는 글자를 인식하고 있고 그 글자가 의사소통의 수단이라는 것을 이해하고 있기 때문이다. 또한 이 시기의 유아들은 글자의 명칭, 형태, 특질 등을 배우려고 하며, 글을 읽을 때 맥락에 의존하여 읽기를 한다. 지속적인 읽기 활동을 통해 이야기가 전개되는 순서와 인과관계를 이해하고 이야기 내용을 추론하며 판단하기도 한다.

③ 실험적 읽기(5~7세)

실험적 읽기 수준의 유아는 지속적인 문식성 활동을 통해 문어에 대한 새로운 지식을 구성해 간다. 이 시기 유아들의 읽기는 표준적 읽기 수준에는 이르지 못하지만 이전보다 훨씬 더 표준적이다. 교사나 부모가 읽는 것을 관찰하기도 하고, 표준적 수준에 이른 친구가 어떤 규칙을 활용하는지 유심히 관찰하기도 한다. 이를 통해 실험적 읽기 수준의 유아는 읽기에서 철자와 소리는 서로 연관되어 있고 자기가 읽는 것과 성인이 읽는 것이 다르다는 것을 인식하게 된다. 이러 인해 유아들은 "나는 읽고 싶지 않아요."라는 말을 하기도 한다. 그러나 부모나 교사가 지속적으로 지원행동이나 안내를 하면 거부하는 행동이 줄어든다. 성인과의 책 읽기에서 전형적으로 나타나는 유아의 거부 반응과 부모의 지원행동의 예를 제시하면 다음과 같다.

유아: 난 읽을 줄 몰라요.
부모: 지난번에 내게 읽어 준 것처럼 읽어 줄 수 있겠니?
유아: 좋아요.
부모: 네가 읽는 대로 읽어 보렴.
유아: 지금부터 읽을 테니 잘 들으세요.

실험적 읽기 수준의 유아는 초보적 읽기 수준에서 시행했던 의미 구성 전략을 지속적으로 활용한다. 예를 들면, 이야기책 읽기 활동에 참여하기, 자신의 경험과 책 내용 연결하기 등의 활동을 한다. 이와 더불어 거의 모든 철자의 이름과 형태를 알게 되고 읽기를 할 때 관심의 대상이 철자가 아니라 단어로 옮겨 간다. 즉, 어떤 단어가 무엇이며 왜 중요한지를 알게 된다. 그러나 이 시기에 사물과 행동을 표현하는 내용어(예: '빵' 또는 '노래한다')는 단어로 인식하지만, 기능어(예: '그리고', '그러나')는 사물이나 행동을 표현하는 것이 아니기 때문에 단어가 아니라고 인식한다. 이시기 유아의 읽기는 문어식 읽기라고 할 수 있다. 이러한 현상은 읽기와 쓰기에서 동시에 관찰된다. 문어식 읽기란 '옛날 옛날에'라든지 과거 시제 '있었습니다' 등을 포함하여 읽는 것을 말한다. 책 읽기를 할 때 책의 철자를 보고 읽는 시기는 아니지만 읽기 내용을 잘 들으면 책에 나오는 단어들이 포함되어 있기도 하다. 또한 책에 나오는 단어를 단어 그대로 읽으며 말의 속도를 느리게 하거나 강조하여 읽고 있는 것처럼 소리를 낸다. 이러한 현상은 유아 자신이 쓴 이야기를 읽을 때에도 발견된다. '했습니다', '갔습니다' 등의 표현을 사용하여 읽는 것 같은 억양을 사용한다. 또한 유아들은 책을 읽을 때 정확하게 읽기 위해 글자를 손가락으로 짚으면서 읽는다. 그러나 완전한 표준적 읽기에 도달한 상태가 아니기 때문에 글자를 보고 자신이 읽고 있는 것을 대응시켜 가며 읽는 모습을 보이는 것이 특징이다.

(2) 잘롱고

영유아의 책 읽기 행동에 관한 연구는 영유아의 읽기 발달 과정을 이해하는 기틀을 마련해 주었다. 표준적 읽기에 도달하기 이전 영유아들은 읽는 행위가 무엇인지는 알고 있지만 글자와 말의 관계를 완전하게 이해한 것은 아니다. 또한 읽기 발달의 수준에는 개인차가 있으므로 같은 연령의 영유아라 할지라도 다른 수준의 책 읽기 행동이 동시에 관찰되기도 한다. 영유아가 읽기능력을 습득하는 단계를 일반화하는 것은 쉽지 않으므로 책 읽기 발달 과정을 순서적 단계로 보지 않고 범주화하여 이야기가 형성되지 않은 그림 읽기 시도, 이야기가 형성된 그림 읽기 시도, 글자 언어적 읽기 시도로 구분하기도 한다(Sulzby, 1985). 영유아 개개인의 발달 수준이나 문자언어에 대한 관심도가 다를 뿐 아니라 이들의 문자언어 환경이나 부모 및 성인과의 상호작용 유형에도 차이가 있기 때문이다. 잘롱고(Jalongo, 2000)가 제시한 영유아의 책 읽기 관련 행동 수준을 살펴보면 다음과 같다.

① 1수준: 책이 무엇인지 이해한다

걸음마기 영아는 책과 장난감을 구별한다. 책을 잠깐 보다가 다른 것에 흥미가 생기면 곧 멈춘다. 책을 물리적으로 통제하려는 시도를 시작하는 시기이므로 성인들이 책을 어떻게 다루는지 관찰할 수 있는 기회를 가지는 것이 중요하다. 그러므로 하드보드, 헝겊, 플라스틱 등으로 제작된 내구성 있는 책을 제공하여 다양하게 책 다루는 경험을 하도록 해 준다.

"엄마가 책을 어떻게 읽는지 네가 보여 줄래?"라고 하자, 2세인 세미는 책장을 손으로 넘기면서 단어를 읽는 체한다. 무슨 단어인지 알아듣기는 어렵지만 목소리를 높게 했다가 낮게 했다가 하면서 무의미한 소리(expressive jargon)를 표현한다. "세미는 어떻게 읽는데?"라고 해도 세미는 똑같은 행동을 보인다. 책을 주면 책을 받아 펼쳐 본다. 처음에는 거꾸로 보았지만 책 속에서 아기 그림을 본 후 책을 바로 세운다. 오랫동안 그림이 그려진 페이지를 보는 데 열중한다. 사물(예: 사과)만 그려져 있는 페이지는 지나친다. 책을 앞에서 뒤까지 체계적으로 보지 않고 그냥 아무 페이지나 펼치고 보다가 다른 페이지로 넘기곤 한다.

② 2수준: 책의 기능을 이해한다

2세 반에서 3세 정도가 되면 책의 기능에 대해 학습하기 시작한다. 책을 똑바로 든 채 책장을 넘기고, 다른 물건들과는 다르게 다룬다. 책을 보며 '가리키기-말하기-연결하기(point-say-connect)' 행동을 보인다. 즉, 책을 읽을 때 그림 속의 물체를 가리킨 후 그 물체의 이름을 말하고, 물체와 자신의 경험을 연결시킨다. 줄거리가 간단한 이야기나 잠자기 전에 책을 읽어 주는 것을 좋아한다.

엄마: (소년을 가리키며) 이게 뭐야?

유아: 성재.

엄마: (소녀와 개를 가리키며) 이건 뭔데?

유아: 성혜!(동생 이름) 뽀삐!(자기 집 개 이름)…… (벌 그림을 보고) 윙윙! 꿀을 만들자. 벌이 나를 쏘았어. 아야!

③ 3수준: 청취자와 참여자가 된다

3세 이후가 되면 청취자의 역할에 대해 더 많은 것을 알게 된다. 함께 책 읽기를 할 때 책이 활동의 초점임을 깨닫는다. 그러나 이전 단계와 마찬가지로 실제로 책 속의 글을 읽는 것보다 책에 대해 더 많이 이야기한다. 부모와의 대화는 이야기 이해를 돕기 위한 부모의 해설, 영유아가 자기 경험과 이야기를 연결시켜 말하거나 개념을 명확히 하기 위해 질문하는 것 등으로 이루어진다.

흔히 같은 이야기를 반복해서 들려 달라고 요청하며, 특정 단어나 구절을 반복해서 말한다. 성인의 입장에서는 같은 이야기를 말하는 것이 귀찮지만 모든 단어가 익숙해질 때까지 반복해서 이야기하는 것은 영유아의 읽기 학습에 매우 큰 영향을 미친다. 책을 물리적으로 통제하는 법을 알게 되고 혼자서도 책을 볼 수 있다. 자기가 좋아하고 익숙한 이야기책의 그림을 단서로 하여 외워서 읽는다.

39개월 된 유진이는 그림 하나하나에 대해 이야기를 하고, 기억나는 단어 몇 개를 연결해서 읽는다.

④ 4수준: 그림에 맞추어 이야기를 꾸민다

성인과 책을 함께 보지 않고 혼자서 보려고 하며, 자기가 좋아하는 이야기책이 몇 권 생긴다. 문어적으로 이야기를 하고, 책을 읽을 때 이야기 속에 있는 실제 단어와 구절 몇 개를 다시 이야기한다.

42개월 된 병준이는 자기가 제일 좋아하는 책을 읽을 때, 훨씬 더 책답게 읽는다. 또한 그림보다는 의미와 맥락에 초점을 두고 책을 읽는다.

⑤ 5수준: 글자, 의미, 이야기 지식에 초점을 둔다

책은 읽을 때마다 이야기 내용이 똑같다는 것을 깨닫게 된다. 또한 그 이유가 책을 읽을 때 그림을 보고 읽는 것이 아니라 글을 보고 읽기 때문이라는 것도 이해한다. 그러므로 책을 읽기 위해서는 글자를 보아야 하고 단어와 연결시켜야 한다는 것을 안다. 이 시기에는 단어에 대한 지식(word knowledge)이 점진적으로 발달한다([그림 5-2] 참조). 단어가 책의 맥락에 맞지 않으면 스스로 고쳐 읽기도 한다.

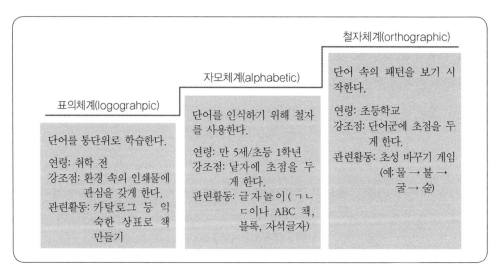

●그림 5-2● 단어 지식 단계

출처: Jalongo, M. R. (2000). *Early childhood language arts* (3rd ed.). Needham Heighs, MA: Allyn and Bacon.

5세인 지영이는 모르는 단어가 나오면 해와 달을 햇님과 달님처럼 의미가 통하는 다른 단어로 바꾼다.

⑥ 6수준: 단어의 형태와 소리–글자 관계에 초점을 둔다

자신이 아는 철자, 단어, 소리를 사용하여 책 속의 글을 정확한 단어로 읽으려고 노력한다. 이 단계의 유아는 성인의 읽기가 엄밀한 해독에 의한 것임을 이해하므로 '읽기 흉내 내기(pretend reading)'는 하지 않으려고 한다. 때로는 맥락상 의미가 통하지 않아도 모르는 단어를 아는 단어로 바꿔 읽기도 한다.

6세인 성진이는 '비밀'이라는 단어가 나오자 '보물'이라고 읽는다. 첫 자음, 중간 자음, 마지막 자음을 알고, 단어의 형상(길이/모양/윤곽)을 이해한다. 익숙한 철자들과 철자들의 조합을 찾는 방법을 안다.

 심층 탐구

우리나라 유아들의 글자 환경과 읽기에 관한 연구(주영희, 1992) 결과 유아들이 읽기에서 흔히 범하는 실수는 다음과 같은 것으로 밝혀졌다.

• 모른다고 하거나 응답하지 않는 등 거부 반응을 보인다. 때때로 나중에 반응한다.
• 읽기의 방향이나 순서를 틀린다. 오른쪽에서 왼쪽으로 또는 손가락으로 틀리게 지적하며 읽는다.
    예 '프랑스 제과점'의 경우 '점'에서부터 왼쪽으로 읽는다.
       '새우깡'을 '새깡우'로 읽는다.
• 글자와 소리를 대응시키지 못한다. 글자의 앞부분을 지적하며 전체를 읽는다.
    예 '쿠크다스'의 경우 '쿠크'까지 지적하고 '쿠크다스'라고 끝까지 읽는다.
• 글자와 소리가 대응되지 않아 혼돈을 보인다.
    예 '점보'(지우개 상표)의 경우 '지우개'로 지적하며 읽다가 대응이 안 되자 고개를 갸웃거리는 행동을 보인다.
• 부정확한 발음으로 읽는다.
    예 '드봉치약' → '브똥치약', '고려대학교' → '고려디학교'

- 사물의 명칭을 말한다.
    - 예 '어린이 마을' → '동화책', '보물섬' → '만화책'
- 관련되는 명칭을 말한다.
    - 예 '코닥칼라' → '카메라'
- 확장해서 읽는다.
    - 예 '피노키오' → '피노키오 그림물감'
- 축소해서 읽는다.
    - 예 '백설공주' → '공주', '꽃게랑' → '꽃게'
- 부분만 읽는다.
    - 예 '고래밥 카레' → '고래밥'

⑦ 7수준: 이야기와 글자에 대한 지식을 연결한다

초등학교 1~2학년 정도면 대개 이 수준에 도달하지만 훨씬 뒤에 이 수준에 도달하는 아동도 있다. 아동은 인쇄물과 상호작용할 때 자신의 모든 경험을 연결시킨다. 읽기와 관련된 정보원(음운론, 통사론, 의미론, 화용론)을 적절히 사용한다. 새로운 단어를 소리 내어 읽는 것이 바람직하다. 성인이 도와주지 않더라도 아이는 대개 고차원적으로 단어를 분석하고 자신이 아는 것을 연습한다. 철자법을 발견하고, 알 때까지 단어를 반복 연습한다.

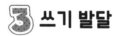

3 쓰기 발달

1) 쓰기 발달에 관한 견해

영유아의 쓰기 발달에 대한 연구는 오래되지 않았다. 오랜 세월 동안 대부분의 사람은 영유아가 쓸 수 있으려면 눈과 손의 협응이 잘 이루어지고, 손과 손가락의 소근육 조작이 원활해야 하는 등의 기능이 발달되어야 한다고 생각했기 때문이다. 영유아가 쓸수 있도록 하려면 체계적이고 형식적인 훈련과 교육을 실시해야 한다는 믿음과도 관계가 있다. 그러나 일상생활 속에서 영유아의 쓰기 활동을 관찰한 연구자들은(Clay, 1991;

Dyson, 1982, 1985, 1988; Read, 1971, 1975; Schickedanz, 1990; Sulzby, 1985) 영유아의 쓰기 발달이 말하기나 듣기와 마찬가지로 자연스러운 과정을 통해 이루어진다고 주장하였다. 발생학적 문식성을 주장한 연구자들(Clay, 1975; Hall, 1987; Morrow & Rand, 1991; Teal & Sulzby, 1996)이 영유아의 쓰기 발달에 대해 발견한 사실은 다음과 같다.

첫째, 영유아의 쓰기는 단순한 암기나 모방, 반복적인 연습을 통해서 이루어지지 않는다.

둘째, 영유아의 쓰기는 일상생활에서 문자와 다양한 상호작용을 통해 이루어진다.

셋째, 영유아의 쓰기는 스스로 발견한 문자의 규칙성을 적용해 보는 과정을 통해 이루어진다.

넷째, 영유아의 쓰기는 글쓰기 활동을 통한 의미 구성 과정에 능동적으로 참여하는 경험을 통해 이루어진다.

다섯째, 영유아의 쓰기는 그리기나 긁적거리기에서 시작되어 표준적 쓰기로 발달되어 간다.

여섯째, 영유아의 쓰기는 일상생활의 여러 상황에서 쓰기가 기능적으로 활용되는 것을 관찰함으로써 이루어진다.

또한 영유아의 쓰기 발달은 선형적 단계를 거치지 않는다고 연구자들은 주장하였다(Clay, 1983, 1991; Sulzby, 1985). 쓰기 발달은 한 단계의 발달이 완성된 후 다음 단계로 넘어가는 것이 아니라 발달적으로 나타난다는 것인데(이차숙, 2004), 발달적이라는 말의 의미는 표준적 쓰기를 할 수 있는 영유아는 그리기나 긁적거리기를 하지 않는다는 것이 아니라, 글을 통해 의미를 정확하게 전달해야 하는 상황이라면 이들도 표준적 쓰기와 긁적거리기를 동시에 표출한다는 것이다. 예를 들어, 역할놀이를 통해 의사가 진단서를 작성해야 할 경우를 생각해 보자. 표준적 쓰기를 할 수 있는 영유아라 할지라도, 진단서의 마지막에는 긁적거리기를 통해 서명을 한다. 이는 영유아가 성인이 서명을 할 때는 표준적 쓰기를 하는 것이 아니라 긁적거리기를 한다는 것을 관찰을 통해 이해했기 때문이다. 즉, 영유아는 쓰기의 기능적 사용을 이해하고 있는 것이다.

영유아의 쓰기 행동을 관찰을 통해 연구한 클레이(Clay, 1983, 1991)는 쓰기 학습의 원리를 다음과 같이 제시하고 있다.

- **반복의 원리**: 작은 동그라미나 선 모양을 줄을 따라 반복적으로 그려 놓는다. 글을 얼핏 보면 마치 작은 동그라미나 선 모양이 반복적으로 그어져 있는 것과 같이 보이기 때문이다.
- **생성의 원리**: 잘 알고 있는 낱자나 잘 쓸 수 있는 몇 개의 낱자들을 여러 가지로 조합해서 반복적으로 쓴다.
- **기호 개념의 원리**: 그림, 디자인, 기호의 차이를 인식하고 종이 위에 단어, 아이디어, 정보를 나타내려고 애를 쓴다. 그림을 그려 놓고 그 밑에 정확하지는 않지만, 글자 모양을 그려 놓고 말로 설명을 붙이기도 한다.
- **융통성의 원리**: 글자의 기본 모양을 가지고 한 번도 본 적이 없는 새로운 글자를 만들어 내며 글자와 말소리를 관계 지으려고 애를 쓴다. 이때부터 창안적 글자 쓰기가 나타난다.
- **줄 맞추기와 쪽 배열의 원리**: 일명 방향성의 원리다. 글을 쓸 때 줄을 맞추려고 애를 쓰며, 왼쪽에서 오른쪽으로 쓰고 나면 아래로 내려와서 다시 왼쪽에서 오른쪽으로 쓰기 시작한다.
- **띄어쓰기의 원리**: 단어와 단어 사이를 띄어 써야 하는 것을 알게 되며, 그것이 어려워 단어와 단어 사이에 마침표를 찍기도 한다(예: 옛날에 · 어느 · 마을에).

2) 영유아의 쓰기 발달 과정

(1) 맥기와 리치겔스

맥기와 리치겔스는 영유아의 쓰기 발달 과정을 문식성 발달의 시작, 초보적 쓰기, 실험적 쓰기로 나누어 설명하였다.

① 문식성 발달의 시작(출생~3세)

부모들은 중요한 책이나 서류 등에 휘갈겨 놓은 아이의 긁적거리기를 발견하고 난감해한 적이 간혹 있을 것이다. 영아들은 사인펜, 연필, 크레파스 등의 쓰기 도구를 들고 종이나 벽에 긁적거리는 것을 좋아한다. 이처럼 일상생활 속에서 매우 자연스럽게 쓰기 행동을 보인다. 쓰기와 관련된 경험에서 영아가 발견하는 사실은 살펴보면 다음과 같다(McGee & Richgels, 1996).

첫째, 다양한 쓰기 경험을 통해 영아들은 쓰기와 그리기가 매우 재미있다는 사실을 발견한다. 어떤 영아들은 책 읽기보다 더 오랫동안 그리거나 쓰기 활동에 몰입하기도 한다.

둘째, 영아들은 자연스럽게 소근육을 조절하는 방법을 배운다. 처음에는 선이나 원 등을 그리기 위해 긁적거리기를 하기보다는 손이 움직이는 대로 그리기나 쓰기를 한다. 그러나 점점 시간이

지나면서 영아들은 자신이 원하는 선, 원, 모양을 만들어 내기 위해서는 손의 움직임을 조절해야 한다는 사실을 발견한다. 자유로운 쓰기 활동을 하면서 영아들은 점점 그 방법을 터득하여 일관성이 없는 긁적거리기가 규칙성을 갖는다.

셋째, 영아들은 쓰기 경험을 다른 사람과 상호작용하는 수단으로 활용하기도 한다. 쓰기를 하면서 영아는 때때로 자신이 쓰고 싶은 것을 대신 써 달라고 요구하기도 하고, 다른 사람이 쓴 것이나 그린 것에 대해 설명해 달라고도 한다. 이러한 과정을 통해 영아는 점차 쓰기가 자신의 삶에서 매우 중요한 기능을 한다는 것을 깨닫는다.

넷째, 영아들은 쓰기를 하면서 자신이 그리거나 쓴 것에 이름을 붙일 수 있다는 것을 알아차린다. 비록 영아들이 그린 그림이나 상징들이 그 사물을 표상하는 것은 아니지만 이러한 활동을 통해 그림이나 쓰기를 통해 사물을 표상할 수 있다는 것을 깨닫는다.

다섯째, 2세가 지나면서부터 영아들은 그림이 상징이라는 것을 깨닫는다. 이때부터 영아들의 그림은 사물과 비슷한 형상을 띠기 시작하고, 자신이 그린 그림에 이름을 붙일 수 있으며 그림을 통해 원하는 것을 표현할 수 있음을 배운다.

② 초보적 쓰기(3~5세)

이 시기의 유아는 문자를 통해 자신의 생각을 남에게 전달할 수 있다는 것을 깨닫는다. 문자를 통한 의사소통을 구현하기 위해 유아들은 자기 나름대로 문자를 재창조하고 의미를 부여하기도 한다. 극놀이 영역 등에서 유아의 이러한 행동은 쉽게 관찰된다. 예를 들어, 음식점 놀이를 할 때 유아들은 주문서를 작성한다. 이때 자신이 개발한 문자로(긁적거리기가 될 수도 있고, 선이나 동그라미 등이 될 수도 있다.) 주문서를 작성한다. 이러한 행동은 이 시기의 유아들에게서 흔히 발견된다. 물론 성인들은 이것을 쓰기로

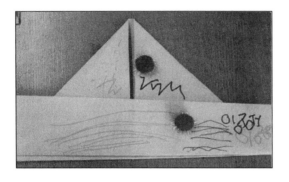

인정하지 않는다. 왜냐하면 성인들은 유아가 쓴 것을 읽을 수 없기 때문이다. 그러나 초보적 쓰기의 수준에서는 읽을 수 있는가 보다는 유아가 자신의 쓰기를 통해 의미를 전달하고자 하는 것이 더 중요하다. 그러므로 이 시기에는 유아의 경험과 관련된 다양한 문해 경험을 가지도록 배려하는 것이 좋다. 극놀이 영역에서 주문서를 작성하는 행동도 실제 유아가 식당에서 종업원이 주문서를 작성하는 것을 보지 못했다면 일어날 수 없기 때문이다.

초보적 쓰기 수준의 유아는 자모음 철자의 이름과 형태에 대한 지식을 발달시킨다. 유아마다 자모음 철자를 읽고 쓰는 능력은 다르지만 3세 이상이 되면 10개 이상의 자모음 철자를 읽을 수 있으며, 자기 이름에 있는 자모음 글자는 어려움 없이 쓸 수 있다. 따라서 이 시기에는 놀이를 통한 다양한 문식성 활동을 경험하도록 하며 유아의 이름 쓰기 활동을 하는 것이 매우 좋다. 자신의 이름, 부모의 이름, 형제자매의 이름 등을 쓰면서 유아는 여러 가지 자모음 철자의 이름과 형태를 쉽게 인식할 수 있게 된다.

또한 유아가 글자를 구성하기 위해서는 각 글자를 만드는 선과 모양의 규칙을 알아야 함을 이해한다. 즉, '김'이라는 글자는 수직선, 사선, 수평선이 여러 개 필요하다는 것을 깨닫고, 글자를 읽거나 쓸 때 글자의 규칙과 관련된 질문을 많이 한다. 예를 들면, "'김'자의 네모와 '님'자의 네모는 같은 모양인가요?" 등의 질문을 한다.

초보적 쓰기 수준의 또 다른 특징은 유아들이 철자를 쓰기도 하고 쓰는 흉내를 내기도 하지만, 철자와 소리와의 관계를 명확하게 이해하지 못한다는 것이다.

이와 같은 초보적 쓰기 수준의 유아들은 다양하게 쓰기를 활용하는데, 그 방법은 다음과 같다(McGee & Richgels, 1996).

- 그림을 명명하기 위해 쓰기 사용하기
- 상상의 이야기 세계를 창작하기 위해 쓰기 사용하기
- 놀이에서 읽기와 쓰기 사용하기
- 타인과 상호작용하기 위해 읽기와 쓰기 사용하기
- 자신과 타인의 행동을 규제하기 위해 읽기와 쓰기 사용하기

• 가족활동과 지역사회 활동의 일부로서 읽기와 쓰기 사용하기

③ 실험적 쓰기(5~7세)

실험적 쓰기 수준의 유아는 쓰기와 관련된 사전 지식을 재통합하고, 새로운 지식을 구성해 나간다. 일상생활에서의 읽기, 쓰기 활동을 통해 새로운 쓰기 전략을 발전시켜 나가는 실험적 쓰기 수준의 유아는 여러 가지 규칙을 습득한다.

첫째, 철자와 소리는 서로 연관되어 있다는 것을 알게 된다.

둘째, 유아 자신은 성인이 쓰는 것과 똑같은 방식으로 쓰지 못한다는 것을 안다. 이로 인해 유아들은 "나는 쓸 줄 몰라요."라는 말을 한다. 그러나 부모의 지원, 교사의 이해와 안내 등으로 거부 행동이 줄어들 수 있다.

셋째, 초보적 쓰기 수준에서 시행했던 의미 구성 전략을 지속적으로 활용한다. 예를 들면, 극놀이 영역에서 다양한 쓰기 활동을 하며, 편지 쓰기, 초청장 발송하기, 쪽지 쓰기 등을 통해 다양한 문어 규칙을 실험한다.

넷째, 한글의 자음과 모음의 거의 모든 철자의 이름과 형태를 안다.

다섯째, 쓰기를 할 때 자신이 아는 방식대로 단어를 발명해 내어 창안적 글자로 쓴다. 예를 들어, 유아의 이름이 이미경인 경우 ㅣㅇ, ㅣㅁ, ㅕㄱ ㅇ 으로 쓰기도 한다.

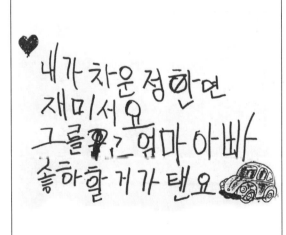

●그림 5-3● 실험적 쓰기

여섯째, 자신이 모르는 글자는 다른 글자를 보고 베껴 쓰기도 하고, "이것은 무슨 단어인가요?"라고 하면서 단어에 대해 질문하기도 한다.

일곱째, 글자와 소리가 서로 연관되어 있다는 것을 이해하기 때문에 그 관계를 이용하여 철자대로 쓰려고 노력한다.

여덟째, 단어를 쓸 때 단어와 단어 간에 띄어쓰기를 시도한다.

아홉째, 유아는 자신이 쓴 것을 다른 사람이 정확하게 읽을 수 없다는 것을 알고 있다. 따라서 쓰기를 할 때 성인의 도움을 받아서 쓰려고 한다. 이와 더불어 이야기를 쓸 때 말을 하면서 글로 쓰거나 쓰고 싶은 이야기나 말을 다른 사람이 받아쓰도록 한다. 실험적 쓰기 수준의 유아는 쓰기를 통해 메시지를 전달하기 위해서는 정확하게 써야 한다는 것을 안다. 초보적 쓰기의 단계에서는 의미 전달을 더 중요하게 여겼기 때문에 철자를 정확하게 쓰는 것을 인식하지 못하지만 이 시기에는 글자를 정확하게 써야만 동일한 메시지가 전달된다는 것을 안다. 따라서 가능한 정확하게 쓰려고 노력한다. 그러나 여전히 표준적 쓰기에 도달한 상태는 아니다. 즉, 긁적거리기로 쓰는 것이 아닌 철자를 이용한 쓰기를 하는 단계다.

(2) 임영심과 채미영

임영심과 채미영(2007)은 우리나라 3세 및 4세 유아의 쓰기 발달 단계를 다음과 같이 제시하고 있다.

- 1단계: 긁적거리기-원, 도형, 세로선, 가로선, 곡선, 지그재그를 이용하여 글자를 표현한다.
  - -유형 1. 도형과 선을 이용한 긁적거리기
  - -유형 2. 도형과 선을 이용하되, 왼쪽에서 오른쪽으로 쓰는 방향이 나타난 긁적거리기
  - -유형 3. 선과 원이 조합되고, 왼쪽에서 오른쪽으로 쓰기 방향성이 나타난 긁적거리기

- 2단계: 글자 형태 출현-글자 형태(자음, 모음)가 나타나지만 읽을 수는 없다.
  - -유형 1. 한두 개의 자형이 우연히 나타남. 긁적거리기의 연장으로 유아가 긁적거

리다가 우연히 자음이나 모음의 형태를 씀.

– 유형 2. 한두 개의 자형이 의도에 의해 나타남. 유아가 의도를 가지고 자음이나 모음을 사용하여 글자 형태를 썼지만 독자가 읽을 수 없음.

• 3단계: 발명적 쓰기–자음, 모음의 탈락이나 첨가가 나타나며 균형이 맞지 않은 글자를 스며, 글자의 순서가 바뀌기도 한다.

– 유형 1. 전체적으로 글자의 형태가 불안정하고 일부 글자의 크기와 균형이 맞지 않음.

– 유형 2. 글자 형태는 안정적이지만 자음이나 모음 등 일부에서 오류가 나타남.

– 유형 3. 바른 낱자가 나타나지만, 의미를 파악할 수 없도록 순서에 맞지 않게 씀.

• 4단계: 관례적 쓰기–크기와 비율이 조절된 관습적인 형태의 글자를 쓰며, 독자가 읽고 의미를 파악할 수 있다.

– 유형 1. 단어 쓰기: 완전한 철자로 단어를 씀.

– 유형 2. 문장 쓰기: 완전한 철자로 문장을 씀.

곽경화와 김영실(2014)은 3, 4세 유아들의 이름글자 쓰기 발달 분석연구에서 유아들의 이름 글자 쓰기를 0단계에서 10단계 기준에 맞추어 분석하였다. 이를 통해 만 3세 유아의 이름 쓰기 발달은 0단계에서 10단계까지 고루 퍼져 있고, 개인차가 존재함을 보고하였다. 만 4세 유아의 경우는 대부분이 자신의 이름을 정확하게 쓸 수 있었다. 이를 통해 만 3세와 4세 유아들의 이름 쓰기 단계는 차이가 있었을 알 수 있었다. 그러나 개인 유아의 이름별 자음 수와 이름 쓰기 단계는 관계가 없음을 보고하고 있다. 이는 유아가 쓰기를 할 때 이름 쓰기를 가장 먼저 하게 됨으로써 이름별 자음 수가 이름 쓰기 단계에 영향을 미치지 않음을 알 수 있는 연구다.

표 5-3   이름 글자 쓰기의 발달 단계

단계	특징
0단계	무반응
1단계	선 긋기 식의 끼적이기
2단계	점, 원, 사각형, 삼각형 같은 모양이 겹쳐서 나열된 형태
3단계	점, 원, 사각형, 삼각형 같은 모양이 떨어져 나열된 형태
4단계	이름 글자와 무관한 낱자와 유사한 모양이 분절되어 나열된 형태
5단계	이름 글자와 무관한 진짜 낱자로 끼적이기(낱자가 분절되어 나열됨)
6단계	이름 글자와 무관한 글자들로 끼적이기
7단계	이름 글자의 낱자들로 이루어진 끼적이기
8단계	이름 글자 중 한 글자를 정확히 쓰고 나머지 글자의 낱자로 끼적이기
9단계	이름 글자 중 두 글자를 정확히 쓰고 나머지 글자의 낱자로 끼적이기
10단계	이름 글자를 모두 정확히 씀

출처: 곽경화, 김영실(2014). 3, 4세 유아들의 이름글자 쓰기 발달 분석. 어린이미디어연구, 13(1), 313-332.

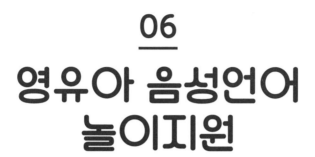

06
영유아 음성언어
놀이지원

듣기, 말하기, 읽기, 쓰기 발달은 서로 연관되어 있으며, 역동적인 관
계 속에서 함께 발달하므로 통합적으로 지원하는 것이 바람직하다.
이 장에서는 듣고 말하는 경험이 분리되지 않음을 고려하여 기존 누
리과정의 '듣기'와 '말하기'를 '듣기와 말하기'로 제시한 개정 누리과
정에 따라 듣기와 말하기에 대한 놀이지원의 실제를 구체적으로 살펴
본다.

1 듣기 놀이지원

듣기는 음성언어를 의미를 가지는 메시지로 변형시키는 과정이다(Jalongo, 2003). 듣기는 단순히 소리를 듣는 것만이 아니라 모든 소리 자극을 종합하여 그 의미를 능동적으로 구성하는 과정으로서(Goss, 1982), 영유아는 그들에게 제공된 정보를 이해하고, 해석하고, 평가하기 위하여 어떻게 듣는지 배워야만 한다.

듣기 과정은 세 단계로 구성된다(Farris, 2001). 첫 번째 단계는 청각적 자극을 받는 단계(hearing)로, 소리의 음파(sound waves)를 귀로 받아들이는 과정이다. 두 번째 단계는 받아들인 청각적 자극에 주의를 기울이는 단계(listening)로, 말소리를 다른 음향과 구분하여 언어로 인지하고, 의미 있는 단위로 처리하는 과정이다. 귀로 받아들인 말소리를 분석, 조직하고 기억 속에 저장된 지식이나 경험과 연결 짓는 과정이 포함된다. 세 번째 단계는 받아들인 청각적 자극을 해석하고 상호작용하는 단계(auding)로, 듣기 과정을 종합적으로 이해하고 해석할 뿐만 아니라 청자 자신의 정의적인 반응까지 곁들이는 과정이다. 따라서 듣기는 연속적으로 이어지는 청각적 자극을 종합하여 의미로 변화시키는 높은 수준의 인지적 · 정의적 처리 과정이라 할 수 있다.

1) 듣기 놀이지원의 원리

영유아의 듣기능력은 다양한 학습 기회를 통해 향상된다. 그러므로 교사는 영유아의 듣기능력을 향상시키기 위하여 다양한 놀이 활동을 지원한다.

(1) 영유아에게 듣기의 중요성을 인식시킨다

듣기가 중요한 이유는 말을 잘하기 위해서는 먼저 상대방의 이야기를 잘 듣고 그 의도를 파악해야 하기 때문이다. 학습의 효과는 학습자가 학습 내용이 얼마나 중요한가를 인식하고 있느냐에 따라 크게 달라진다. 따라서 잘 듣는 것이 얼마나 중요한지 영유아들이 이해하는 것이 중요하다. 교사는 듣기 활동이나 놀이지원을 통해 영유아들이 듣기의 중요성을 인식하도록 하고, 영유아는 이러한 과정으로 효율적인 듣기가 일상생활과 교육활동에서 매우 중요하다는 것을 스스로 인식해야 한다.

(2) 교사 자신이 듣기의 좋은 모범을 보인다

교사의 듣는 태도는 영유아에게 좋은 본보기가 될 수 있으므로 교사 자신이 주의를 집중해서 열심히 듣는 모범을 보여 준다. 교사는 영유아들이 말할 때 눈높이를 맞춰 바라보며, 적절한 반응과 질문을 하고, 영유아의 말 속에 담긴 의미와 정서를 이해하고 공감하는 태도를 보이는 적극적 경청(active listening)을 하는 것이 바람직하다. 교사가 보여 주는 공감적인 태도에 영유아들은 자신이 존중받는다는 느낌을 받으면서 자유롭게 자신의 생각이나 감정을 표출하게 된다. 교사가 영유아의 이야기를 잘 듣고, 듣기를 중요하게 인식하는 태도를 보이면 영유아는 자연히 교사를 모델로 하여 교사와 같은 태도와 습관을 기르고, 듣는 것이 매우 중요하다는 것을 깨닫게 된다.

표 6-1 듣기의 유형

무시	유아: 시금치 때문에 김밥을 안 먹어서 엄마한테 혼났어요. 교사: …….
건성으로 듣기	유아: 시금치 때문에 김밥을 안 먹어서 엄마한테 혼났어요. 교사: 엄마들이 다 그렇지 뭐.
선택적으로 듣기	유아: 시금치 때문에 김밥을 안 먹어서 엄마한테 혼났어요. 교사: (반색하며) 그거 선생님이 먹으면 안 될까?
신중하게 경청하기	유아: 시금치 때문에 김밥을 안 먹어서 엄마한테 혼났어요. 교사: 엄마한테 시금치 대신 오이를 넣어 달라고 하면 어떨까?
공감하며 경청하기	유아: 시금치 때문에 김밥을 안 먹어서 엄마한테 혼났어요. 교사: 그래 속상했겠네. 그래서 네가 오늘 우울해 보였구나.

(3) 영유아의 이해 수준과 흥미에 적합한 다양한 듣기 경험을 지원한다

듣기는 영유아의 사고능력과 밀접한 관계가 있다. 따라서 교사는 영유아의 발달 수준과 흥미에 적합한 다양한 듣기 활동을 지원한다. 일상생활 속의 자연스러운 대화를 통해서 또는 여러 가지 소리에 대한 감각을 높여 주는 놀이 활동을 통해서 무엇을 어떻게 들어야 하는지 이해하고, 듣기가 매우 즐거운 것임을 알아가도록 지원한다. 또한 교사의 말을 유아가 듣는 상황뿐 아니라 다양한 듣기 상황을 지원한다. 예를 들어, 유아가 말하고 교사가 듣거나 유아가 말하고 다른 유아들이 들을 수 있다.

(4) 듣기를 위한 심리적 · 물리적 환경을 조성한다

영유아의 듣기능력은 우연히 습득되는 것이 아니므로 듣기 활동을 효과적으로 하기 위해서는 준비된 환경의 조성이 필요하다. 소음이 없는 조용한 장소에서, 영유아가 편안한 마음으로 들을 수 있는 안정되고 온화한 분위기를 제공하는 것이 중요하다. 또한 영유아의 듣기 기술을 발달시키기 위해서 영유아의 흥미나 욕구, 그리고 발달 수준 등을 고려하여 녹음기, 카세트, 오디오, 각종 도서류, 손가락인형(puppets) 등의 자료를 준비하는 것이 좋다.

2) 듣기 놀이지원의 실제

(1) 소리 듣고 구별하기

여러 가지 소리에 관심을 갖고, 주의를 기울이며, 들은 소리나 단어를 지각하고 변별할 수 있는 활동을 계획한다. 일과 활동 중 자연스럽게 경험할 수 있도록 놀이 활동의 배경음악으로 들려주거나 활동의 시작을 알리는 특별한 소리를 정할 수도 있다. 다양한 소리를 인식하고 구별하는 활동의 예는 다음과 같다.

- 놀이실의 소리 나는 놀잇감을 굴리면서 여러 종류의 다양한 소리 듣기

- 같은 소리를 작게, 크게, 빠르게, 느리게 변화를 주어 듣기
- 같은 사람의 상황, 감정에 따른 다양한 목소리 듣기
- 여러 가지 소리(예: 자연의 소리, 물건 · 동물 · 악기 소리 등)를 듣고 알아맞히기

- 일상적인 소리(예: 문 여닫는 소리, 물 흐르는 소리, 이 닦는 소리 등)를 듣고 상황 알아 맞히기
- 여러 가지 소리를 듣고 차이점과 유사점 구별하기
- 발음이 비슷한 단어(예: 대추-배추, 방-빵, 말-발)나 발음은 같지만 음의 길이에 따라 의미가 달라지는 단어(예: 밤-밤, 눈-눈)를 듣고 구별하기
- 소리 상자 구별하기
  - 빈 캔에 곡식, 모래, 구슬, 클립 등을 한 쌍씩 넣고 흔들어서 같은 소리 찾기
  - 빈 캔에 같은 내용물의 양을 다르게 하여 흔든 후 소리가 큰 순서대로 배열하기

- 놀이실 안의 놀잇감, 사물 이름 듣고 찾기

(2) 듣고 표현하기

　동물 소리(예: 개, 고양이, 닭 등), 생활과 관련된 소리(예: 자동차 급정거 소리, 전화 벨소리, 앰뷸런스 사이렌 소리, 천둥·폭풍 소리 등)를 듣고 그 소리를 흉내 내거나 소리가 들리는 상황이나 느낌을 언어, 신체, 그림 등으로 표현한다. 교사는 영유아가 들은 소리를 자유롭게 표현하도록 격려한다. 예를 들어, 강아지 소리를 듣고 흉내 낼 때도 '멍멍'이라는 정형화된 반응보다는 들리는 대로 표현해 보도록 한다.

(3) 듣기 놀이

　집중하고 듣기를 즐겁게 할 수 있도록 듣기 놀이를 제공한다. 소리 알아맞히기, 이야기 잇기, 언어적 지시 따르기 등 놀이를 통해 듣기를 자극할 수 있다.

① 소리 알아맞히기

- 소리가 나는 물건 하나를 숨기고 소리를 들려준 후 그 물건이 무엇인지 알아맞히기
- 영유아의 목소리를 녹음해 들려주고 누구인지 구별하기
- 한 영유아가 동물이나 기계 등의 소리를 흉내내면 다른 영유아가 알아맞히기
- 원통을 이용해 귓속말로 해 주는 선생님의 목소리를 들어 보기

② 이야기 잇기

• 앞 사람의 이야기를 듣고 그 이야기에 덧붙여 이야기하기

　예 진우는 키가 크다. → 진우는 키가 크고, 잘 웃는다. → 진우는 키가 크고, 잘 웃
　　고, 친절하다.

• 하나의 문장에 단어를 추가하여 이야기 잇기

　예 나는 소풍 갈 때 김밥을 가져가겠다. → 나는 소풍 갈 때 김밥과 과자를 가져가
　　겠다. → 나는 소풍 갈 때 김밥과 과자와 모자를 가져가겠다.

③ 언어적 지시 따르기

• 언어적 지시에 따라 심부름하기

　점차 물건의 수를 늘리거나 위치, 색깔, 크기 등의 변인을 넣어 주의 깊게 듣고 가
　져 오는 심부름 놀이

　예 교실에 있는 색연필을 가져 오세요. → 빨간색 색연필을 가져 오세요.
　　미술 영역에서 파란색 색종이 한 장을 가져 오세요. → 미술 영역에서 파란색 색
　　종이, 풀, 가위를 가져 오세요.

• 언어적 지시에 따라 동작을 해 보는 '가라사대' 놀이

• 언어적 설명을 듣고 알아맞히는 '수수께끼 맞히기' 놀이

• 보지 않은 상태에서 언어적 설명을 듣고 물건을 찾아오는 '보물찾기' 놀이

• '코코코' 놀이하며 신체 부위의 이름을 듣고 '짚어 보는' 놀이

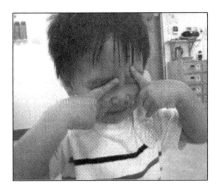

• 모양과 색깔의 이름을 듣고 '찾아보는' 놀이

(4) 음악 듣기

음악 듣기는 영유아의 감상적 듣기능력뿐만 아니라 심미감을 키우는 데에도 도움이 된다. 교사는 영유아가 다양한 음악(예: 동요, 고전 음악, 민속 음악, 현대 음악 등)을 들을 수 있도록 계획한다. 음악 듣기 활동은 음악을 듣고 음악의 느낌, 소리, 악기 등을 표현해 보는 활동, 언어 · 음률 영역에서 헤드폰을 통해 개별적으로 듣기, 일과 활동 중 자유놀이 시간, 간식 시간, 휴식 시간, 미술활동 시간에 적합한 음악을 배경으로 들려주기 등이 있다.

교사는 특정 음이나 소리에 손뼉을 치거나 그 음을 따라 해 보기, 반복되는 소리 찾기 등을 통해 음악 듣기를 보다 즐겁고 의미 있는 활동으로 진행할 수 있다.

(5) 동시 듣기

동시에는 소리, 단어, 구절, 음절 수 등이 규칙적으로 반복되는 운율이 있다. 따라서 영유아들에게 동시 감상은 듣기능력뿐 아니라 언어 표현력, 정서 함양 및 창의력 증진에 도움이 된다. 교사는 진행되는 주제, 영유아의 경험, 계절을 고려하여 동시를 선택한다. 이때 생동감 있고, 상상력을 자극하며, 리듬과 음악성을 담고 있는 동시를 선택한다. 특정한 말이나 의성어가 반복되는 동시는 영유아들이 그것을 들었을 때 쉽게 따라 하거나 반복되는 부분을 예상할 수 있어서 좋다.

교사는 동시의 내용을 쉽게 이해할 수 있도록 동시의 내용을 글과 그림으로 나타내어 주거나, 움직이는 그림 자료나 자석 자료, 손인형 등을 이용하여 생동감 있게 들려

줄 수 있다. 또한 동시를 녹음하여 영유
아가 원할 때에는 개별적으로 들을 수
있도록 한다.

　동시의 내용을 보다 주의 깊게 들을
수 있도록 자극하기 위하여 주제가 다른
동시(예: 여름과 겨울)를 듣고 무엇이 다
른지 이야기 나누거나, 주제가 동일한
동시 두 편을 듣고 같은 점과 다른 점을
구별해 보는 활동을 할 수도 있다.

(6) 동화 듣기

　동화 듣기는 교사가 그림책을 읽거나 구연으로 들려주는 것으로 영유아에게 청각적
즐거움을 제공하고, 상상력을 자극하며, 언어를 확장하고, 새로운 지식을 습득하게 한
다. 영유아는 동화 듣기를 통해 주제와 관련된 정보를 얻거나 개념을 형성할 뿐 아니라
상황에 맞는 적절한 어휘나 문장 표현을 익힌다.

　교사는 영유아의 연령과 진행되는 교육 주제를 고려하여 동화를 선택한다. 이때 그
림 자료, 인형, 실물 등의 자료를 제시하면서 들려주면 보다 효과적이다. 동화 감상은
동화책, 그림 동화, 손인형, 앞치마 동화, 융판 동화, 자석판 동화, 막대 동화, TV 동화,
VTR 동화, 슬라이드 동화 등 다양한 매체를 활용하여 이루어질 수 있다. 그림 동화, TV
동화, VTR 동화 등은 화면이 영유아의 눈높이와 일치하도록 하며, 한 장의 내용을 읽어
준 후 천천히 왼쪽에서 오른쪽으로 그림을 돌려 가며 보여 준다. 융판 동화나 자석판
동화는 판의 위치를 교사의 왼쪽에 두고 들려주며, 이야기의 전체 흐름을 고려하여 등
장인물이나 배경을 적절한 위치에 놓을 수 있도록 사전에 계획해야 한다.

　동화를 들려준 때는 먼저 동화 제목과 지은이를 말해 주고, 이야기의 내용에 적합한
속도, 음성의 강약, 억양을 조절하여 들려주어야 한다. 이야기를 듣는 영유아의 표정이
나 반응을 살펴 가면서 들려주고, 반복되는 단어나 문장은 영유아들이 말하도록 유도
하는 것도 좋다.

(7) 유아 주도의 이야기 놀이

- 유아들이 자유롭게 선생님 놀이 역할극을 하며 선생님의 역할을 맡은 유아가 친구들에게 책을 읽어 주고 학생 역할의 친구들은 선생님 역할을 맡은 유아의 구연동화를 듣는 놀이 활동을 진행한다. 자유롭게 이루어지는 이야기 듣기 활동을 하면서 유아들은 다른 사람의 이야기를 듣고 질문하는 과정을 경험할 수 있다.

- 주말을 지내고 난 후 유아들이 주말 동안 다녀온 여행이나 주말 동안 지냈던 일을 사진을 보여 주며 친구들에게 이야기하고, 다른 친구들은 이야기를 듣고 질문하는 놀이 활동을 진행한다.

심층 탐구

동화구연

구연하기(storytelling)는 '이야기하기'를 뜻하며, 문학작품을 글이나 그림이 아닌 음성으로 소개하는 것을 말한다. 구연하기는 먼저 구연할 문학작품의 선택, 구연 계획하기, 구연하기의 과정으로 설명할 수 있다.

구연작품 선택하기

구연하기에 적합한 동화는 이야기의 구성이 잘 발달되어 있고, 이야기의 시작·중간·결말이 분명해야 한다. 등장인물의 성격이 분명하지만 그 수나 이야기의 배경은 단순한 것이 좋다. 또한 이야기 속에 흥미로운 구절이나 대화가 있어서 영유아들이 함께 이야기하며 참여할 수 있는 것이 적절하다.

구연 계획하기

구연하기 위해 교사가 계획하고 준비해야 할 내용은 다음과 같다.

- 본문의 내용을 필요에 따라 개작한다.
- 본문의 내용을 대화체로 바꾼다.
- 등장인물에 대해 영유아들이 분명한 이미지를 가질 수 있도록 묘사한다. 예컨대, 빠른가, 뚱뚱한가, 게으른가, 귀여운가, 곤경에 처해 있는가, 용기가 있는가 등을 파악하여 목소리나 몸짓도 등장인물의 이미지에 맞추어 연기한다.
- 이야기 길이를 조절한다. 이야기의 길이는 이야기를 듣는 영유아의 발달 수준에 따라 주의 집중 시간을 고려하여 조절한다. 영유아에게 적절한 시간은 7~20분 정도이다.
- 의성어와 의태어를 많이 사용하여 이야기의 배경에 대해 시각적으로 상상해 볼 수 있도록 묘사한다.
- 목소리와 몸짓, 표정을 연기해 본다. 이야기의 등장인물과 상황이 생생하게 전달될 수 있도록 연습한다.
- 흥미를 유발하기 위하여 인형, 모자, 옷 등의 소품을 준비할 수 있다.

구연하기

구연할 때는 무엇보다도 자신감이 필요하다. 연습과 준비를 통해 자신 있게 이야기 속 배역을 표현해 내는 것이 중요하다.

- 이야기의 도입은 자연스럽게 이루어져야 한다. 손유희, 노래 부르기 등의 신호를 통해 이야기 들려주기 시간을 예측하게 하거나, "너희들은 괴물 이야기를 들은 적이 있니? 커다란 괴물 이야기를 들려주고 싶은데……." 등의 언어적 상호작용으로 호기심을 유발한다.
- 이야기를 구연하는 도중 영유아들을 참여시킨다. 이야기 속에 반복되는 구절을 영유아들이 말해 보도록 하거나 문을 두드리는 동작, 함께 힘을 합쳐 문제를 해결하는 동작 등을 해 보도록 한다.
- 추후 활동은 영유아의 흥미, 연령, 주의집중 시간을 고려하여 결정해야 한다. 이야기에 대해 흥미를 잃어버릴 때까지 활동을 연결 짓는 것은 바람직하지 않다.

2 말하기 놀이지원

영유아는 자신의 생각과 느낌을 다른 사람에게 말하고 싶어 한다. 그러나 듣는 사람이 알아듣지 못하는 발음과 이해할 수 없는 어휘 및 문법을 적용하여 언어를 구사하고, 자신의 생각과 느낌을 말하려는 목적과 다르게 표현한다면 의사 전달은 이루어지지 않을 것이다.

말하기는 자신이 알고 있는 정보, 생각, 감정 등을 음성적 상징을 사용하여 다른 사람들에게 체계적·효과적으로 표현하는 고도의 지적 활동이다. 따라서 말하기 놀이지원은 정보를 찾고, 조직하고, 기억하고, 판단하고, 적용하는 등 논리적이고 비판적인 사고 기술과 문제해결 능력을 기르는 데 초점을 맞춰야 한다. 영유아의 사고능력과 문제해결 능력을 언어적으로 정의, 분류, 결합, 평가 및 종합할 수 있는 언어적 표현, 즉 말하기를 격려하는 기회를 제공함으로써 영유아의 말하기를 지원할 수 있다(Farris, 2001).

1) 말하기 놀이지원의 원리

영유아의 말하기 능력은 말을 많이 해 보는 경험을 통해서 발달한다. 교사는 영유아가 말하는 기회를 많이 가질 수 있도록 지원하고, 영유아의 발음, 문장의 구조, 어휘의 발달을 자극할 수 있는 다양한 자료를 지원하며, 바람직한 말하기 모델이 되도록 노력해야 한다.

(1) 영유아가 말하기의 기본 기술을 습득하도록 지원한다

영유아는 말하기 장면에 따라 자신의 성량, 어조, 강세, 속도, 음질을 조절하면서 적절한 목소리가 어떤 것인지 정확하게 인식해야 한다. 또한 올바르고 정확한 발음, 상황에 적합한 어휘와 문장의 사용도 중요하다. 그리고 언어적 표현뿐만 아니라 신체적 표현도 할 수 있어야 한다. 예를 들어, 질문에 대해 '예'라고 답하면서 고개를 끄덕이거나(중복) 말로 '예'라고 답하는 대신 고개를 끄덕이고(대체) 상대방에게 미안함이나 쑥스러움을 느낄 때 언어적 표현과 함께 머리를 긁적일 수 있다(보완). 이와 같이 언어적 상황에 적합한 신체적 표현을 사용하면 더욱 효과적으로 의사소통을 할 수 있다.

(2) 영유아의 언어능력과 개인차를 반영한다

영유아의 언어 발달은 인지 발달과의 관련성 속에서 이루어지므로 어떤 지도방법으로도 단기간에 효과적인 발달을 기대하기는 어렵다. 말하기를 위한 놀이지원은 직접적인 교수나 반복학습보다 영유아의 개인적인 발달 수준에 따라 자연스러운 상황에서 이루어지도록 지원하는 것이 효과적이다. 영유아의 개인별 성취 수준과 성취해야 할 목표를 주의 깊게 관찰하고, 일상적인 대화 및 교육활동의 계획과 상호작용을 통해서 영유아의 언어능력과 개인차를 고려하여 지원한다. 예를 들어, 몇 개의 단어를 나열하는 수준으로 말하기를 하는 영유아의 경우에는 적절한 단어를 삽입하여 완전한 문장을 말하면서 말하기를 지원할 수 있다. 단순한 문장으로 말할 수 있는 영유아는 그 문장을 확장하여 교사가 반복하면서 상호작용을 할 수 있다(이순형, 권미경, 최인화, 김미정, 서주현, 최나야, 김지현, 2010).

(3) 영유아가 스스로 동기 유발된 상황에서 긴장감 없이 말할 수 있는 수용적인 분위기를 형성한다

영유아는 자신과 관련된 내용을 말할 때 보다 즐겁고 효과적으로 이야기한다. 즉, 영유아 자신이 경험한 것, 느낀 것 그리고 관심이 있는 것에 대해서는 이야기하고자 하는 동기가 유발되어 적극적으로 말하기 활동에 참여한다. 따라서 교사는 영유아의 경험과 관련된 내용으로 대화하여 영유아가 자신 있게 말할 수 있도록 한다. 교사는 영유아의 말하기를 지원하기 위해 손가락인형, 동화책, 그림 자료, 실물 자료 등을 활용할 수 있다. 영유아가 이러한 자료를 활용하여 다양한 말하기 활동을 할 수 있도록 한다. 또한 영유아 상호 간에 그리고 교사와의 관계에서 자유롭게 말할 수 있도록 허용적이고 수용적인 분위기를 조성해 주어야 한다. 영유아의 말하기를 지원하는 허용적이고 수용적인 환경은 다음과 같다. 첫째, 영유아가 말하고자 할 때 기다려 주면서 영유아가 말하고자 하는 바를 이해하려고 노력한다. 둘째, 교사가 말하기를 주도하기보다는 영유아가 말하기를 주도하고 더 많이 말하도록 기회를 준다. 셋째, 영유아에게 자신의 말을 흥미 있게 들어 주는 사람이 있다는 느낌을 갖게 하여 신뢰감을 길러 준다. 넷째, 영유아가 하는 어떠한 말도 인정하고 수용해 준다(이순형 외, 2010).

(4) 영유아의 말에 구체적으로 반응하거나 질문함으로써 언어 표현을 격려한다

교사의 열성적인 반응은 영유아가 말을 계속하도록 만들어 준다. 영유아는 교사의 반응을 보면서 언어의 힘과 중요성을 깨닫게 되며(Trawick-Smith, 2001), 언어적인 규칙을 발견할 수 있다. 영유아의 문장구성 능력을 확장시키기 위하여 교사는 자연스러운

표 6-2 영유아의 말에 대한 교사의 반응

반응행동	설명
몸짓을 통해서 관심 보이기	영유아가 질문할 때 교사는 눈높이를 맞추기 위해 무릎을 낮추며 영유아의 말에 따뜻한 관심을 보인다.
질문하기	영유아가 이야기를 마친 후에 교사는 질문을 통해 말하기를 자극한다. "오빠가 놀렸을 때 너는 뭐라고 말했니?"
대화에 첨가하기	영유아가 바깥놀이에서 본 것을 묘사한 후 교사가 말한다. "선생님도 나비를 보았어. 어떻게 생겼더라……."
관련 있는 개인적 경험 나누기	영유아의 걱정스러운 이야기를 들은 후 교사가 말한다. "선생님한테도 그런 일이 있었어. 강아지가 돌아오지 않아서 매일 문 앞에서 기다렸어."
도움 주기	한 영유아가 놀이 집단을 떠나 온 이유를 설명한다. "무엇을 주문해야 할지 몰랐구나. 선생님은 햄버거를 주문하고 싶은데, 선생님 대신 주문해 주겠니?"
정서 표현하기	영유아의 이야기를 들은 후 교사가 웃으며 말한다. "재밌다! 뱀이 나오는 부분이 정말 재밌어."
감정 알기	교사는 슬픈 이야기에 다음과 같이 반응한다. "정말 슬프다. 슬프니까 눈물이 나오려고 하네."

상황에서 문장을 보충해 주는 것이 좋다. 예를 들면, 영유아가 "저기, 책."이라고 말했을 때 교사는 "그래, 저기 동화책이 있다."라고 완전한 문장을 말해 준다. 또한 교사는 짧게 칭찬해 주는 말(예: "와, 재밌다.", "아주 좋은데.") 외에 〈표 6-2〉와 같은 반응을 함으로써 영유아의 언어 표현을 촉진한다.

(5) 발문을 통해 말하기 기회를 넓힌다

발문이란 수업상황에서 무엇인가를 묻는다는 관점에서 질문과 유사한 것처럼 보인다. 하지만 질문은 대개 모르는 사람의 입장에서 물어보는 하위 수준의 물음인 반면, 발문은 영유아에게 다양한 측면에서 생각하고 적극적 사고를 통해 능동적 깨달음을 얻게 하는 상위 수준의 물음이라는 점에서 구별이 된다(박병학, 1996). 영유아에게 발물을 할 때에는 한 번에 한 가지씩 묻고, 발문 내용이 영유아의 지적 수준에 적합해야 하며, 너무 추상적이거나 막연한 발문은 피해야 한다. 발문 유형은 크게 수렴적 발문과 확산적 발문으로 나눌 수 있다.

① 수렴적 발문

수렴적 발문은 정답이 하나인 경우로 주로 사실이나 정보와 관련된 응답을 요구한다. '예', '아니요' 혹은 간단한 답을 요구하는 진위형 답을 요하거나 다음과 같은 상황이 수렴적 발문에 속한다.

상황: '교통기관'을 주제로 이야기 나누기
교사: 자동차 바퀴는 몇 개일까?

② 확산적 발문

이와 대조적으로 확산적 발문은 다양한 답이 가능한 간접적 · 개방적 · 반성적 질문이다. 확산적 발문을 통해 영유아는 사고나 감정, 의견을 좀 더 명백하게 표현할 수 있다. 따라서 확산적 발문은 창의성에도 도움이 되며, 수렴적 발문에 비해 요구되는 사고와 언어의 양이 많기 때문에 상위 질문으로 평가된다.

상황: '교통기관'을 주제로 이야기 나누기

교사: 여름방학에는 어떤 교통기관으로 여행을 가고 싶니?

2) 말하기 놀이지원의 실제

(1) 이야기하기

그림, 사물, 책을 보면서 상황이나 특징 그리고 느낌에 대해 이야기하는 활동이다. 한 장면의 그림을 보면서 상황에 대해 이야기하거나 자신이 만든 작품에 대해 설명하기, 읽은 책에 대해 이야기하거나 책의 내용 다시 말하기 등을 예로 들 수 있다. 교사는 영유아의 반응을 격려하고 그들의 반응을 명료하게 하거나 촉진하는 질문을 통해 영유아의 흥미를 확장시킨다.

- 다양한 동물그림책을 감상하며 영아가 가리키는 동물의 이름을 교사가 "사자"와 같이 말한다. 영아가 교사의 말을 듣고 "사자"라고 이야기하면 "그래 맞아. 사자야. 어흥" 하며 영아의 말을 반영함으로써 동물 이름 말하기를 즐긴다.

- 모형전화기를 귀에 가까이 대고 "엄마", "아빠", "안녕", "사랑해"와 같이 이야기해 볼 수 있도록 교사가 모델링하며 영아의 말하기를 지원한다. 영아가 "엄마" 하고 말하면 교사는 "그래 ○○야, 안녕. 엄마야"와 같이 대답하며 영아가 다시 한번 "엄마" 하고 말해 보도록 지원한다.

- 동물 손가락인형을 손가락에 끼우거나 막대를 연결하여 제시하며 영아가 "개구리 개굴개굴", "호랑이 어흥"과 같이 말해 보거나 교사와 함께 "토끼 맘마 먹어", "오리 코 자자"와 같이 말하며 극놀이를 하며 일상생활의 경험을 동물인형에 빗대어 놀이로 표현하도록 돕는다.

- 영아가 마이크를 입에 대고 "아아아" 하며 소리를 낸다. 영아의 관심에 따라 교사가 영아의 행동을 모방하며 "사랑해"라고 말하면 영아가 듣고 "사랑해" 하며 따라 말한다.

- 유아가 역할놀이 중에 정한 규칙을 교사에게 써달라고 요청할 경우 교사는 유아가 말하는 내용을 기록해 주며 유아가 말하기의 가치를 경험하도록 지원한다. 이러한 경험을 통해 유아는 말과 글의 관계에 대해 이해할 수 있다.

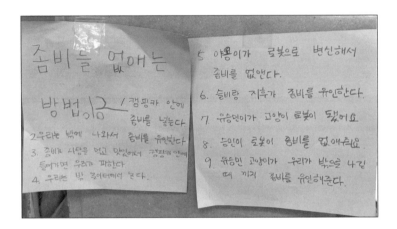

(2) 이야기 꾸미기

이야기 꾸미기는 자기표현과 창의적 사고의 연장으로서 가치 있고 재미있는 언어활동이다. 영유아는 자신들이 직접 경험해 보지 못한 상황에 대해 상상력을 발휘하여 이야기를 만들어 간다.

- '만일 ~라면'이라고 상상하여 말하기
- '마치 ~인 것처럼' 행동하며 이야기 꾸미기(예: 앵커가 되어 뉴스 보도하기, 리포터가

되어 일기예보 하기 등)

- 글자 없는 그림책이나 그림을 보면서 이야기 꾸미기
- 몇 장의 그림카드를 연결하여 창의적으로 이야기 꾸미기
- 한 사람 한 사람의 영유아가 이야기를 전개하여 마지막 영유아가 이야기 끝맺기
- 블록으로 자동차 길을 만들고 자동차를 움직이며 "부릉부릉", "부웅"과 같은 의태어를 표현하거나 "어디 가세요? 나도 같이 가요. 부릉부릉" 교사가 물으며 자동차를 움직이며 놀이에 참여한다. 운전대를 손에 들고 움직이며 "빵빵", "갑니다"와 같이 말하며 자동차 놀이를 즐긴다.

(3) 이야기 나누기

이야기 나누기는 교사와 영유아들이 함께 모여 이야기를 나누는 활동이다. 영유아는 하루 생활의 계획과 평가, 생활주제에 대한 이해, 교실에서 지켜야 할 약속, 주말 경험 발표, 새 소식이나 새로운 물건 소개, 작품 소개 등 이야기를 나누는 기회를 자주 갖는다. 이야기 나누기를 통해 다른 사람과 대화할 수 있는 능력을 형성하고, 다른 사람과 견해가 다름을 인정하고 합의점을 찾아내며, 개념과 주제를 보다 명료화할 수 있다. 이러한 과정을 통해 언어적 표현력과 이해력, 결론에 도달하는 방법 등을 학습하게 된다.

이야기 나누기의 일반적 지도방법은 다음과 같다.

- 모든 영유아가 골고루 참여할 수 있도록 한다. 의사 표현이 적거나 수줍어하는 영유아에게는 짧게 대답할 수 있는 질문을 하거나 가면이나 인형을 쓰고 의사 표현을 할 수 있도록 한다.

- 실물, 사진, 그림 자료, 책 등을 보여 주면서 구체적인 경험을 통해 이야기 나누기가 이루어질 수 있도록 한다.
- 영유아를 집중시킬 수 있는 다양한 기술을 사용한다. 예를 들면, 목소리 낮추기, 소리 없이 입 모양만으로 말하기, 핸드벨 사용하기, 손유희 등의 기술을 사용할 수 있다.
- 언어적 표현을 촉진하고 안내하는 질문을 한다. '예/아니요' 반응 이상을 요구하는 질문을 하며, 사실적 질문과 사고 촉진 질문을 균형 있게 한다. 영유아가 이야기를 한 후 더 이상 표현하지 못할 때에는 "누구와 함께 갔었니?", "무엇을 보았니?", "어떤 동물이 가장 좋았니?" 등의 질문을 통해 경험을 적절히 표현하도록 돕는다.

- 질문을 한 후 생각하거나 토론할 수 있는 시간을 준다. 소란스러움이 발생할 수도 있지만, 그것을 사고 과정으로 이해한다.
- 영유아가 집중하지 않을 경우 지목하거나 주의를 기울이기보다는 지켜본 후 다시 참여할 수 있도록 질문을 하거나 도움을 요청한다. 그러나 이야기 나누기에 방해가 될 때에는 이야기 나누기 시간의 규칙을 상기시키거나 영유아가 스스로 자신의 행동을 조절할 수 있도록 지도한다.

(4) 노래 부르기

우선은 리듬과 멜로디가 명확한 노래를 선택해 영유아들이 기억하기 쉽고 즐겁게 부를 수 있도록 한다. 노래를 부른 후에는 노래의 느낌에 대해 이야기하고, 관련 어휘 또는 문장을 익힐 수 있도록 돕는다. 노랫말의 의미를 모르고 단순히 암송하여 노래 부르기를 진행하면 어휘나 개념 이해 그리고 말하기 발달에 도움이 되지 않는다. 그러므로 노랫말을 소개할 때는 이야기 들려주기 형식이나 융판, 그림 자료로 내용을 설명해 주거나, 노랫말 옆에 떼었다 붙였다 할 수 있는 그림을 첨부하여 영유아가 흥미를 갖고 내용을 이해할 수 있도록 한다.

또한 노랫말을 개사하여 창의적 언어 표현과 논리적 사고를 격려하는 활동을 할 수도 있다. 익숙한 노래의 노랫말을 다른 주제와 개념을 나타내는 내용으로 개사하거나 노랫말의 일부분을 바꿔서 다양하게 활동할 수 있다. 예를 들어, '엄마하고 나하고'의 노랫말에서 '엄마하고 나하고 닮은 곳이 있대요. 눈 땡, 코 땡, 입 딩동댕'을 아빠, 동생, 사자 등 대상을 바꿔 가면서, 닮은 곳뿐만 아니라 '다른 곳이 있대요' 하며 노랫말을 바꾸어 대상의 특징, 기능, 역할 등 차이점을 비교하는 노래로 만들어 부를 수도 있다. 또한 노래 가사만 따로 읽어 본 다음에 불러 보기, 랄라/룰루 등 한 가지 소리로 불러 보기, 셈여림, 빠르기 등을 바꿔서 불러 보기, 노래에 어울리는 동작을 하면서 불러 보기 등 다양한 방법으로 불러 볼 수 있다.

(5) 역할놀이

역할놀이는 영유아가 주변에서 보거나 겪은 인물의 역할을 모방하거나 창의적으로 재구성하는 기회를 제공하는 놀이로서 말하기 발달을 자극한다. 영유아는 역할놀이를 계획하고 실행하는 가운데 자신의 견해를 적절히 표현하는 것을 학습하고 맡은 역할에 적합한 언어 표현 방법을 습득한다. 영유아들은 역할놀이를 하면서  서로 대화를 나누면서 말하기가 발달된다. 또한 자신이 맡은 인물의 역할을 모방 또는 창의적 재구성을 하는 과정에서 다양한 말하기 기술을 발달시켜 나간다.

(6) 극놀이

영유아를 대상으로 하는 극놀이에는 동극과 인형극이 있다. 동극은 영유아가 언어와 동작을 통해서 등장인물의 역할을 맡아 극의 형태로 표현하는 창작활동이다. 동극은 교사가 집단활동 시간에 들려준 이야기를 기초로 해서 이루어질 수도 있고, 영유아에 의해 전개될 수도 있다. 집단활동 시 교사는 다음의 절차로 동극을 지도할 수 있다.

- 동극에 적절한 동화를 선택한다. 등장인물의 행동이 단순하면서 문장이 반복되어 극적인 즐거움을 줄 수 있는 동화가 적당하다.
- 영유아들에게 동화를 들려준 후 동화의 내용이 어떤 순서로 진행되었는지 이야기 한다. 이때 등장인물의 대사와 동작을 표현해 본다.
- 배역을 정한다. 초기에는 교사가 적절하게 역할을 맡도록 지도하나, 점차 영유 아들끼리 배역을 결정하도록 유도하여 영유아가 중심이 되어 활동을 전개하도 록 한다.
- 동극에 필요한 소품을 만든다.
- 배역을 맡은 영유아는 대사와 표정, 동작을 곁들여서 역할을 표현한다. 이때 교사 는 옆에서 대사를 이야기해 주거나 영유아의 창의적 표현을 유도한다. 처음에는 교사가 읽어 주거나 구연해 주는 내용에 맞추어 동작으로 표현하면서 부분적으로 짧은 대사 표현을 할 수도 있다.
- 동극을 마친 후 재미있는 부분, 동극 표현에서 아쉬웠던 부분, 관람자의 태도 등을 평가한다.
- 동극을 계속하기 원하는 경우 배역을 다시 정해서 하거나, 다음 날 자유선택 시간 에 블록 영역이나 역할놀이 영역에서 하도록 유도할 수 있다.

인형극에서는 여러 종류의 인형을 가지고 다양한 극화활동을 꾸미기 때문에 영유아의 언어 표현을 촉진한다. 특히, 모든 표현이 인형을 통해 이루어지므로 여러 사람 앞에 나서기를 싫어하는 영유아나 수줍음이 많은 영유아에게 도움을 줄 수 있다. 인형극에는 막대인형, 손가락인형, 손인형, 줄인형, 테이블인형 등 다양한 종류의 인형이 사용되며, 교사가 만든 것을 활용하거나 영유아들이 작업 시간에 만든 것을 사용한다.

　영유아는 극놀이를 통해 풍부한 언어 경험을 할 수 있으며, 다른 사람의 역할을 해 봄으로써 타인의 생각과 감정을 받아들이는 경험을 할 수 있다. 교사는 극놀이를 풍부하게 할 수 있는 환경을 마련해 주고, 암시적 질문, 활동에 대한 정보 제공, 아이디어 제시 등을 통해 극놀이를 확장시킨다.

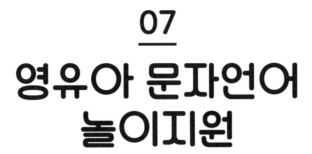

07
영유아 문자언어
놀이지원

영유아의 듣기, 말하기, 읽기, 쓰기 발달은 서로 연관되어 있으며, 역
동적인 관계 속에서 함께 발달한다. 따라서 통합적인 지원이 바람직
하다. 이 장에서는 읽기와 쓰기 경험이 연관되어 일어남을 고려하여
기존 누리과정의 '읽기'와 '쓰기'를 '읽기와 쓰기에 관심 가지기'와 '책
과 이야기 즐기기'로 제시한 개정 누리과정에 따라 읽기와 쓰기에 대
한 놀이지원의 실제를 구체적으로 살펴본다.

1 읽기 놀이지원

읽기는 일정한 규칙에 따라 문자로 쓰이거나 인쇄된 자료의 상징을 해독하고 의미를 추출해 내는 과정이다. 읽기는 저자가 제시하는 단어, 개념, 정보, 의도, 신념, 느낌을 의미 있게 해독하는 것으로서, 영유아를 대상으로 한 읽기 지도의 목표는, 첫째, 읽는 방법을 가르치는 것, 그다음은 읽기를 즐기도록 하는 것이다(Purves, 1990).

영유아의 읽기능력은 성숙과 교육이 상호작용을 하면서 증진된다. 즉, 영유아는 읽기 학습을 하는 데 필요한 기본 능력이 발달되어야 하며, 동시에 읽기에 대한 적절한 지원을 받아야 한다. 문자 사회에서 살아가는 영유아가 평생 읽기를 즐기는 성인으로 성장할 수 있도록 풍부한 읽기 환경과 영유아의 언어능력 수준에 적합한 읽기에 대한 지원을 마련해야 할 것이다. 이를 통해 영유아는 읽기의 즐거움을 알고, 새로운 정보를 찾는 데 필요한 태도와 기술을 발달시킨다.

1) 읽기 놀이지원의 원리

영유아가 읽고자 하는 동기가 유발되어 있을 때 읽기에 흥미와 자신감을 가질 수 있도록 세심하게 읽기 지도를 한다. 교사는 여러 이야기를 읽어 주고, 책이나 잡지 등을 통해 글자를 접하기 쉬운 환경을 마련해 줌으로써 다양한 읽기 경험을 할 수 있도록 한다.

(1) 영유아가 일상생활과 글의 관계를 이해하도록 한다

문자 사회에서 태어나 그 속에서 살아가는 영유아는 일상생활에서 많은 글자를 접하고 있으며, 글자가 여러 목적으로 사용되는 것을 알게 된다. 교사는 영유아가 글이 일상생활과 어떠한 관계를 맺고 있는지 이해하도록 도와야 한다. 읽기가 생활과 밀접하게 관련되어 있고 생활을 풍요롭게 할 수 있는 유용한 기술임을 인식할 수 있도록 지도한다.

(2) 글자에 관심을 갖고 읽고자 하는 동기를 갖도록 지원한다

자연스럽게 글자와 친숙해지고 글자가 의미를 가지고 있다는 것을 알게 해 주는 경험을 통해 영유아에게 글을 읽고자 하는 동기를 만들어 준다. 또한 읽기가 자연스럽고 즐거운 과정임을 알 수 있도록 다양한 읽기 경험을 제공한다. 영유아가 읽기의 유용성을 이해하기 위해서는 글이 영유아의 일상생활에서 어떤 목적과 기능을 가지는지 파악할 수 있어야 한다. 교실 안의 여러 물건에 이름을 써 붙이고 읽어 보거나, 좋아하는 과자나 책 제목을 함께 읽고 무엇을 의미하는지 이야기 나누는 활동을 통해 영유아는 글을 읽고자 하는 흥미와 열정을 가질 수 있다.

(3) 읽기 활동이 의미 있는 과정이 되도록 한다

읽기는 글에서 그 의미를 이해하는 지적 활동이다. 따라서 발음, 어휘, 문법, 철자의 이름과 소리 등에 대한 지식이나 기술을 지도하는 것은 지양해야 한다. 영유아가 읽기 활동을 통해 글이 전달하고자 하는 의미를 이해하고, 그 글이 자신과 사회를 어떻게 관계시키고 있는지를 이해하도록 지원하는 것이 바람직하다. 따라서 영유아의 읽기에 대한 지원은 영유아가 이미 알고 있는 것과 새로 배워야 할 내용을 연결시키며, 영유아의 일상적인 경험을 토대로 의미 있고 흥미 있는 글자를 중심으로 전개되어야 한다.

(4) 통합적인 방법으로 읽기 과정을 안내하고 지원한다

영유아의 읽기 학습은 듣기, 말하기, 쓰기 활동과 긴밀한 관계를 맺고 있으며, 신체 · 사회 · 정서 · 인지 발달의 영향을 받는다. 따라서 읽기 활동은 듣기, 말하기, 쓰기 활동과 통합해야 할 뿐만 아니라 영유아의 일상생활 및 다른 발달 영역의 활동과도 통합하여 지원하도록 한다.

(5) 영유아가 다양한 읽기, 쓰기 경험을 할 수 있도록 풍부한 문해 환경을 마련한다

영유아가 읽기에 관심을 가지기 위해서는 자신의 일상생활의 주변 환경에서 글과 글자가 다양한 목적으로 사용되는 것을 경험할 필요가 있다. 글과 글자가 풍부한 문해 환경과 지속적인 상호작용을 통해 영유아는 문자언어를 학습하고자 하는 동기를 가지게 된다. 교사는 이를 지원하기 위해 풍부한 문해 환경을 마련해야 한다. 영유아들의 이름과 설명이 기록된 작품, 교실에서 지켜야 할 규칙들, 하루 일과를 알리는 날짜와 날씨, 교실 당번에 대한 게시물 등 교실 활동과 연관 있는 다양한 인쇄물들을 교실 벽면에 전시하는 것은 좋은 지원활동이라고 할 수 있다.

2) 읽기 놀이지원의 실제

(1) 책 읽기

책 읽기를 통해 영유아는 언어에 대해 학습하고, 다양한 어휘 인식 및 이해력과 표현력(Schickedanz & Dickson, 2005), 그리고 이야기 언어와 구조를 이해하게 된다(김명순, 홍경은, 2000; Valdez-Menchaca & Whitehurst, 1992).

영유아에게 스스로 원하는 책을 선택하도록 해서 읽기를 시도하게 하는 것은 자신의 읽기 수준에 맞는 진정한 읽기가 일어날 수 있게 할 뿐만 아니라, 매우 의미 있는 일이다. 또한 관심 있는 책을 선택하여 자기 마음대로 읽는 경험은 읽기 동기나 흥미 지속에 필수적이다(Morrow, 2001). 이에 교사는 영유아가 독립적으로 이야기책을 다루어 보도록 한다.

또한 자유놀이 시간에 정해진 언어 영역뿐만이 아니라 교실 내 흥미 영역 구분 없이 책을 읽을 수 있는 환경과 분위기를 제공한다. 바깥놀이를 할 때에도 영유아가 원하는 그림책을 들고 나가서 나무 그늘 아래 휴식 공간에서 그림책을 볼 수도 있다.

영유아가 책을 즐기기 위해서는 교사의 질문이 중요한 역할을 한다. 첫 번째는 글의 내용 자체에 관심을 집중시키는 '사실적 질문', 두 번째는 글의 내용을 해석해야 하는 '해석적 질문', 세 번째는 글의 내용을 바탕으로 다른 상황에 적용해 보아야 하는 '적용적 질문'이다. 읽기 전, 읽는 중, 읽은 후 활동의 예와 더불어 세 가지 질문을 중심으로 영유아의 창의성 및 논리적 사고를 유도할 수 있다(권은주, 윤상미, 문진아, 2015).

표 7-1 읽기 단계별 질문 유형과 예

읽기 단계	질문 유형	질문 예
그림책 읽기 전	사실적 질문	작가가 쓴 다른 책을 읽어 본 적이 있니?
	해석적 질문	표지를 보니까 어떤 내용인 것 같니? 왜 그렇게 생각하니?
	적용적 질문	너도 이런 적이 있었니?
그림책 읽는 중	사실적 질문	주인공이 어디로 가고 있지?
	해석적 질문	주인공은 어떤 느낌일까? 왜 그럴 것 같니?
	적용적 질문	만약 네가 주인공이라면 어떻게 문제를 해결하고 싶니?
그림책 읽은 후	사실적 질문	어느 부분이 재미있었니?
	해석적 질문	사람들이 왜 그렇게 행동했을까?
	적용적 질문	이 그림책과 비슷한 이야기가 또 있니?

(2) 책 읽어 주기

교사는 좋은 내용과 그림이 포함된 책을 선택하여 영유아에게 읽어 주어야 한다. 영유아에게는 이야기를 돋보이게 하는 뛰어난 그림과 함께 다양하고 독특한 언어 경험을 제공하는 것이 좋다. 책을 읽는 동안 영유아에게 활자나 책을 탐색하게 하며, 다양한 질문과 반응 등 활발한 언어적 상호작용을 시도하도록 한다.

다음 과정을 기준으로 교사가 영유아에게 책을 읽어 주면 문학에 대한 이해와 감상을 더욱 풍부하게 할 수 있다(이경화 외, 2003).

① 책 소개하기

그림책의 소개는 영유아가 책에 대해 흥미와 관심을 갖도록 하는 것과 학습의 출발점을 자연스럽게 영유아의 경험과 연관시켜 주는 것에 목표를 둔다. 이를 위해 영유아뿐만 아니라 교사 자신이 책에 대해 흥미를 가지고 있어야 한다. 책 소개하기에서 교사가 계획할 수 있는 활동의 예는 다음과 같다.

- 그림책 표지의 그림을 감상하면서 책의 내용을 추측해 본다.
- 그림책의 제목을 짚으며 천천히 읽는다.
- 그림책의 제목과 그림을 관련지어 책의 내용을 추측해 본다.
- 그림책의 저자, 삽화가 및 출판사에 대해 이야기를 나눈다.
- 그림책의 주제와 관련지어 영유아의 경험에 대해 이야기를 나눈다.
- 그림책의 유형에 대해 이야기해 본다.
- 이야기의 배경과 주요 등장인물에 대해 이야기를 나눈다.

② 책 읽어 주기

교사는 다음과 같은 점에 유의하며 책을 읽어 준다.

- 영유아의 흥미를 유지하며 책을 읽어 준다.
- 글을 읽을 수 있는 영유아는 함께 읽도록 한다.
- 영유아가 책의 이야기에 반응하고 함께 이야기를 나눌 수 있도록 격려한다.
- 책에 있는 단어들에 관심을 갖도록 유도한다.
- 책의 내용과 글의 의미에 관심을 갖도록 한다.
- 책의 내용과 관련지어 질문을 한다.
- 책을 읽는 도중에 다음에 올 내용이나 그림을 예측해 보도록 한다.
- 책의 결말을 예측해 보도록 격려한다.

③ 책과 관련된 활동하기

책을 읽어 준 후 영유아와 함께 다음의 활동을 할 수 있다.

- 책의 재미있는 내용이나 그림을 회상하며 이야기를 나눈다.
- 책의 특정 사건이나 장면과 관련된 영유아들의 경험을 표현하도록 격려한다.
- 영유아들이 재미있어 하거나 호기심을 보이는 단어를 써 보도록 격려한다.
- 등장인물이나 내용, 특정 단어와 관련지어 연상되는 내용을 적어 보는 활동 등을 한다.
- 작가에게 이야기하고 싶은 것이나 궁금한 것을 써 보도록 한다.
- 책의 내용과 관련지어 영유아의 생각을 그림으로 그리거나 글쓰기 등을 통해서 표현해 보도록 격려한다.
- 책의 그림과 내용을 연결하여 창의적인 표현활동을 한다.

책 읽어 주기는 영유아에게 다양한 학습의 기회를 제공한다. 첫째, 무엇보다도 책 읽

표 7-2) 이야기 문법의 구성 요소

이야기의 구성 요소	할머니와 호기심 많은 고양이
주인공(동물 또는 사람)	옛날에 할머니와 매우 호기심이 많은 고양이가 있었어요.
배경(장소 설명)	그들은 아주 작은 농장에 함께 살았어요.
행동 또는 사건 (문제 소개)	어느 날 고양이는 친구인 까마귀들이 헛간 지붕에서 이야기하는 것을 엿들었어요. 그는 까마귀들의 이야기가 너무 궁금해서 지붕 꼭대기로 기어 올라갔어요. 거기까지 올라왔을 때 고양이는 아래로 다시 내려가는 것이 쉽지 않음을 깨달았어요.
목표 (목표의 공식화)	고양이는 까마귀들에게 아래로 날아가서 할머니에게 자신이 어려움에 처해 있음을 말해 달라고 부탁했어요.
시도 (문제해결을 위한 행동)	까마귀들은 겨울 내내 자신들을 위해 할머니가 빵 부스러기를 밖에 뿌리노록 고양이가 약속한다면 도와주겠다고 했어요.
해결(행동의 결과)	할머니는 재빨리 사다리를 가지고 고양이를 구하러 올라갔어요. 고양이는 할머니가 까마귀들을 위해 빵가루를 밖에 뿌려 놓도록 했어요.
반응(결과에 대한 주인공의 감정)	그 후 고양이는 다시는 헛간 지붕에 올라가지 않았답니다.

출처: McGee, L. M., & Tompkin, G. E. (1981). The videotape answer to independent reading comprehension activities. *The Reading Teacher, 34*(4), 427-433.

기가 재미있다는 것을 느끼고 스스로 읽고 싶다는 욕구를 자극한다. 둘째, 인쇄된 글자에 대한 원리를 깨닫게 하여 문식성 발달을 돕는다. 책 읽기 경험이 쌓일수록 인쇄 글자가 의미를 가지고 있으며, 인쇄된 본문은 항상 똑같이 쓰여 있어서 반복해서 읽을 수 있다는 것을 알게 된다. 또 인쇄된 글자를 읽는 것은 일정한 방향으로 읽는 것이며, 듣기 · 말하기와 연합되는 것이고, 그림은 의미를 전달한다는 것을 깨닫는다. 셋째, 자연스럽게 새로운 단어와 어휘를 배우는 기회가 된다. 넷째, 이야기의 시작과 사건, 그리고 결말 등의 이야기 구조를 깨닫도록 한다. 영유아들은 이야기 속에 포함되어야 할 내용 요소의 표현과 그 내용을 조직하는 방법에 관한 일련의 규칙들을 말하는 이야기 문법(McGee & Tompkin, 1981)을 이해하게 된다(〈표 7-2〉 참조).

한편, 책 읽어 주기는 개별적으로 읽어 주기와 대집단으로 읽어 주기 형태로 이루어질 수 있다. 이를 구체적으로 살펴보면 다음과 같다.

■ 개별적으로 책 읽어 주기

교사가 개별적으로 책을 읽어 줄 때는 영유아의 발달 수준, 흥미 등을 고려하여야 한다. 연령을 고려한 책 읽어 주기 지도방안을 소개하면 다음과 같다(Schickedanz, 1986).

• 영아에게 책 읽어 주기: 책 읽어 주기는 생의 초기부터 시작한다. 영아가 머리를 가눌 수 있을 때부터 영아를 무릎에 앉혀 책을 양손으로 잡고 읽어 줄 수 있다. 영아는 책을 다른 장난감 다루듯이 손으로 쥐거나 입으로 탐색하며, 책장을 넘기려는 시도를 한다. 이때는 책의 내용을 읽어 주기보다 책장을 넘기면서 "공이다!," "아기네."와 같이 짧게 이야기해 주는 것이 좋다.

1세 정도 되면 영아는 책의 그림에 관심을 보이며, 책의 내용에 따라 책을 변별할수 있다. "동물 책 읽자."라고 말하면, 책 바구니에서 동물 책을 골라 온다. 이 시기 영아는 자신이 좋아하는 책을 혼자서 보곤 하며, 책의 오른쪽 위를 잡고 앞에서 뒤로 책장을 넘긴다. 열심히 책장의 그림을 확인하면서 친숙한 그림을 찾거나 재밌다는 듯 웃기도 한다.

2, 3세 영아와는 책을 읽으면서 대화가 가능하다. 책의 내용을 보면서 "이 아이는 울고 있네. 너도 운 적이 있니?"라고 질문하면, 처음에는 "네(응)." 또는 "아니(싫어)."라고 짧게 반응하다가 점점 더 길게 말하게 된다. 때로는 책을 읽어 주고 "이번에 네가 선생님한테 읽어 줄래?" 하고 영아에게 읽어 보도록 한다. 이때 영아가 그림을 보고 마음대로 꾸미기를 하더라도 의미 있게 들어 준다. 책 읽기 경험이 많아지면 자연스럽게 책 고유의 내용을 이해하는 데 관심을 보이고, 글자를 읽기 위해 노력한다.

• 유아에게 책 읽어 주기: 유아에게는 "무슨 책을 읽을까?"라고 물어서 유아가 읽고 싶은 책을 선택할 수 있도록 한다. 유아는 책에 있는 글자들이 이야기의 내용이라는 것을 인식하며, 자신이 아는 이야기나 글자가 어떻게 짝지어지는지 알고 싶어 한다. 처음에는 글자와 이야기를 전혀 맞추지 못하지만 점차 한두 가지씩 비슷하게 맞추고 거듭 시도하면서 글자와 말소리가 어떠한 관계에 있고 어떤 글자가 어떤 소리를 표상하는지 알게 된다. 교사는 유아가 알고 싶어 하는 글자의 위치를 묻거나 자신이 알고 있는 단어를 확인하고 싶어 할 때 긍정적인 반응을 보여 주어 읽기를 자극할 수 있다.

이야기책을 다 읽어 주고 난 후 유아에게 들은 이야기에 대해 말해 보도록 요청할 수 있으며, 이때 유아가 이야기를 창작하여 이야기하더라도 교사는 유아를 격려해 줄 필요가 있다. 때때로 교사는 유아가 들은 내용을 더 잘 이해하고 말하도록 책장을 넘겨 가며 질문을 할 수 있다. "첫째 돼지는 무엇으로 집을 지었니?" 등과 같이 물어볼 수 있다.

그림책을 반복적으로 읽으면 유아들은 내용을 암기하기도 한다. 내용을 잘 알고 있는 유아에게 읽어 줄 때는 그림에 있는 글자를 손가락으로 가리키며 읽어 주거나 그 내용이 담긴 녹음 테이프를 준비하여 유아들이 손가락으로 짚어 가며 읽도록 유도할 수 있다. 또한 유아가 읽기를 시도하여 외워서 읽을 때는 그 글자가 어디에 있는지 특정 단어를 손가락으로 지적해 보도록 할 수 있다. 예를 들어, "영이야, 여기 '나비'란 글자가 어디에 있니?"라고 물어볼 수 있다.

■ 대집단에게 책 읽어 주기

대집단에게 문학작품을 소개할 때는 주의 깊은 계획이 필요하다. 영유아들의 흥미와 연령, 진행되고 있는 주제를 고려하여 책을 선정한다. 집단에게 이야기를 읽어 줄 때는 가능하면 큰 책(big book)을 활용하는 것이 좋은데, 큰 책으로 읽어 줄 경우 영유아들은 그림과 글에 집중하여 능동적인 읽기를 할 수 있기 때문이다. 책을 선정한 후 교사는 구연동화, 인형극 형식 또는 이야기 속에 나오는 등장인물 모습이나 소품 등을 적극 활용하여 책을 읽어 줄 계획을 세운다. 책을 읽어 준 후에는 책의 내용, 등장인물 등과 관련된 활동을 할 수 있다.

(3) 함께 읽기

함께 읽기(choral reading), 함께 낭송하기(choral speaking)는 언어를 즐기고 실험할 수 있는 활동이다. 외우기 쉽게 되풀이되는 책이나 동시를 함께 읽는 것은 영유아들이 가장 편안하고 즐거움을 느낄 수 있는 읽기 활동이다. 동시의 리듬과 운율은 듣는 즐거움과 함께 말하는 즐거움을 느끼게 한다. 함께 읽기는 다음과 같은 과정으로 진행할 수 있다.

- 이야기의 내용에 나타난 분위기를 잘 전달할 수 있도록 몇 번에 걸쳐 반복해서 듣는 과정이 필요하다.
- 교사가 읽어 주면서 핵심 단어나 되풀이되는 문장에 주목할 수 있도록 반복한다.
- 소집단 혹은 개인과 집단이 서로 목소리를 다르게 내어서 함께 읽기를 할 수 있다. 필요한 경우 목소리의 크기를 작게 하거나 크게 할 수 있다. 예컨대, 교사와 영유아가 한 소절씩 읽거나 소집단으로 나누어 읽을 수 있다.
- 반복되거나 흥미로운 구절은 다른 활동 시 주의집중 활동으로 활용할 수 있다.

(4) 읽기와 관련된 언어적 상호작용

영유아가 읽기를 즐기게 되면 이름, 단어, 문장을 정확하게 읽고자 하는 열의를 갖는다.

① 이름 카드 활용하기

영유아의 이름, 흥미 영역의 이름, 사물의 이름 등을 붙여 두고 읽기에 관심을 갖도록 지도할 수 있다. 예를 들어, "오늘은 이름을 부르지 않고 이름 카드를 보여 줄 거야. 누구의 이름인지 추측해 보자." 이러한 과정을 통해 영유아들은 글자에 흥미를 느끼고, 단서를 고려하여 읽기를 할 수 있음을 인식할 수 있다.

② 그림과 글씨카드 활용하기

그림과 그 이름을 써 놓은 카드는 교육현장에서 가장 많이 사용하는 교구다. 그림과 이름으로 지도하는 것은 영유아가 이해하기 쉽고, 그림과 글씨와의 관계를 알 수 있도록 하며, 자연스럽게 사물의 이름을 읽을 수 있도록 안내한다.

③ 촉감 통해 글자 맞추기

모래 글자카드와 같이 촉감을 통해 글자의 형태를 인식할 수 있는 교구를 활용하여 손으로 만져서 모양을 익힌 후 눈을 가리고 같은 글자의 모래카드를 찾아 읽는다.

④ 수수께끼

간단한 문장으로 된 수수께끼를 읽고 정답이 되는 글씨카드나 그림카드를 골라 연결하는 활동을 한다. 예를 들어, '귀가 길고 깡충깡충 뛰는 것은?'이라는 수수께끼 문제를 읽고 정답이라고 생각되는 토끼가 그려진 그림이나 글씨카드를 골라 연결한다.

⑤ 단어 찾기

여러 단어 속에서 재미있는 단어, 좋아하는 단어, 어려운 단어, 'ㄱ'으로 시작하는 단어, '오'자가 들어가는 단어 등을 찾거나 표시하는 활동이다. 처음, 중간 혹은 끝이 같은 단어 찾기, 문장 속에서 같은 단어 찾아 표시하기 등은 자연스럽게 글자를 인식하고 읽도록 자극한다.

⑥ 글자놀이 및 게임

글자-소리 맞히기, 글자 낚시, 글자 퍼즐, 글자 도미노 등 놀이와 게임 형식으로 글자를 읽고, 같은 소리의 글자를 찾거나, 반대말을 찾는 활동이다.

⑦ 글자 함께 읽기

글자 읽기를 어려워하는 친구에게 글자 읽는 방법을 알려 주고, 친구가 읽는 것을 듣고 글자를 읽어 보는 활동이다.

(5) 주변 인쇄물과 상호작용하기

많은 영유아는 장난감 포장지, 거리의 간판, 식품 상표 등을 읽고자 한다. 읽기 초보 단계의 영유아는 인쇄물에 있는 단어를 읽는 것이 아니라 인쇄물을 표시하는 사물과 행동을 통해 그 의미를 안다. 그러나 생활환경 속에서 접할 수 있는 인쇄된 글자를 짚으며 이야기하는 활동을 통해 영유아는 인쇄 자료에 민감해지고 읽으려는 욕구를 지니게 된다. 어느 정도 글자 인식이 가능해지면 같은 자음과 모음을 찾아 단어를 읽어 보거나 같은 글자로 시작하는 글자를 모으는 활동, 동시나 노랫말에서 함께 모을 수 있는 글자나 단어 찾아 모으기 등을 해 볼 수 있다.

쓰기 놀이지원

인간에게는 상징을 만들어 낼 수 있는 타고난 능력이 있다. 영유아는 아무렇게나 긁적거리는 낙서에서부터 누구라도 분명하게 읽을 수 있는 문자 형태까지 상징을 발전시켜 나간다. 쓰기는 이와 같은 상징적 도구를 사용하여 자신의 경험을 이해하고 조직한 후 다른 사람에게 전달하는 활동이다. 이는 어느 시기에 갑자기 나타나는 것이 아니라 태어나면서부터 시작되는 것으로서, 낙서나 그림, 맞춤법에 맞지 않는 글, 비뚤비뚤한 글씨, 창안적인 글자(invented spelling) 등 생활 속에서 자연스럽게 나타나는 모든 것이 글쓰기로 나아가는 필수 과정이다.

1) 쓰기 놀이지원의 원리

쓰기 놀이지원을 할 때는 영유아의 개별성을 인정해야 하며 교사가 글을 쓰는 모습을 많이 보여 주거나 유아가 다양한 쓰기 경험을 할 수 있도록 격려할 필요가 있다. 또한 영유아의 발달 특징에서 기인하는 여러 가지 오류를 자연스럽게 인정해야 한다. 예를 들어, 발명적 철자쓰기를 시도할 때 교사는 긍정적인 반응을 보여 유아가 쓰기에 대한 흥미를 지속적으로 가지도록 지원할 필요가 있다.

(1) 자발적으로 쓰기가 이루어지도록 지원적인 분위기를 조성한다

영유아의 쓰기는 각 영유아가 지니고 있는 생각, 흥미, 능력에서 출발해야 한다. 이는 영유아가 가지고 있는 언어 사용능력과 자신의 쓰기 발달 과정을 영유아 자신이 직접 조정해 나가는 기회를 주기 위해서이다. 따라서 영유아 중심의 쓰기 교육을 해야 한다. 영유아 중심의 쓰기 교육은 영유아의 언어, 아이디어, 흥미에서 출발하는 교육이다. 또한 영유아 스스로 쓰기의 필요성을 인식하고 자발적으로 참여하는 것을 의미한다. 따라서 교사는 영유아가 무언가 쓰려고 하는 욕구를 보이는지 주의 깊게 관찰하여 영유아의 개별적인 흥미와 발달 정도에 맞게 지원한다. 이러한 지원을 할 때 영유아가 심리적인 부담감을 느끼지 않고 자연스럽게 쓰기에 관심을 가지도록 분위기를 만드는 것이 중요하다. 영유아가 스스로 원하는 쓰기가 아니라 똑같은 글자를 몇 번 이상 써야

하는 과제가 주어진다면 쓰기에 대한 극도의 거부감을 느끼게 된다.

(2) 글자 중심의 쓰기 지도보다 글자의 의미를 강조하는 쓰기 지도를 한다

단순히 쓰기를 배우는 쓰기 교육은 영유아에게 아무런 의미를 주지 못할 뿐 아니라, 쓰기 자체에 대해 흥미를 잃게 만들기 쉽다. 그렇게 되면 여러 가지 다양한 목적에 따른 쓰기 지도는 불가능해진다. 쓰기는 사회문화적인 과정이 요구되는 언어활동이기 때문에 실행을 통해야 가능하다. 즉, 쓰기를 해야 할 실제적인 이유가 있을 때, 영유아는 쓰기가 재미있고 쓰기를 해야 하는 진정한 이유를 알게 되며, 그 결과 훌륭한 필자로 발전할 수 있다.

(3) 영유아의 발달적 특징을 잘 이해하고 지도한다

영유아의 쓰기는 그림, 긁적거리기, 창안적 철자, 실제 글자 등의 다양한 형태로 나타난다. 영유아는 이름이나 숫자를 거꾸로 쓰거나(예: 이→[ㅇ, 5→ㄷ), 긁적거린 선에 자신이 표현하고자 하는 많은 내용을 담기도 한다. 교사는 이러한 영유아의 발달적 특징을 이해하고, 글씨나 철자법보다는 내용에 초점을 맞추어, 영유아가 현재 쓸 수 있는 다양한 방법으로 긴장 없이 표현하고 싶은 것을 쓰도록 한다. 실제 글자를 쓰고자 하는 영유아에게도 직접적인 교정보다는 바르게 쓴 것을 보고 차이점을 찾아내어 스스로 방향감을 깨닫도록 지도하는 것이 좋다.

(4) 통합적인 방법으로 쓰기 교육을 지도한다

쓰기 지도는 다른 언어 영역인 말하기, 듣기, 읽기와 연결해서 가르쳐야 할 뿐 아니라, 타 영역의 교육활동과도 연결해서 지도해야 한다. 어떤 영역의 교육활동이든지 언어활동 없이는 불가능하다. 언어능력은 모든 교과의 도구이며, 모든 교육활동이 원만하게 진행되는 데 필요한 바퀴와도 같다. 언어는 인간의 사고와 생활에 깊숙이 자리 잡고 있는 것이어서 언어능력 자체를 위한 교육보다는 모든 교육활동 및 생활과 연결지어 가르칠 때 훨씬 더 효과적이다.

(5) 일상생활 속에서 쓰기의 목적과 가치를 발견하도록 지원한다

일상생활 속에서 쓰기의 목적과 가치가 무엇인지를 발견하는 다양한 경험을 통해 영유아는 쓰기에 대한 의미를 발견한다. 영아들의 경우에도 벽면 또는 바닥에 큰 종이를 붙여 주고 쓰기도구를 지원하면 자연스럽게 끼적이기를 한다. 교사가 영아의 손을 잡고 빙글빙글 돌려 그려 보거나 좋아하는 동물, 음식 등을 그리고 영아들이 끼적거리기를 시도하도록 지원할 수 있다. 자신이 좋아하는 동화책 주인공 이름 쓰기, 학급 이름 카드를 활용하여 친구 이름 쓰기, 친구의 생일을 축하하는 편지 쓰기와 같은 활동을 통해 영유아는 쓰기가 매우 재미있다는 사실을 발견하게 된다. 또한 연필, 사인펜, 볼펜, 색연필 등의 필기도구와 다양한 형태와 재질의 종이, 화이트보드, 컴퓨터 프린터 등 쓰기도구를 지원하여 영유아가 원할 때 언제든지 글자를 쓰거나 끼적이기를 할 수 있도록 지원한다. 쌓기놀이, 역할놀이, 극놀이 등 다양한 놀이 상황에 쓰기 자료를 함께 제시하게 되면 영유아들은 자연스럽게 놀이하면서 쓰기의 기능과 원리를 익히게 된다(이순형 외, 2020).

2) 쓰기 놀이지원의 실제

(1) 단어 쓰기

영유아는 자신의 이름이나 물건의 명칭, 간판 이름이나 상품명 등 이름을 쓰는 데 흥미를 갖고 있다. 영유아가 자신의 이름을 알아볼 수 있게 쓸 수 있는 능력은 분명한 패턴을 따라 발달한다. 이러한 능력은 영유아의 운동신경 통제, 글자 모양 지각과 분리된 단위로서의 철자에 대한 지식 발달에 기초한다. 처음에는 교사가 써 주고 영유아가 따라 쓰는 방법으로 쓰기를 자극하고, 점차 영유아 스스로 쓸 수 있도록 격려한다. 이때 '내 단어책'을 영유아마다 만들어 주어 흥미로운 단어나 자신이 배운 것을 스스로 기록하도록 할 수 있다. 또한 주제에 대한 생각, 느낌, 감정을 연상하여 쓰는 '단어 연상하기' 등을 하는 것도 좋은 지도방법이다.

(2) 편지 쓰기

편지 쓰기 활동은 글쓰기에 흥미를 보이는 영유아에게 쓰기의 필요성을 인식시키는데 대단히 효과적이다. 편지 쓰기는 유아의 쓰기능력에 따라 개별적으로 지도한다. 한두 문장으로 된 간단한 편지를 써서 친구에게 전달하는 활동이나 교사가 영유아에게 간단한 쪽지 편지를 보내는 활동을 통해 편지 쓰기에 흥미를 갖도록 할 수 있다. 이외에도 간단한 축하카드나 감사카드, 초청장을 만들 수 있다. 편지, 카드, 초청장 등을 보낼 때에는 어떤 내용을 어떻게 쓸 것인지에 대하여 생각을 정리하고 난 후 글로 표현하게 한다.

(3) 단어 이용하여 짧은 글짓기

단어를 이용해 생각나는 단어나 문장을 써 보는 활동이다. 삼행시 짓기나 '고'자로 시작되는 이야기 만들기 등에 대해 영유아와 이야기 나눈 후 글짓기 활동으로 연결할 수 있다.

(4) 동시 짓기

영유아에게 동시를 들려주고 스스로 동시를 짓도록 지도한다. 이때 동시의 내용만 제시하기보다는 구체적인 경험을 함께 제공하고 느낌을 표현하도록 한다. 즉, 수박을 만져 보고, 색깔에 대해 이야기를 나누어 보고, 맛도 본 후 수박에 대한 동시를 짓도록 한다.

유아들에게 동시란 자신의 느낌, 감정, 경험을 짧은 말로 이야기하는 것이라고 설명한 후 창의적 동시 짓기가 이루어지도록 격려한다. 동시 짓기를 할 때 영유아들의 경험이나 감정을 짧은 말로 표현하는 것에 주목하지 말고 영유아들이 상황에 적절한 언어표현을 다양하게 할 수 있도록 지도하는 것이 바람직하다.

(5) 이야기 지어 보기

이야기를 듣거나 읽고 나서 이야기를 다시 써 보거나 새롭게 구성해 보도록 지도한다.

① 이야기 다시 써 보기

그림책을 보여 주거나 읽어 준 후 이야기의 내용을 기억하여 그림과 원문을 다시 만들어 볼 수 있다. 이야기를 반복하여 다시 써 보기, 이야기를 부분적으로 바꿔서 지어 보기, 원문 이야기의 구조만 유지한 채 완전히 새 이야기 짓기의 단계가 있다. 처음에는 교사가 그 내용을 주의 깊게 듣고 바르게 써 주다가 점차 영유아가 적절하게 적을 수 있도록 지도한다.

② 이야기 만들어 보기

이야기를 새롭게 만들어 보거나 글자 없는 그림책의 그림을 보며 이야기를 만들어 볼 수 있다. 글자 없는 그림책은 본문 없이 그림만으로 이야기가 전개되는 책이다. 대개 그림만으로도 이야기 전개가 가능하도록 그림이 자세하게 묘사되어 있어 창의적 표현능력을 높일 수 있다. 그림을 살펴보고 이야기 나눈 후, 이야기의 내용을 한 장씩 지어 본다. 지은 이야기는 영유아가 직접 쓰거나 교사가 받아써 줄 수 있다.

③ 이야기 개작하기

똑같은 주인공으로 다른 이야기 만들어 보기, 읽어 준 이야기의 다른 결말 만들어 보기, 등장인물 중 다른 사람의 입장 되어 보기와 관점 바꾸기, 뒷이야기 지어 보기, 내가 주인공이라면 어떻게 했을지에 대해 써 보기 등을 할 수 있다.

④ 등장인물 및 작가에게 편지 쓰기

영유아들은 공감하고 이해할 수 있는 주인공에 대해 강한 인상을 받는다. 이에 주인공에게 자신의 느낌을 전하는 편지 쓰기를 할 수 있다. 또한 작가나 삽화가의 글과 그림의 특징에 대해 이야기 나누고 작가나 삽화가에게 편지를 써 볼 수도 있다.

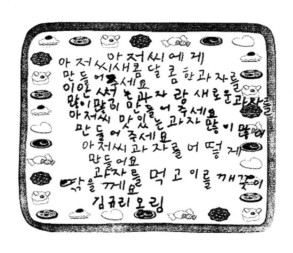

(6) 이야기 지도 만들기

영유아들은 읽은 이야기의 구조를 탐색하는 활동을 하는데, 이야기 지도(story map)를 통해 이야기를 다양한 활동망으로 구성하면서 이야기의 구조를 이해하는 데 도움을 줄 수 있다. 이야기 지도 만들기는 문학작품을 이해하도록 돕고, 문식성 및 학습의 반응을 격려해 주는 도구로서 아이디어와 정보를 표현하고 조직하기 위한 하나의 방법이다. 시각적으로 도안이 되어 있는 다양한 이야기 지도를 통해 이야기의 배경, 인물의 특성, 기승전결의 플롯 등을 이해할 수 있다(Bromley, 1991). 여러 가지 방식의 이야기 지도가 가능하지만 영유아용으로 다음과 같은 이야기 지도가 적절하다(Tomkins, 1998).

① 이야기의 시작 – 중간 – 끝에 대한 다이어그램

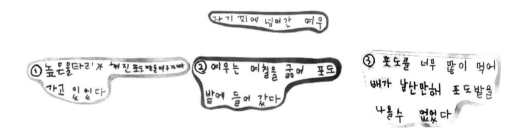

② 이야기 주인공의 성격과 특징에 대한 생각을 모아 보는 등장인물 지도

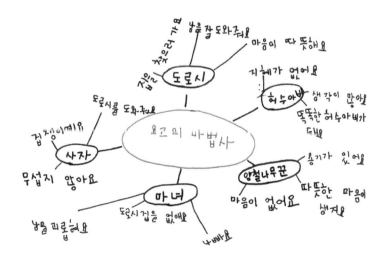

③ 이야기 내용 속에서 공통점과 차이점을 비교할 수 있는 벤다이어그램

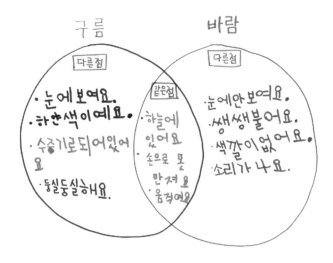

④ 이야기에 나오는 글자나 단어로 이야기 피라미드 만들기

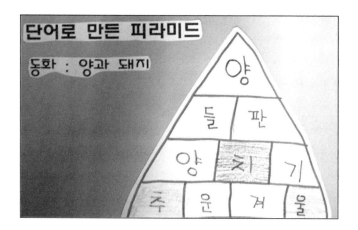

(7) 책 만들기

아직 쓰기가 미숙한 영유아라도 책을 만들 수 있다. 영유아들에게 자신의 이야기나 동시, 관찰한 내용, 토의 내용 등을 써 보게 한다. 영유아가 스스로 쓸 수 없을 때에는 교사가 도와준다.

영유아들은 상상할 수 있는 거의 모든 주제에 대해 글을 꾸밀 수 있다. 가장 중요한 것은 영유아가 자신의 풍부한 상상력을 전개하여 자연스럽게 이야기하는 것처럼 그러

한 생각을 삽화와 문어체로 표현하도록 도와주는
것이다. 책 만들기는 상상력을 풍부하게 하고, 창
의적인 글쓰기를 고무하는 매우 유익한 지도방법
이다. 책 모양도 영유아의 풍부한 상상력으로 다
양하게 만들 수 있다.

(8) 놀이를 통해 쓰기 경험하기

　영유아는 놀이 활동을 통하여 글자를 써 보는 경험을 한다. 예를 들면, 동극이나 다
양한 역할놀이, 그래프 활동 등의 놀이 과정에서 자연스럽게 쓰기를 경험한다. 영유아
는 자신이 가진 문식성 개념과 지식을 놀이에 적용하여 실제 생활의 목적으로 쓰기를
하고, 자신이 쓴 것을 읽는다. 전화 메모, 쇼핑 목록 작성하기, 요리 순서표 쓰기, 편지
쓰기, 주문서 쓰기 등 극놀이에서 자연스럽게 쓰기 활동을 한다.

　교사는 놀이에 필요한 간판, 소품 등의 필요성을 제기하고, 이것을 글로 적을 수 있
도록 자극하여 글자가 지닌 상징적 의미를 영유아가 인식하도록 돕는다. 예를 들면, 음

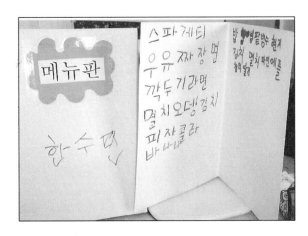

식점 놀이에서 교사는 "손님이 음식을 고를 수 있도록 메뉴판을 만들면 어떨까?" 하며 쓰기를 제안할 수 있다. 약국 놀이를 하며 약사 역할의 유아들이 약봉지에 약 처방 내용을 쓰기도 하고, 시장 놀이를 하며 색종이에 가게 이름과 가격표를 써서 상품에 붙이는 쓰기를 지원할 수 있다. 이외에도 유아가 협동하여 만든 구조물을 공용 공간인 복도에 전시하고, 오가는 사람들이 볼 수 있도록 유아가 스스로 작품의 이름과 특징 등을 붙이는 쓰기 활동을 할 수 있다.

08
영유아 언어교육에 관한 이론적 관점

언어교육의 접근법과 언어 발달 이론은 밀접한 관련성을 가지고 있다. 다양한 언어교육의 접근법 중에서 발음 중심 언어교육법, 총체적 언어교육법, 균형적 언어교육법의 출현 배경, 특성, 지도방법 등을 살펴본다.

1 발음 중심 언어교육법

1) 출현 배경

영유아의 읽기를 지도하는 방법에 대한 탐구는 19세기부터 시작되었고 효율적인 읽기 지도 교육법을 모색하기 위한 논쟁은 지금까지 계속되고 있다. 발음 중심 언어교육법은 행동주의 이론의 읽기 준비도 관점을 근거로 한 교육법이다. 행동주의 이론은 영유아의 언어 발달이 성숙에 의해 결정되기보다는 영유아를 둘러싼 환경에 의해 결정된다고 본다(Crawford, 1995). 예를 들어, 영유아가 부모와 함께 대화를 나눌 때 아이가 적절한 언어 표현을 하면 부모는 칭찬이나 보상을 주는 긍정적인 강화를 하고 그렇지 않을 때는 무시하거나 벌을 주는 부정적인 강화를 한다. 따라서 영유아의 언어 발달은 전적으로 부모가 아이의 언어 표현에 대해 어떤 반응을 하느냐에 따라 결정된다고 주장하였다.

발음 중심 언어교육법에 대한 관심은 시대상황에 따라 달리 나타난다. 1920년대에는 발음 중심 언어교육법이 각광을 받았으나 기초 독본 읽기(basal reader)가 관심을 끌었던 1930년대와 1940년대에는 주목받지 못했다. 그러다가 1950년대와 1960년대에는 다시 관심을 받게 되었으나 1970년대부터 1990년대까지 총체적 언어교육법이 대두되면서 또다시 발음 중심 언어교육법에 관한 관심은 줄어들었다. 하지만 1990년대 이후 총체적 언어교육법이 비판을 받으면서 최근에 다시 한번 주목받는 언어교육법이 되었다.

2) 특성

발음 중심 언어교육법의 주요 개념 및 특성은 다음과 같다.

첫째, 발음 중심 언어교육법은 매우 체계적이고 위계적인 학습 계획을 통해 음소 규칙과 일반화 규칙을 가르친다(Hannon, 2000). 음소에 대한 인식, 인쇄물에 대한 개념 등이 포함되며, 읽고 쓰기 이전에 이러한 것을 익히기 위한 기술을 습득하는 과정이 매우 중요하다. 영유아가 이 기술을 충분히 익히지 못했다면 체계적이고 반복적인 연습을

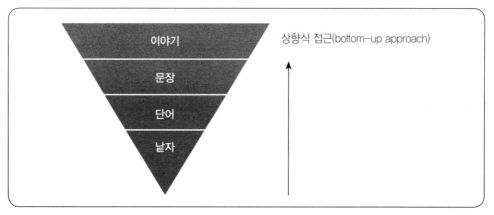

●그림 8-1● 발음 중심 언어교육법

통해 기술을 익히도록 한다. 또한 기술을 배울 수 있는 준비가 되어 있지 않아도 반복 연습을 통해 준비시키며, 준비가 되고 나면 조기 학습이 가능하다고 믿는다(Wortham, 1998). 그러므로 영유아가 읽기능력을 성공적으로 배우느냐 배우지 못하느냐는 읽기 준비도 기술의 성공적인 습득 여부에 달려 있다.

둘째, 말하기, 듣기, 읽기, 쓰기의 발달은 순서적이다. 즉, 영유아는 들은 후에 말하고, 말한 후에 읽고, 읽은 후에 쓸 수 있다. 영유아가 읽고 쓸 수 있게 하기 위해서는 듣기와 말하기 지도가 충분히 이루어져야 하고, 쓰기는 읽기를 학습한 이후에 가르쳐야 한다.

셋째, 읽기 학습의 최종 목표는 문자해독(decoding)과 부호화(encoding) 기술을 습득하는 것이다(주영희, 2001). 이를 위해 자음과 모음의 체계, 자소(글자)와 음소(말소리)의 대응관계 등과 같은 음소 구성에 대한 원리를 배우고, 철자법에 대한 교육을 받는다. 따라서 영유아들에게 발음 지도를 강조하는 언어교육을 실시한다. 즉, 글자를 말소리로 바꾸어 읽을 수 있도록 하기 위해 자모 체계를 가르치고, 글자를 해당 말소리로 바꾸어 해독할 수 있도록 지도한다. 그래서 발음 중심 지도법은 낱자에서 시작하여 단어, 문장, 이야기의 순서로 읽기 지도를 하며, 이를 상향식 접근(bottom-up approach)이라고 한다([그림 8-1] 참조).

넷째, 말하기와 듣기는 배우지 않아도 자연스럽게 할 수 있는 일차적인 언어지만 읽기와 쓰기는 배우지 않으면 사용할 수 없는 이차적인 언어이므로 형식적인 교수방법을 통해 지도를 해야 한다.

다섯째, 영유아는 읽기와 쓰기에 대한 지식을 스스로 구성할 수 없는 수동적인 존재이므로 문식성을 획득하기 위해서는 성인의 계획적이고 의도적인 가르침이 있어야 한다.

3) 발음 중심 언어 교수지도

발음 중심 언어교육법에 기초한 언어 교수방법을 살펴보면 다음과 같다.

첫째, 발음 중심 언어교육법은 행동주의 이론에 기초한 교육법으로 언어교육을 할 때 환경적 요인을 체계적으로 구성하여 영유아의 읽기, 쓰기능력을 성인이 원하는 방향으로 지도해 나갈 수 있다고 믿는다. 따라서 영유아의 자발적인 선택이나 참여보다는 성인 중심의 교수법을 선호한다.

둘째, 교육의 효과를 높이기 위하여 긍정적인 강화나 모델링과 같은 직접적인 교수방법과 대집단 활동을 통한 문자교육을 선호한다.

셋째, 영유아가 읽고 쓴 결과물이 중요하지, 어떤 목적이나 의도를 가지고 글을 읽고 쓴 것인지는 중요하지 않다. 즉, 글을 읽고 쓰는 과정보다는 결과가 중요하다. 또한 성인이 영아가 쓴 글을 읽을 수 있는지, 영아가 성인 수준으로 글을 쓸 수 있는지가 중요하다.

넷째, 영유아들은 문자교육 시간에 교사가 부과한 동일한 읽기, 쓰기 활동을 하게 된다. 예를 들면, 모든 영아가 자신의 이름을 10번 반복해서 쓰거나 사자, 호랑이 같은 단어를 반복해서 읽거나 쓰는 활동을 주로 한다. 그렇기 때문에 또래와의 상호작용은 거의 일어나지 않으며 조용히 활동한다.

다섯째, 정확하게 읽고 쓸 수 있는가가 중요하다. 따라서 출판된 연습지를 사용하여 표준적인 글쓰기와 관련된 활동을 한다.

여섯째, 눈과 손의 협응력을 높이는 활동이나 읽고 쓰기 이전의 기술을 연습하는 데에 더 많은 시간을 할애하며(Deford, 1981), 일상생활과 관련된 읽기나 쓰기 활동은 거의 하지 않는다. 예를 들면, 왼쪽에서 오른쪽으로 눈을 옮겨 가며 보기, 크기나 모양의 차이점과 공통점 알기, 공간 관계의 이해, 방향 개념, 물체의 관계와 위치에 대한 이해, 눈과 손의 협응력과 같은 쓰기 이전의 기술을 준비시킨다.

일곱째, 영유아의 읽기와 쓰기능력을 향상시키기 위해 매우 체계적이고 위계적인 학

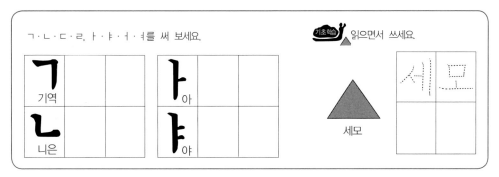

●그림 8-2● 발음 중심 언어교육법에 근거한 언어학습지

습 계획을 세운다. 예를 들어, 쓰기를 위한 세부적인 하위 기능으로 어휘력, 낱자와 단어를 인식하고 변별하기, 비슷한 소리를 가진 글자 변별하기, 글자의 소리 알기, 낱자 이름 알기, 자음글자와 모음글자 결합 법칙 암기하기, 단어 암기 등을 통해 쓰기 기술 연마하기 등이 있다. 이와 같은 쓰기의 준비가 완료되면 글자를 베껴 쓰고 낱자나 몇 개의 단어를 반복적으로 쓰게 하며, 예쁜 글씨와 맞춤법을 교육하고, 점차 어려운 낱자와 단어를 쓰도록 한다. 그리고 학습 효과를 평가하기 위하여 받아쓰기를 한다(이경화 외, 2003).

여덟째, 영유아의 특성이나 사전 경험 등을 고려하지 않은 획일적인 평가방법을 활용한다(이경화 외, 2003). 읽기, 쓰기의 과정을 통해 영유아가 부여하는 의미와 동기가 무엇인가는 중요하게 여기지 않으며 결과물을 중심으로 평가한다. 결과물의 가치도 성인 수준의 표준적(관례적) 수준에 도달했는지의 여부로 판단한다.

② 총체적 언어교육법

1) 출현 배경

총체적 언어교육법은 발음 중심 언어교육법의 대안으로 출현한 교수방법이다. 루소, 페스탈로치, 프뢰벨 등이 주장한 아동 중심 교육사상의 영향을 받았으며, 듀이의 진보주의 교육의 영향을 받아 영유아의 흥미와 직접적인 경험을 강조하고, 다른 교과 영역과의 통합 활동을 통한 언어교육을 강조한다. 또한 상호작용주의 이론과 사회적 상호작용주의 이론의 영향을 받아 언어활동에서 사회적 상호작용을 매우 중요하게 여기는 교육법이다. 총체적 언어교육법에서는 문식성이 성인 중심의 교육법을 통해 가르칠 수 있는 것이 아니라고 여긴다. 영유아의 문식성을 길러 주기 위해서는 문자를 자유롭게 탐색하고 실험할 수 있는 기회를 주어야 하고, 문식성과 관련된 경험이 재미있어야 하며, 의미를 형성할 수 있도록 하는 것이 중요하다고 주장하였다. 총체적 언어교육법은 영유아교육 현장에서 발음 중심 언어교육법을 통해 언어지도를 받은 영유아들이 읽기, 쓰기를 지겹고 재미없다고 여기는 것을 교사들이 관찰함으로써 대두된 실천적 교수법이라고 할 수 있다. 또한 영유아의 읽기, 쓰기가 발달되어 가는 과정을 관찰을 통해 연구한 발생학적 문식성 연구자들의 연구 결과에 기초하고 있다.

또한 총체적 언어교육법은 단순한 방법이나 활동이 아니라 교사가 교수 원리를 설정하여 학습지도를 이끌어 가는 것이기에 교육에 대한 철학인 동시에 교수에 관한 신념이다(Clarke, 1987). 총체적 언어교육법에 대한 정의를 살펴보면 다음과 같다.

총체적 언어교육법은 언어 발달에 관한 철학과 교수법이 동시에 함유된 것이다. 영유아에게 글쓰기를 지도할 때 문학작품이나 그림책을 활용하기 때문에 이를 통한 글쓰기는 의미 있고 기능적이며 경험과 통합된 맥락 속에서 이루어진다. 따라서 학습자의 동기가 발달되고 학습과정에 대한 흥미가 생긴다. 즉, 총체적 언어교육법은 교사의 철학에 따라 교수의 전략과 방법이 정해지므로 단순하고 실제적인 방법만을 의미하지 않는다. 신념과 관점이 무엇인지에 따라 실제는 달라지기 때문이다.

2) 특성

총체적 언어교육법의 주요 특성은 다음과 같다.

첫째, 언어의 구성 요인들을 분리하지 않고 하나의 전체(a whole)로 가르쳐야 하며, 언어를 구성하고 있는 각각의 구성 요인은 전체와 연관되어 있을 때 의미를 가지게 된다. 또한 각각의 구성 요인은 유의미한 맥락 속에서 가르쳐져야 한다(Freeman & Freeman, 1992). 영유아는 자신이 가지고 있는 언어에 대한 가설이나 규칙 등을 검증하고 시행착오를 겪으면서 언어의 의미를 구성해 나가기 때문에 언어활동은 총체적(wholistic)이어야 한다(Seefeldt & Barbour, 1994).

둘째, 말하기, 듣기, 읽기, 쓰기는 상호 연관되어 있으며, 동시적으로 일어나는 활동이다. 영유아들의 언어활동을 자세히 관찰하면 다른 영유아가 말하는 것을 듣기도 하고, 자신의 의견을 말하며, 다른 사람의 글을 읽기도 하고, 읽은 것을 쓰는 활동도 한다. 따라서 말하기, 듣기, 읽기, 쓰기는 통합적으로 상호작용하면서 발달한다.

　셋째, 문자학습에서 중요한 것은 글의 의미를 이해하고 인식하는 것이다. 학습의 방향은 전체 이야기, 문장, 단어, 낱자의 순으로 나아간다. 따라서 총체적 언어교육법은 하향식 접근(top-down approach)이라고 한다([그림 8-3] 참조).

　넷째, 글자를 읽는 것보다는 글을 통해 의사소통이 이루어지는 것이 중요하다. 그렇기 때문에 글을 읽거나 쓸 때 글자를 바르게 읽거나 쓰는 것은 중요하지 않다. 읽기, 쓰기에 필요한 기술을 배운다고 해서 숙련된 언어 사용자가 되는 것은 아니다. 말하기와 듣기를 실생활에서 사용하면서 배우듯이 읽기, 쓰기도 일상생활에서 영유아들이 실제로 문자를 사용해 보고 의미가 구성되어 가는 과정을 직접 경험해 보는 것이 중요하다. 이를 통해 언제, 어디서 문자를 사용하는 것인지, 구어와는 어떻게 다른지를 알게 된다.

　다섯째, 영유아는 일상생활에서 자신에게 의미 있고 동시에 재미를 주는 읽기, 쓰기 활동을 하면서 언어의 기능적인 측면을 알아간다. 따라서 영유아들에게는 혼자 혹은 성인과 함께 책을 읽거나, 편지 쓰기, 쪽지 보내기, 쇼핑 목록 작성하기 등과 같은 일상에서의 자연스러운 활동이 매우 중요하다.

　여섯째, 영유아는 환경과의 지속적인 상호작용을 통해 지식을 구성해 나가는 능동적인 존재다. 자기주도적인 언어활동이 일어날 수 있는 문식성 환경을 계획하고 준비하는 것은 중요하다. 즉, 영유아가 원하는 언어활동을 자유롭게 선택할 수 있어야 한다. 영유아 스스로 읽고 싶은 책을 선택하고, 쓰고 싶은 주제를 선택할 수 있는 기회가 제공

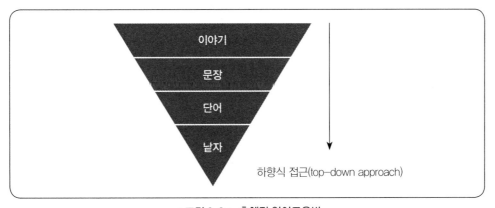

● 그림 8-3 ● 총체적 언어교육법

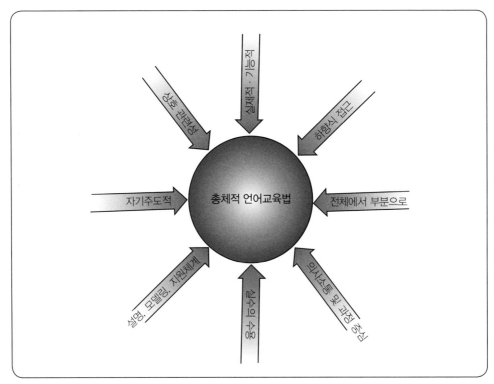

●그림 8-4● 총체적 언어교육법 특성

되어야 한다.

일곱째, 언어활동에 대한 설명, 모방, 지원 체계가 제공되어야 한다. 교사는 영유아의 언어활동에 함께 참여하여 영유아가 자신의 생각을 이야기할 수 있도록 한다. 이러한 과정을 통해 교사는 영유아의 언어활동을 관찰하는 기회를 갖게 되며, 영유아는 자신의 언어활동의 결과를 관찰하는 기회를 갖는다. 즉, 영유아 언어활동의 과정(process)을 탐색할 수 있으며, 결과물이 어떻게 나오게 되었는지를 볼 수 있다([그림 8-4] 참조).

여덟째, 언어활동을 하는 동안 실수를 감수하는(risk-taking) 경험을 해 보아야 한다. 말하기, 듣기, 읽기, 쓰기를 할 때 영유아가 정확하게 알지 못한다 하여도 자신이 가진 언어에 관한 가정을 실험해 볼 수 있는 기회가 제공되어야 한다. 예를 들어, 철자법이 틀리거나, 창안적 철자(inventive spelling)로 글을 쓰더라도 즉각적인 교정을 하지 않는다. 즉, 실수가 수용됨으로써 언어활동은 흥미로운 경험이 된다.

3) 총체적 언어 교수지도

총체적 언어교육법에 기초한 언어 교수방법은 다음과 같이 전개될 수 있다(이경화 외, 2003).

첫째, 유아교육기관의 하루 일과를 통해 읽기와 쓰기가 통합되는 활동을 할 수 있도록 환경을 마련한다. 영유아들이 언어를 활용하고, 언어 규칙을 실험해 보며, 언어와 관련된 탐구활동을 할 수 있는 다양한 자료와 환경을 마련해 준다. 다양한 언어활동을 준비하여 영유아들이 동시에 원하는 활동에 참여하도록 배려하고, 교사는 개별적인 상호작용을 통해 영유아의 언어활동을 지원한다.

둘째, 자발적이고 능동적인 언어 경험을 강조한다. 교사의 체계적이고 일률적인 언어학습보다 실제로 일상생활 속에서 다양한 언어적 경험을 할 수 있도록 배려한다. 교사와 언어적 경험을 자유롭게 이야기할 수 있는 허용적인 분위기를 제공하고, 교사는 꾸며 읽기(pretending reading)와 창안적 철자를 격려하여 실수에 대한 두려움을 갖지 않도록 배려한다. 협동학습을 통해 영유아들이 자신의 생각을 말할 수 있고, 또래와의 상호작용이 활발히 일어나도록 지도한다.

표 8-1 발음 중심 언어교육법과 총체적 언어교육법의 차이

발음 중심 언어교육법	총체적 언어교육법
단어 중심으로 지도한다.	문장 중심으로 지도한다.
발음, 음가를 중시한다.	의미 파악을 중시한다.
인위적인 방법으로 지도한다.	자연주의적 원칙을 따른다.
단어카드, 철자카드를 사용한다.	그림 이야기책을 사용한다.
그림, 삽화는 발음 지도에 장애가 된다.	의미 파악을 위해 그림, 삽화의 활용을 적극 권장한다.
내용 파악을 위한 질문은 되도록 하지 않는다.	내용 파악을 위한 예측을 적극 권장한다.

셋째, 다양한 흥미 영역에서 읽기와 쓰기 활동이 이루어지며, 극화활동에서도 읽기와 쓰기가 일어나도록 한다. 읽기를 하면서 의미를 구성할 수 있도록 영유아에게 의미 있는 글을 접할 수 있는 기회를 많이 제공한다. 또한 문자가 풍부한 환경을 구성하고, 문자에 대한 탐색을 할 수 있는 기회를 제공한다. 교실에 있는 유아의 사물함, 놀잇감 등에 이름을 붙여 주어 글자와 사물 간의 관계를 자연스럽게 알 수 있도록 한다.

넷째, 지속적인 책 읽기 활동을 제공한다. 대그룹이나 소그룹으로 영유아에게 책을 읽어 준다. 책 읽기를 하는 동안 자연스럽게 영유아가 책 읽기 활동에 참여할 수 있도록 하여 읽어 주는 글을 들을 수 있는 기회뿐만 아니라 들은 것을 말할 수 있는 기회를 갖도록 한다.

균형적 언어교육법

1) 출현 배경

1990년대 이후 영유아 언어교육 논쟁의 초점은 총체적 언어교육법의 효과에 관한 것이었다. 총체적 언어교육법은 의미를 파악하는 것을 중시하고, 언어의 기술을 익히기보다는 영유아에게 의미 있는 읽기, 쓰기 활동을 통해 의사소통 능력을 길러 숙련된 언어 사용자가 되는 것을 언어교육의 목표로 보았다. 그러므로 총체적 언어교육법은 자모음체계에 대한 교육이나 글자와 소리의 관계를 인식하는 교육은 중요하게 여기지 않았다. 그러나 읽기에서 단어 재인에 관한 연구들(이차숙, 2004; Adams, 1994; Barron, 1986)이나 유아의 음운능력(phonemic awareness) 인식에 관련된 연구들(김정화, 이문정, 2003; Share, Jorm, Maclean, & Mathews, 1984)은 영유아의 능숙한 읽기능력을 위해서는 이러한 지식을 가르쳐야 한다는 주장을 제기하였다. 또한 총체적 언어교육법을 지향하였던 캘리포니아주는 읽기능력이 다른 주의 영유아들에 비해 매우 뒤떨어진다는 사실을 발견하고 유치원과 초등학생의 읽기, 쓰기능력을 높여 효율적으로 읽고 쓸 수 있도록 지도하기 위해 균형적 언어교육법을 제시하였다. 특히, 캘리포니아주에서는 교사가 주도하여 읽기를 가르치고 평가하도록 권하고 있으며, 읽기능력을 높이기 위해 음소인식, 글자와 소리의 관계, 단어철자법 가르치기와 같은 언어활동을 보완할 것을 추천하고 있다.

　결국 균형적 언어교육법은 발음 중심 언어교육법과 총체적 언어교육법의 대안으로 제시되었다고 볼 수 있다. 균형적 언어교육법의 궁극적인 목표는 영유아의 읽기, 쓰기 발달을 도모하기 위해 각각의 이론이 가지고 있는 장점을 수용하면서 두 접근법에서 제시하는 가장 좋은 교수방법을 선택하여 가르치는 것이다. 어떠한 경우에도 영유아를 대상으로 하는 언어교육은 교사가 주도하는 형식적인 방법을 사용하지 않는 것이 바람직하다. 발음 중심 언어교육법에서 제시하는 교수법을 활용하되 비형식적이며 유아의 동기를 유발하고 개개 유아에게 유익한 개별학습이 이루어져야 함을 강조한다.

2) 특성

　균형적 언어교육법은 영유아가 다양하게 문식성 활동을 할 수 있도록 환경을 조성하고, 영유아가 문자의 의미에 대한 인식을 구성하는 과정을 중요하게 생각한다. 또한 총체적 언어교육법에서 무시되었던 음소인식이나, 단어와 철자의 관계를 교사 주도하에 체계적인 과정을 거쳐 지도하되 개개 유아의 개별적 특성을 고려하여 지도하는 방법이다(엄윤재, 박혜경, 2005). 균형적 언어교육법의 특성을 살펴보면 다음과 같다(엄윤재, 박혜경, 2005; 이경화, 1994; 주영희, 2001).

　첫째, 읽기, 쓰기를 배우는 것은 말하기를 배우는 것처럼 자연스러운 과정이므로 듣기, 말하기, 읽기, 쓰기를 통합하여 교육한다. 읽기와 쓰기 학습의 중심 요소는 의미의 습득이다. 이를 위해 읽기와 쓰기 교육은 의미 습득을 중심으로 전체에서 부분으로 그리고 다시 전체로 되돌아가 진행한다. 또한, 영유아의 읽기, 쓰기 발달을 위해 여러 가지 다양한 학습방법을 모두 중요하게 활용한다.

　둘째, 단어 재인 능력, 어휘력, 단어 읽기 전략 등과 같은 글자 인식과 관련된 기술을 개개 유아의 특성을 고려하여 개별학습을 통해 체계적으로 가르친다. 읽기, 쓰기와 관련된 기술과 전략을 가르칠 때 영유아의 경험과 연결시킨 읽기, 쓰기 자료를 제공한다. 즉, 영유아가 읽기를 하면서 쉽게 의미를 이해할 수 있도록 영유아에게 친숙한 이야기를 제시하고 그 이야기 속에서 친숙한 단어를 찾아서 읽어 보게 하거나, 알고 있는 단어를 쓰는 활동을 하도록 배려한다. 이를 위해 좋은 문학작품을 통한 문식성 활동을 제공한다(Machado, 2013).

셋째, 영유아의 문자 발달을 이루기 위해서는 풍부한 문식성 환경(print-rich environment) 제공, 능동적인 글쓰기 활동에 대한 배려, 영유아와 상호작용하는 성인의 역할이 중요하다.

3) 균형적 언어 교수지도

균형적 언어교육법은 발음 중심 언어교육법이나 총체적 언어교육법에서 제시하는 교수방법을 아무런 계획과 의도 없이 무작위로 선택하여 영유아들의 읽기, 쓰기 지도를 하는 것이 아니다. 균형적 언어교육법은 개개 영유아의 특성, 언어 발달 수준, 가정에서 언어환경에 노출된 정도 등을 파악하여 두 교육법에서 제시하는 방법을 균형 있게 제시한다. 그러므로 균형적 언어교육법에서는 교사의 역할이 매우 중요하다.

또한 균형적 언어교육법은 영유아들의 읽기 지도 교수방법이 한 가지만 있는 것이 아니기 때문에 영유아들이 읽고 쓸 수 있도록 다양한 교수방법의 적용을 권장하고 있다. 그러므로 영유아들의 읽기, 쓰기 지도를 하는 데 여러 가지 교수방법을 적용할 수 있도록 교사가 각각의 교수방법을 정확하게 알고 있어야 한다고 강조한다. 교사가 각 교수방법을 어떻게 활용해야 하는지에 대해 잘 알고 있을 때 영유아들의 개인차를 고려한 가장 적합한 방법을 적용할 수 있고, 이를 통해 영유아들은 읽고 쓸 수 있기 때문이다. 그러므로 균형적 언어교육법은 영유아가 읽고 쓸 수 있도록 지도하기 위한 가장 최적의 방법을 선택하는 것이라 할 수 있다. 크게 읽기, 소리 내어 쓰기, 함께 읽기와 쓰기, 안내된 읽기와 쓰기, 혼자 읽기와 쓰기 같은 활동 방법을 통해 문자교육을 실시하기도 하며, 큰 책(big book)을 활용한 교육활동을 전개하기도 한다(이경화, 1994).

균형적 언어교육법을 적용한 읽기, 쓰기 지도활동을 제시하면 〈표 8-2〉와 같다.

표 8-2 균형적 언어교육법의 읽기 활동 요소 및 활동 내용

구분	활동요소	활동내용	
교사 주도 활동	대그룹으로 읽어 주기	• 책의 내용 예견하기 • 반복되는 단어, 처음 나오는 단어 찾기 • 재미있는 단어 읽어 보기	• 등장인물에 대해 이야기 나누기 • 책의 내용 토론하기 • 이야기 내용 바꾸어 보기
	소그룹으로 읽어 주기	• 읽은 내용 발표하기 • 함께 읽어 보기	• 작가나 삽화가에 대해 알아보기
	읽기 지도	• 글자 인식하기 • 자모음 구성 알아보기 • 구두점과 부호에 대해 알아보기	• 발음이 어려운 글자 발음해 보기 • 어려운 단어의 뜻 알아보기 • 글자의 구성 알아보기
교사와 유아 상호 주도 활동	읽기와 음악을 함께하기	• 랩 만들기 • 노래 가사로 단어카드 만들기 • 이야기 내용을 리드미컬하게 읽어 보기 • 리듬악기에 맞추어 읽어 보기	• 노래 가사 바꾸기 • 노래 가사를 적은 판 만들기 • 동시 지어 보기
	언어 경험하기	• 영유아가 원하는 글자 써 주기 • 책에 나오는 재미있는 문장 찾아보기	• 쉬운 책 읽어 보기 • 좋아하는 글자 읽어 보기
	읽기 도와주기	• 책 읽는 태도 알아보기 • 동화와 동시를 녹음한 테이프 제공하기 • OHP 필름 보고 이야기 나누기	• 함께 읽어 보기
유아 주도 활동	극놀이하기	• 극놀이에 대해서 토론한 내용 읽어 보기 • 극놀이에서 재미있었던 것을 글과 그림으로 표현하기	
	도서관 놀이하기	• 교실의 책 보기 영역을 도서관으로 꾸미고 대출카드를 만들어 놀이하기 • 영유아들이 집에서 책을 가져와 서로 교환하여 읽기 • 외부의 도서관을 견학하고 견학한 느낌 말하고 쓰기	

표 8-3 발음 중심 언어교육법의 읽기 활동 요소 및 활동 내용

읽기	음절식	• 기본 자음 14자, 기본 모음 10자를 배합하여 이루어진 '가, 갸, 거, 겨, 고, 교, 구, 규, 그, 기' 식의 음절표에 따라 가르친다.
	지도법	• 닿소리 'ㄱ, ㄴ, ㄷ, ㄹ, ㅁ……'과 홀소리 'ㅏ, ㅑ, ㅓ, ㅕ, ㅗ……'를 가르친 다음 이것을 결합하여 '가, 나, 다, 라, 마……'를 이해시킨다.
	소그룹으로 읽어 주기	• 낱자가 모인 음절을 한 덩어리로 읽어 가도록 한다.

출처: 엄윤재, 박윤경(2004). 유아를 위한 문해 교수법의 효과 비교: 균형 잡힌 문해 교수법과 발음 중심 교수법을 중심으로. 아동학회지, 25(6), 259-277.

표 8-4 균형적 언어교육법의 쓰기 활동 요소 및 활동 내용

구분	활동요소	활동내용
교사 주도 활동	짧은 편지 써 주기	• 영유아들에게 전할 말과 사랑의 편지 써 주기
	메모/ 차트 쓰기	• 지시 사항이나 전할 말을 메모판에 써 주기
		• 친구들에게 하고 싶은 말을 메모판에 써 놓기
	쓰기 지도하기	• 자 · 모음 구성하면서 써 보기
		• 잘 틀리는 글자 써 보기
		• 획순에 따라 써 보기
		• 올바르게 쓰는 태도 알아보기
		• 쓰는 시범 보이기
교사와 유아 상호 주도 활동	함께 쓰기	• 인터뷰하고 그 내용을 함께 쓰기
		• 글자 스크랩 북 만들기
	쓰기 경험하기	• 단어카드 만들기
		• 좋아하는 글자 써 보기
		• 동화 듣고 느낌 써 보기
유아 주도 활동	편지 쓰기	• 선생님과 부모님, 친구에게 편지 쓰기
		• 이야기에 나오는 등장인물에게 편지 쓰기
	책 만들기	• 내 책 만들기
		• 친구들과 함께 이야기책 만들기
		• 동화 내용 요약하여 책 만들기
	저널 쓰기	• 쓰고 싶은 내용 쓰기
		• 우리 집 새 소식에 대해 쓰기
		• 이야기를 꾸며서 써 보기
		• 주제에 따라 글 써 보기

표 8-5 발음 중심 언어교육법의 쓰기 활동 요소 및 활동 내용

쓰기	자형의 지도	• 허공에 크게 쓰기, 손가락으로 책상 위에 쓰기
		• 큰 글씨에서 작은 글씨로 옮기기
		• 곡선이나 직선 연습하기
		• 속도, 완급, 필순 등 자형을 칠판에 써 주기
		• 획의 굴절이 많은 글자는 분할하여 가르치기
		• 어휘, 문장, 글 등과 관련시켜 지도하기

출처: 엄윤재, 박윤경(2004). 유아를 위한 문해 교수법의 효과 비교: 균형 잡힌 문해 교수법과 발음 중심 교수법을 중심으로. 아동학회지, 25(6), 259-277.

균형적 언어교육법은 한글의 과학적이고 체계적인 언어학적 특성을 잘 살려 한글 지도의 효율성을 높이는 데 매우 효과적인 방법으로 알려져 있다. 엄윤재와 박윤경(2004)은 균형적 언어교육법과 발음 중심 언어교육법의 효과를 비교한 연구에서 균형적 언어교육법이 영유아의 음운인식, 읽기능력, 쓰기능력, 책 내용 이해도에서 더 효과적이라는 사실을 발견함으로써 한글 지도에 균형적 언어교육법이 매우 좋은 교수법이라는 사실을 증명해 주고 있다. 그러나 균형적 언어교육법은 2000년 이후에 연구가 진행되었기 때문에 그 효과성에 대해 좀 더 심도 깊게 연구될 필요가 있다. 또한 효과적인 한글 지도를 위해 균형적 언어교육법을 적용하는 단계에 대해 조정숙과 김은심(2003)은 다음과 같이 소개하고 있다.

- **첫 번째 단계**: 글 또는 글자보다는 의미 중심의 방법을 취한다. 먼저 자형이 간단하면서 의미가 쉬운 단어나 간단한 문장을 그림과 함께 제시한다. 그리고 교사가 먼저 소리 내어 읽고 영유아에게 따라 읽게 한다. 이때 교사는 영유아들이 글자 그 자체보다는 단어나 글의 의미에 관심과 주의를 더 많이 기울이도록 한다. 그림을 이용하거나 일상의 경험을 얘기하면 관심을 쉽게 글의 의미 쪽으로 유도할 수 있다. 또한 지금까지 배운 글을 혼자 읽어 보게 한다. 이때 잘못 읽더라도 너무 즉각적으로 지적하여 교정하게 해서는 안 된다. 이 단계에서는 정확한 발음보다는 읽기에 대한 흥미 유발이 더 중요하기 때문이다.
- **두 번째 단계**: 의미 중심의 방법을 지속적으로 유지해 가면서 동시에 글자의 정확한 발음을 강조하는 발음 중심 방법을 새로이 도입한다. 발음 중심 방법만을 택하면 영유아가 읽기에 흥미를 잃기 쉬우므로 의미 중심 방법과 병행하여 균형 있게 하는 것이 좋다. 발음 중심 방법의 도입에서는 자음과 모음의 형태 변별, 자음과 모음의 음가 변별, 영유아가 스스로 자모의 음가를 결합하여 배우지 않은 쉬운 글자도 읽을 수 있을 때까지만 계속한다. 이때 보조 그림 자료의 제시는 삼가야 한다. 그림이 글자 읽기의 단서로 작용할 가능성이 있기 때문이다.
  발음 중심 방법으로 글자 읽기가 어느 정도 성취되면 영유아들은 비록 의미는 이해하지 못하더라도 쉬운 글자들은 거의 다 읽게 될 것이다.
- **세 번째 단계**: 쉬운 글자를 거의 읽게 되면 발음 중심 방법을 버리고 의미 중심 방법으로 돌아간다. 그리고 간단한 생활 이야기, 동화, 우화를 읽도록 지도한다. 읽

기의 목적, 과제, 중요하고 덜 중요한 것 찾기, 의미를 찾기 위해 배경 지식을 활용하는 습관 등을 갖도록 한다.

09
영유아 언어교육의
목표 및 내용

영유아기는 언어 발달의 결정적 시기이며, 영유아기에 형성된 언어습관과 태도는 일생 동안 지속된다. 또한 영유아기 언어 발달은 언어 기술 자체의 발달뿐만 아니라 정보획득과 문제해결, 사람들과의 사회적 상호작용 등 일상생활에서 매우 중요한 역할을 한다. 그러므로 영유아에게 질 높은 언어적 환경을 제공하여 언어 발달을 적절히 지원하는 것은 매우 중요하다. 이 장에서는 우리나라의 0~2세 표준보육과정과 3~5세 2019 개정 누리과정에서 고시하고 있는 영유아 언어교육의 목표, 내용범주와 다루어야 할 내용을 살펴보고자 한다.

1 0~2세 표준보육과정 의사소통 영역의 목표 및 내용

국가적 수준에서 영아가 의사소통 영역에서 경험해야 할 태도와 가치, 지식과 기술을 제시하는 것은 표준보육과정이다. 표준보육과정은 보육의 질적 기회 균등을 보장하기 위해 2006년 표준보육과정령이 공포되었고, 2007년 표준보육과정의 구체적 보육내용 및 교사지침이 고시된 이후 2013년 제3차, 2020년 제4차 어린이집 표준보육과정이 고시되어 어린이집의 영유아들에게 질 높은 보육이 제공되도록 하고 있다. 표준보육과정은 0~1세 보육과정, 2세 보육과정, 3~5세 누리과정으로 구성되어 있다. 여기에서는 0~2세 영아를 대상으로 한 의사소통 영역의 목표 및 내용을 소개한다(제4차 어린이집 표준보육과정 해설서, 보건복지부, 2020).

1) 0~1세 의사소통 영역의 목표 및 내용

목표

의사소통 영역의 목표는 0~1세 영아가 의사소통 능력의 기초를 형성하는 경험을 하는 것이다. 0~1세 영아가 일상생활에서 다른 사람의 말이나 이야기를 듣고 말하기를 즐기며, 주변의 그림과 다양한 상징에 관심을 갖고 자유롭게 끼적이기에 관심을 갖는 것과 다양한 책과 이야기를 접하며 관심을 가지는 것을 목표로 한다.

내용

0~1세의 의사소통 영역은 '듣기와 말하기', '읽기와 쓰기에 관심 가지기', '책과 이야기 즐기기'의 내용범주로 구성되고, 내용범주별로 다루어야 할 내용은 다음과 같다.

내용범주	내용
듣기와 말하기	• 표정, 몸짓, 말과 주변의 소리에 관심을 갖고 듣는다. • 상대방의 이야기를 들으면서 말소리를 낸다. • 표정, 몸짓, 말소리로 의사를 표현한다.
읽기와 쓰기에 관심 가지기	• 주변의 그림과 상징에 관심을 가진다. • 끼적이기에 관심을 가진다.

책과 이야기 즐기기	• 책에 관심을 가진다. • 이야기에 관심을 가진다.

내용범주: 듣기와 말하기

내용

• 표정, 몸짓, 말과 주변의 소리에 관심을 갖고 듣는다.

　0~1세 영아가 주변 사람의 표정과 몸짓에 관심을 가지고 반응하며, 주변에서 들리는 말소리와 소리에 관심을 보이면서 다양한 말과 소리에 주의를 기울여 들으며 소통하는 내용이다.

• 상대방의 이야기를 들으면서 말소리를 낸다.

　0~1세 영아가 주변에서 말하는 이야기에 주의를 기울여 들으면서 다양한 발성과 옹알이로 반응하고 점차 적극적으로 말소리를 내며 소통하는 내용이다.

• 표정, 몸짓, 말소리로 의사를 표현한다.

　0~1세 영아가 표정과 몸짓의 비언어적인 방법을 포함하여 점차 말소리와 같은 방법으로 표현하게 되면서 소통의 방식을 다양하게 활용하여 의사를 표현하는 내용이다.

내용범주: 읽기와 쓰기에 관심 가지기

내용

• 주변의 그림과 상징에 관심을 가진다.

　0~1세 영아가 자신의 주변의 친숙한 그림이나 표지판, 상표와 같은 주변의 친숙한 상징에 관심을 가지는 내용이다.

• 끼적이기에 관심을 가진다.

　0~1세 영아가 손에 무엇인가를 쥐고 벽이나 바닥면에 끼적이기를 시도하며 의도적으로 움직여 어떤 결과가 나타나는 것에 관심을 가지는 내용이다.

┌ ─ ─ ─ ─ ─ ─ ─ ─ ─ ─ ─ ─ ─ ─ ─ ─ ┐
  내용범주: 책과 이야기 즐기기
└ ─ ─ ─ ─ ─ ─ ─ ─ ─ ─ ─ ─ ─ ─ ─ ─ ┘

내용

• 책에 관심을 가진다.

0~1세 영아가 다양한 형태의 책을 탐색하는 경험을 하며 책에 대한 관심을 가지고 책과 자신의 경험을 관련짓고 상징 행동을 하며 상상해 보면서 책에 대한 선호가 생기는 내용이다.

• 이야기에 관심을 가진다.

0~1세 영아가 이야기를 자주 접하게 되면서 점차 자신이 좋아하는 이야기에 대한 선호가 생기게 되는 것과 관련되는 내용이다.

2) 2세 의사소통 영역의 목표 및 내용

목표

의사소통 영역의 목표는 2세 영아가 듣기, 말하기, 읽기, 쓰기의 의사소통 방식에 관심을 가지고 활용하며, 책과 이야기에서 상상하는 즐거움을 경험하기다. 2세 영아가 일상생활에서 듣고 말하기를 즐기고, 그림과 문자 상징을 읽고 쓰기에 관심을 가지는 것과 책과 이야기를 즐길 수 있는 경험을 하는 것을 목표로 한다.

내용

2세의 의사소통 영역은 '듣기와 말하기', '읽기와 쓰기에 관심 가지기', '책과 이야기 즐기기'의 내용범주로 구성되고, 내용범주별로 다루어야 할 내용은 다음과 같다.

내용범주	내용
듣기와 말하기	• 표정, 몸짓, 말에 관심을 갖고 듣는다. • 상대방의 이야기를 듣고 말한다. • 표정, 몸짓, 단어로 의사를 표현한다. • 자신의 요구와 느낌을 말한다.
읽기와 쓰기에 관심 가지기	• 주변의 그림과 상징, 글자에 관심을 가진다. • 끄적이며 표현하기를 즐긴다.

책과 이야기 즐기기	• 책에 관심을 가지고 상상한다. • 말놀이와 이야기에 재미를 느낀다.

내용범주: 듣기와 말하기

내용

• 표정, 몸짓, 말과 주변의 소리에 관심을 갖고 듣는다.

2세 영아가 상대방의 표정, 몸짓, 말에 관심을 갖고 적극적으로 들으며, 상대방의 생각과 의도를 파악하고, 다양한 말과 소리의 차이에 관심을 가지고 듣는 내용이다.

• 상대방의 이야기를 듣고 말한다.

2세 영아가 상대방의 말 혹은 이야기를 듣고 반응하며 자신의 느낌, 생각을 상대방에게 말하는 경험을 하는 내용이다.

• 표정, 몸짓, 단어로 의사를 표현한다.

2세 영아가 표정과 몸짓의 비언어를 포함하여 단어 혹은 말로 자신의 의사를 표현하여 상대방과 소통하는 경험을 하는 내용이다.

• 자신의 요구와 느낌을 말한다.

2세 영아가 상대방에게 자신의 요구와 느낌을 자유롭고 편안하게 말하는 경험을 하는 내용이다.

내용범주: 읽기와 쓰기에 관심 가지기

내용

• 주변의 그림과 상징, 글자에 관심을 가진다.

2세 영아가 주변 인쇄물의 그림이나 표지판, 상표와 같은 상징, 자신의 이름과 같이 친숙한 글자에 관심을 가지며 상징 읽기를 시도하는 내용이다.

• 끼적이며 표현하기를 즐긴다.

2세 영아가 다양한 쓰기 도구를 이용하여 의도적으로 끼적이며 이를 상징화하며 표현하는 것에 관심을 갖고 즐기는 내용이다.

내용범주: 책과 이야기 즐기기

내용

• 책에 관심을 가지고 상상한다.

2세 영아가 주변의 다양한 책을 보는 것을 즐기며 책의 내용을 자유롭게 상상하는 내용이다. 영아는 선호하는 책이 생기고, 책을 만들기도 하며 책 보기를 즐기게 되는 내용이다.

• 말놀이와 이야기에 재미를 느낀다.

2세 영아가 다양한 표현의 말과 이야기 짓기를 즐기면서 말과 이야기의 변화에 재미를 느끼게 되는 내용이다.

2 3~5세 누리과정 의사소통 영역의 목표 및 내용

영유아에게 균등한 양질의 교육 · 보육서비스를 제공하기 위해 유치원 교육과정과 어린이집 표준보육과정을 통합한 누리과정을 실시하고 있다. 2011년 유치원 교육과정과 어린이집 표준보육과정을 통합한 공통 과정으로 5세 누리과정이 공포된 후 2012년에 3~5세로 확대되었으며, 현재 2019 개정 누리과정이 고시되어 3~5세 유아를 대상으로 적용되고 있다. 여기에서는 3~5세 유아를 대상으로 한 의사소통 영역의 목표 및 내용을 소개한다(2019 개정 누리과정 해설서, 교육부, 2020).

목표

3~5세 유아를 대상으로 하는 누리과정 의사소통 영역의 목표는 '일상생활에 필요한 의사소통 능력과 상상력을 기른다.'이다. 3~5세 유아가 일상생활에서 상대방의 이야

기를 듣고 말하기를 즐기며 읽기와 쓰기에 관심을 가지고 책이나 이야기를 통해 상상하기를 즐기는 것을 목표로 한다.

내용

3~5세의 의사소통 영역은 '듣기와 말하기', '읽기와 쓰기에 관심 가지기', '책과 이야기 즐기기'의 내용범주로 구성되고, 내용범주별로 다루어야 할 내용은 다음과 같다.

내용범주	내용
듣기와 말하기	• 말이나 이야기를 관심 있게 듣는다. • 자신의 경험, 느낌, 생각을 말한다. • 상황에 적절한 단어를 사용하여 말한다. • 상대방이 하는 이야기를 듣고 관련해서 말한다. • 바른 태도로 듣고 말한다. • 고운 말을 사용한다.
읽기와 쓰기에 관심 가지기	• 말과 글의 관계에 관심을 가진다. • 주변의 상징, 글자 등의 읽기에 관심을 가진다. • 자신의 생각을 글자와 비슷한 형태로 표현한다.
책과 이야기 즐기기	• 책에 관심을 가지고 상상하기를 즐긴다. • 동화, 동시에서 말의 재미를 느낀다. • 말놀이와 이야기 짓기를 즐긴다.

내용범주: 듣기와 말하기

목표: 일상생활에서 듣기와 말하기를 즐긴다.

내용

• 말이나 이야기를 관심 있게 듣는다.

유아가 다른 사람이 하는 말과 흥미로운 주제, 익숙한 경험이 담긴 이야기에 관심을 가지며 듣는 내용이다.

• 자신의 경험, 느낌, 생각을 말한다.

유아가 상대방에게 자신의 경험, 느낌, 생각을 자유롭게 말하는 내용이다.

• 상황에 적절한 단어를 사용하여 말한다.

유아가 때와 장소, 대상과 상황을 고려하여 적절한 단어와 문장을 선택하여 말하는 내용이다.

• 상대방이 하는 이야기를 듣고 관련해서 말한다.

유아가 다른 사람이 이야기하는 내용을 듣고 말하는 사람의 생각, 의도, 감정을 고려하여 말하는 내용이다.

• 바른 태도로 듣고 말한다.

유아가 말하는 사람에게 주의를 기울이며 듣는 내용이다. 말을 끝까지 듣고, 자신의 의견을 말하는 내용이다.

• 고운 말을 사용한다.

유아가 일상생활에서 자주 쓰는 유행어, 속어, 신조어, 상대방을 비난하는 말을 사용하지 않고, 우리말을 바르게 사용하는 내용이다.

내용범주: 읽기와 쓰기에 관심 가지기

목표: 읽기와 쓰기에 관심을 가진다.

내용

• 말과 글의 관계에 관심을 가진다.

유아가 일상에서 말이 글로, 글이 말로 옮겨지는 것에 관심을 갖는 내용이다.

• 주변의 상징, 글자 등의 읽기에 관심을 가진다.

유아가 일상에서 자주 보는 상징(표지판, 그림문자 등)이나 글자 읽기에 관심을 가지는 내용이다. 유아가 상징이나 글자에는 사람들의 생각과 감정, 정보가 담겨 있다는 것을 이해하는 내용이다.

• 자신의 생각을 글자와 비슷한 형태로 표현한다.

유아가 자신의 생각이나 말을 끼적거리거나 글자와 비슷한 선이나 모양, 글자와 비

숫한 형태로 표현하는 내용이다.

목표: 책이나 이야기를 통해 상상하기를 즐긴다.

내용

• 책에 관심을 가지고 상상하기를 즐긴다.

유아가 책에 흥미를 가지며 책 보는 것을 즐기고 상상하는 즐거움을 경험하는 내용이다.

• 동화, 동시에서 말의 재미를 느낀다.

유아가 동화와 동시를 자주 들으며 우리말의 재미와 아름다움을 느끼는 내용이다.

• 말놀이와 이야기 짓기를 즐긴다.

유아가 끝말잇기, 수수께끼, 스무고개 등 다양한 말놀이를 즐기는 내용이다. 자신의 경험, 생각, 상상을 기초로 새로운 이야기를 만드는 과정을 즐기는 내용이다.

10
영유아 언어교육 방법

영유아기의 모든 교육은 일상과 놀이 안에서 함께 이루어져야 한다. 특히, 언어는 영유아들의 생활 속에 늘 함께 존재하므로 언어교육도 일상과 놀이를 통해 이루어지는 것이 바람직하다. 이 장에서는 영유아 언어교육 방법으로서, 일상과 놀이 안에서의 언어교육, 놀이와 연계한 활동을 통합적으로 접근하는 언어교육의 접근방법을 소개한다. '실제 편'의 놀이와 활동 사례를 참조할 경우, 이해를 도울 수 있다.

1 일상과 놀이 안에서의 언어교육

인간은 매 순간 언어를 사용하는데, 이 언어는 사고와 의사소통의 중요한 수단으로서 일상생활을 유지하는 매개체이다. 따라서 영유아의 일상은 언어교육의 현장이자 학습 환경이라 할 수 있다. 또한 영유아의 일상은 기본 생활과 더불어서 대부분 놀이로 하루를 지내는 것이 특징이다. 영유아들의 놀이는 세상을 탐구하고 주변 환경과 관계를 맺으며 세상을 알아가는 배움이고 학습이라 할 수 있다.

최근 우리나라의 국가 수준 교육 · 보육과정은 영유아는 놀면서 배울 수 있다는 교육의 의미를 재해석하면서 지나친 교사 주도의 교수방법을 지양하고 영유아가 중심이 되는 놀이 안에서 교육이 이루어질 것을 고시하고 있다('개정 누리과정' 2019, '표준보육과정' 2020). 그러므로 교사는 영유아들에게 놀이환경을 제공하고 놀이를 관찰하며 놀이에 필요한 자료와 시간 공간 등을 적극적으로 지원하는 역할이 필요하다. 따라서 언어교육도 영유아들의 놀이를 중심으로 교육하여야 하며 영유아의 일상과 놀이를 언어교육의 장으로 재해석하여야 할 것이다.

이처럼 영유아에게 일상과 놀이를 통해 언어교육의 상황에 항상 노출되어 있다고 하더라도 그 자체만으로 언어교육이 이루어진다고는 할 수 없으며 환경과 더불어 성인의 역할이 필요하다. 일상과 놀이에서 발현되는 상황은 교사의 전문적인 판단과 적절한 지원에 의해 언어교육의 상황으로 전환될 수 있다. 이때 교사는 영유아의 요구와 흥미, 언어 발달의 내용 등을 순간적으로 판단하여 놀이를 배움의 과정으로 지원하여야 한다.

일상과 놀이에서의 언어교육은 영유아의 흥미와 선택으로부터 발생하기 때문에 교사가 사전에 예견하거나 계획할 수 없다. 일상과 놀이는 주로 사람들과의 관계, 주변의 사건과 새로운 소식, 물체의 특성, 자연의 모습, 그리고 이들 간의 관계로부터 발생한다. 이러한 상황에서 교사는 영유아들이 자신의 흥미를 자유롭게 탐색하고 몰입할 수 있는 분위기를 마련해 주며, 관찰과 지원을 통해 영유아들의 언어활동을 촉진한다. 즉, 언어교육은 영유아들의 일상과 놀이, 영유아들의 흥미에서 출발하지만 교사는 이들의 놀이를 언어교육의 시각으로 재조명하는 상호 조정적인 역할이 필요하다.

예를 들어, 영유아들이 역할놀이 영역에서 '식탁 차리기' 놀이를 할 때, 교사는 상황을 관찰하며 영유아들이 몰입하고 있는 흥밋거리를 발견하고자 노력한다. 일반적으로 영유아들은 '음식의 종류', '특별한 날의 상차림', '함께 식사하는 사람들', '식탁에서 나누는 이야기' 등에 관심을 가지고 놀이를 한다. 영유아들의 관심 주제를 발견하고 나면 교사는 그들의 언어 발달에 적합한 문장과 새로운 어휘 등을 고려하여 질문을 하거나 더 풍부한 언어활동을 유도하기 위해 놀이자로 개입한다. 즉, 교사는 영유아들이 음식의 종류에 대해 관심이 있다면 "이 음식의 이름은 무엇이니?", "무엇으로 만들었지?", "맛있겠구나.", "(음식 먹는 흉내를 내며) 정말 맛있네? 누가 만들었지?" 등의 질문을 통해 언어 발달을 도울 수 있다. 만약 글자에 관심을 가진 유아들이라면 글쓰기를 유도하기 위해 "이 식당 음식에는 무엇 무엇이 있나요? 음식 이름을 적어 놓으면 알 수 있을 것 같은데…….", "차림표가 있나요?" 등의 질문을 하여 유아들의 놀이가 확장되도록 도울 뿐 아니라 차림표를 만들면서 음식과 연관된 글쓰기에 관심을 가지도록 지원할 수 있다.

이처럼, 교사는 영유아들로부터 발생한 상차리기 놀이, 음식점 놀이를 언어교육을 위한 학습 기회로 판단하고 영유아들이 '차림표 만들기' 활동을 할 수 있도록 권유하여 쓰기 교육의 기회로 만들 수 있다. 영유아들은 흥미로운 놀이에 계속 몰입하고, 교사는 교육적인 상황을 계속 만들어 가는 상호 조정적인 협상이 순환적으로 진행되면서 영유아의 언어 발달이 촉진될 수 있다.

다음은 영아들의 산책 놀이 수업 사례이다. 영아들의 놀이 안에서 지도한 언어교육의 방법을 알아보자.

영아들은 다 같이 공원 산책을 하다가 바닥에 작은 돌멩이들을 발견하고 돌멩이를 모으기도 하고 바닥에 쌓거나 길게 늘어놓는다.

예원이가 바닥에 모은 돌멩이 하나를 들고 "까까"라고 말한다.

이 말을 듣고 교사가 "아~ 과자 하나 주세요."라고 하자, 예원이는 "네." 라고 말하며 돌멩이 하나를 건네준다.

이 모습을 지켜보고 있던 다른 영아들도 돌멩이를 교사에게 준다.

준서가 돌멩이 하나를 주자, 교사는 "준서야, 이건 뭐예요?"라고 묻는다.

준서는 "빵이에요."라고 말한다.

교사는 "여기 먹을 게 많구나." 하면서 다른 영아들에게도 놀이에 참여시킨다.

　　다른 영아들도 돌멩이 하나씩을 교사에게 주며 '맘마', '물', '밥' 등 다양한 음식 이름을 말하며 교사에게 준다.

　　교사는 영아들에게 받은 음식들로 식탁 차리는 모델을 보인다.

　　"여기에 밥상을 차려야겠네. 어떤 음식을 차릴까?"

　　영아들은 각자 돌멩이로 여러 음식을 상징하면서 식탁을 차리는 놀이가 이어진다.

　　앞의 사례는 영아들의 흥미를 교사가 놀이로 확장하면서 언어교육이 이루어진 경우이다. 예원이가 돌멩이를 '까까'로 상징화하면서 놀이가 시작되었다. 교사는 '까까'를 '과자'로 말하고 '하나 주세요' 하는 언어적 지원으로 예원이와 놀이의 상황을 만들었다. 예원이는 교사의 표정 몸짓과 말에 관심을 가지고 음식 이름을 말하며 상징 놀이를 하는 동안 '말하고 듣기'의 언어교육이 진행되고 있다. 이 상황을 지켜본 다른 영아들도 따라 하며 여러 음식 이름 말하기에 참여하고 식탁을 차리며 교사의 '아 맛있겠다', '준수도 상 차렸네', '고마워' 등의 여러 말들을 듣는다. 교사는 영아들의 실외놀이에서 흔히 볼 수 있는 돌멩이지만 예원이가 상상하는 '까까'의 말에 반응하며 다양한 음식 이름과 상 차리며 나눌 수 있는 여러 이야기를 나누도록 돕고 있다. 이처럼 교사는 영아의 반응을 민감하게 살피고 영아들이 돌멩이 상 차리기 놀이를 충분히 할 수 있도록 시간과 공간, 돌멩이를 원하는 만큼 지원했으며 상황을 연출하는 상호작용도 제공하였다.

　　이러한 교사의 전문적 지원은 영아들이 놀이를 통해 상대방의 표정, 몸짓, 말에 관심을 갖기, 적극적으로 듣기, 상대방의 생각과 의도를 파악하기, 상대방의 이야기를 듣고 말하기, 표정 몸짓 단어로 의사를 표현하기(제4차 어린이집 표준보육과정 해설서, 2020) 등의 언어교육이 이루어진 것으로 볼 수 있다.

　다음은 4~5세 유아들의 수업 사례이다. 유아들의 일상생활 안에서 지도한 언어활동의 교육적 의미를 찾아보고자 한다.

　　4~5세 혼합연령의 종일반 학급에서 자유선택 활동 시간을 마무리하라는 교사의 정리 신호가 있을 때였다. 재민이가 교사에게 블록으로 만든 로봇을 보여 주며 "선생님, 만들기만 했는데 정리해야 돼요? 이따가 점심 먹고 놀이 시간에 이거 가지고 놀면 안 되나요?" 하고 말하였다. 교사는 흔쾌히 허락을 하고 교구장 위에 올려놓기로 재민이와 합의를 보았다. 그러고 나서 교사는 유아들의 정리를 돕고 재민이도 다른 장난감을 정리하였다. 잠시 후, 재민이의 울음소리가 났고 교사는 아이들이 모인 곳으로 왔다.

교사: 무슨 일이니?

재민: (울면서) 내 로봇을 수빈이가 부쉈
　　　어요.

교사: 그랬니, 수빈아?

수빈: 아니에요. 정리한 거예요.

재민: (수빈에게 화를 내며) 아니야, 선
　　　생님이 이따가 가지고 놀라고 해서
　　　정리하면 안 되는 거야~.

교사: 그래, 재민이랑 그렇게 약속했지. 재민이는 로봇을 정리하지 않으려고 했는
　　　데……. 속상하겠구나.

수빈: 난 몰랐어요!

교사: 그랬겠지. 왜 이런 일이 생기게 되었을까?

진영: 선생님하고 재민이하고 약속한 거 수빈이는 모르지요. (재민이를 가리키며) 네가
　　　알려 주든지 선생님이 알려 주셔야죠.

교사: 그렇구나. 선생님은 아이들을 돕느라고 이야기해 주지 못했어. 재민이는?

재민: 난 다른 장난감 치우고 있었어요.

교사: 어떻게 했으면 좋았을까, 이런 일이 없었으려면?

우승: 재민이가 옆에서 지켜야지.

진영: 아니지. 그러면 재민이는 정리도 안 하고 서 있기만 하냐? 다른 애들도 다 그러면 어떡해?

교사: 그렇구나. 재민이도 정리를 해야 하는데, 오후에 가지고 놀 장난감이라 정리하지 않는다는 것을 어떻게 친구들에게 알리면 좋을까?

수빈: 글씨를 써 놓아요. 정리하지 말라고.

진영: 글씨를 모르는 동생들은 어떻게 해?

우승: 우리가 써 주면 되겠네!

교사: 그럴까? 그 방법대로 해 볼까?

유아들: 네!

교사: 그래. 만약 정리를 안 하고 싶은 장난감이 있으면 '정리하지 마시오.'라고 써서 붙여 놓도록 하자. 그리고 다른 문제가 있으면 또 의논하자.

유아들은 모두 재민이가 장난감을 다시 만드는 것을 돕고 '장난감을 정리하지 마시오.'라는 글을 쓰는 것을 도왔다. 이후부터 이 학급의 유아들은 새로 생긴 규칙을 모두에게 알리고 자신이 만든 장난감을 오후에 가지고 놀기 위해 '장난감을 정리하지 마시오.'라는 글쓰기 활동에 몰입하였다. 스스로 쓰는 유아, 친구의 글을 따라 쓰는 유아, 글자를 한자 한자 찾아 쓰는 유아, 형들이 쓴 글자를 얻어 가지는 어린 유아, 글을 모르는 동생들에게 계속 글을 써 주는 유아 등 발달 수준이 다른 유아들은 한동안 글쓰기에 흥미를 가지고 각자의 수준에 따라 즐겁게 언어활동에 참여하였다.

교사는 언어 영역에 '장난감을 정리하지 마시오.'라는 문장카드를 제시하여 유아들이 글을 쓰도록 도왔으며, 또한 빈 문장카드를 만들어 놓아서 스스로 글을 쓰는 유아들에게 도움을 주었다. 그리고 유아들에게 전하는 선생님의 메시지를 글로 써서 붙여 놓기도 하였다.

출처: 김혜선(2020). 유치원교실에서 배우는 삶의 기술. 경기: 공동체.

앞의 사례는 일상에서 흔히 생길 수 있는 상황을 교사가 교육적인 상황으로 발전시킨 경우이다. 학급에서 새로운 규칙을 민주적으로 만들어 가는 사회교육의 효과 외에도 문제를 해결하기 위한 토론 속에 언어교육 내용이 총체적으로 포함되어 있음을 알 수 있다. 교사는 유아들이 서로의 의견을 충분히 나눌 수 있도록 허용적인 분위기를 만들고, 문제의 논점을 정리해 주며, 다른 사람의 입장을 이해하고 경청하는 모델을 보여 주고 있다. 토론에 참여한 유아들에게는 다른 사람의 이야기를 주의 깊게 듣고, 다른 사람에게 자신의 생각을 전하며, 읽고 쓰기에 관심을 가질 수 있는 기회가 되었다. 교사는 이러한 상황을 체계적인 언어교육과 연결하기 위해 언어 영역에 '정리하지 마시오.'라는 단어카드를 준비하고, 비슷한 문장카드를 만들어 놓음으로써 우연한 상황을 체계적인 언어활동으로 계획하는 전문성을 보이고 있다. 또한 교사는 유아들의 흥미를 따르면서도 교육적인 개입과 지원을 지속적으로 하고 있다.

　　이와 같이 영유아들의 일상과 놀이에서 교사는 언어교육의 상황을 발견하고 언어적 경험이 가능한 놀이로 확장해 나갈 수 있다. 이를 위해서는 교사들이 영유아의 언어 발달에 대한 이론적 지식 기반을 튼튼히 구축하고 영유아들의 일상과 놀이를 민감하게 관찰해야 할 것이다.

계획된 언어교육과 활동

1) 놀이와 연계한 언어활동

　　국가 수준 2019 개정 누리과정(2020) 및 표준보육과정(2020)은 영유아의 일상생활과 놀이와 연계한 활동을 교사가 계획하여 균형 있게 제공할 것을 제안하고 있다. 우선 교사는 영유아들이 주도하는 놀이의 내용과 연계하여 영유아가 즐겁게 배울 수 있도록 지원하는 것이 중요하다. 즉, 현재 영유아들이 하고 있는 놀이에 부합하면서 유아의 흥미와 관심과 관련된 활동들을 제공하는 것을 말한다. 예를 들면, 영유아들이 나뭇잎을 가지고 흥미 있게 놀이할 때, 교사는 나뭇잎과 관련된 노래, 동화, 미술활동을 연계하여 나뭇잎 놀이를 확장하고 다양한 교과활동을 균형 있게 제공하여 유아들이 즐겁게 배울 수 있도록 하는 것이다. 그러므로 언어교육도 놀이와 일상을 연계하여 이야기 나누기, 동화, 동시, 언어게임 등 다양한 언어활동을 계획하여 지원이 가능하다.

이렇듯 연관된 활동을 계획하려면 우선 교사는 영유아들의 놀이를 관심 있게 관찰하면서 놀이 안에 담긴 놀이 주제를 찾아내는 것이다. 놀이 주제란 영유아들의 관심거리, 이슈(issue), 토픽(topic), 프로젝트(project) 등으로 교사가 영유아의 놀이에서 발견해 내는 것이 중요하다. 즉, 영유아들이 식탁을 차리는 놀이를 할 때에도 집에서 밥상을 차리는 것인지, 음식점 놀이인지, 또는 생일 축하를 하기 위한 상차림인지 영유아들의 흥미와 상상의 이야기를 듣는 것이다. 이외에도 교실 안에 새로운 오늘의 이슈나 토픽은 놀이가 아닌 사건일 수도 있다. 예를 들어, 비가 많이 오는 날, 영유아들은 '비 오는 날' 경험하는 새로운 일들이 오늘의 이슈가 될 수도 있다. 영유아들의 관심은 '비', '놀이터의 빗물 웅덩이', '비옷과 장화, 우산' 등등 학급의 영유아들의 관심은 그때그때마다 다를 것이다. 유아들에게 '비'에 관심이 있을 때는 비 오는 날의 동화, 빗소리를 표현한 동시 듣기와 짓기, 비 오는 날 경험을 이야기 나누기 등을 연계한 활동으로 제공한다. 또한 영아들이 새롭게 신고 온 '장화'가 관심 있는 이슈가 될 수 있다. 장화를 모아 놓고 누구의 장화인지, 장화 신고 온 경험을 나누거나 색깔을 알아보는 등 즐겁게 이야기를 나눌 수 있다. 이때 교사는 즉시 활동을 제공할 수 없을 경우, 오후의 활동이나 다음 날의 활동으로 계획하여 제공한다.

또한 영유아들은 일상과 놀이에서 '프로젝트'를 경험하기도 한다. 예를 들어, 한 유아가 집에서 기르던 금붕어를 교실로 데리고 올 경우에, '금붕어 기르기' 프로젝트를 실행할 수 있다. 유아들은 금붕어를 길러 본 경험을 말하면서 이야기를 듣고 말하는 경험을 한다. 또 금붕어 키우는 방법을 책에서 찾거나 먹이를 주는 방법과 약속을 정하고 규칙을 글로 써 붙여 놓는다면 유아들은 읽기와 쓰기에 관심을 경험하는 기회가 되는 것이다. 이처럼 프로젝트가 진행되는 과정에는 유아들의 관심과 아이디어 문제해결의 방향 등이 존중되면서 교사의 계획적인 진행이 상호 보완적으로 운영되는 것이 바람직하다. 즉, 교사는 언어교육의 내용을 기반으로 활동을 계획하여, 금붕어 기르는 책을 제공하거나, 규칙을 글로 작성하도록 제안하는 것, 그리고 활동으로 물고기 관련 책이나 정보자료, 컴퓨터 프로그램 등을 안내하여 언어적 환경을 지원하는 등의 역할이 필요하다.

끝으로 유아들의 경우에는 자신의 놀이를 소개하고 궁금한 것을 묻고 대답하는 시간, 자유놀이 후에 회상하는 시간도 언어교육의 중요한 시간이 될 수 있다. 유아들은 자신들의 경험을 설명하면서 상대방의 이야기를 듣고 적절히 질문하는 등 매일의 회상

시간은 언어교육의 중요한 시간으로 매일의 일과로 운영하는 것도 바람직하다.

2) 주제와 연계한 언어활동

교사는 영유아의 흥미를 이끌 수 있는 놀이자료를 제공하기도 하지만 3세 이상의 유아들에게는 '주제'를 선택하여 연계한 활동을 제안할 수 있으며 언어교육도 그 안에 포함된다.

여기서 주제란 영유아들이 관심 있을 것으로 예상되는 교사의 계획으로 Unit, Theme 등의 의미로 해석될 수 있다. 예를 들면, 유아들은 '동물'이나 '교통기관', '동네와 가게' 등에 일반적으로 흥미를 가지고 있다. 그러므로 이러한 주제들은 영유아들의 놀이에서 자연스럽게 다루어지기도 하고, 때로는 교사가 사전에 계획하여 유목적적으로 제공하기도 한다. 교사가 주제로 접근을 할 경우에는 교육내용과 교과 등을 균형 있게 계획하는 것이 중요하다. 이외에도 영유아들에게 안전이나 새로운 집단에서 배워야 하는 습관과 약속 등의 활동도 교사가 준비하여 진행할 수 있다.

이와 같이 언어교육도 주제 안에서 다룰 수 있는 교육으로 접근이 가능하다. 즉, 주제와 연계하여 듣기와 말하기 활동들, 읽기와 쓰기에 관심 가질 수 있는 활동들, 책과 이야기를 즐겁게 경험할 수 있는 활동들을 고르게 제공한다. 또한 영유아의 발달을 고려하여 수준에 적합한 활동방법, 상호작용, 놀잇감과 자료 등을 준비하여 영유아들에게 제공한다. 여기서 중요한 것은 영유아들의 반응을 살피면서 활동을 전개해야 하는 것으로 영유아들의 반응에 따라 활동의 방법과 수준, 진행 시간과 시기의 등을 유동적으로 변형·변화할 수 있어야 한다. 또한 교사는 모든 활동을 놀이처럼 운영하며 영유아의 관심에 따라 지속, 확장이 가능하고 때로는 새 활동이 만들어지기도 하고 활동이 끝날 수도 있는 여유가 필요하다. 이때 판단의 중심은 항상 영유아들의 흥미와 참여를 기준으로 놀이하듯이 진행한다는 것을 기본 전제로 한다.

다음은 주제와 연계한 언어활동을 계획한 사례로 5세 학급의 교사가 '동네'를 주제로 계획하였다고 가정하자. '동네'는 5세 유아들은 집과 유치원을 오고 가며, 또 가족들과 동네의 여러 가게와 기관을 사용하는 등 '동네'라는 주제는 사람들이 살아가는 데 필요한 여러 시설과 이웃 사회를 알아가기에 필요한 주제로 유아들이 다루기에 적절하다. 이 주제는 유아들이 관심 있는 '가게 놀이'나 많이 경험한 '병원 놀이' 등으로 자연스럽게 시작될 수도 있고, 교사가 '우리 동네'라는 주제로 선정하여 여러 활동들을 유아들에게 제안할 수도 있다.

'우리 동네'라는 주제에서, 여러 가게, 우리를 돕는 기관들, 골목들과 찻길, 놀이터, 도서관 등 여러 하위 주제들을 계획하고 유아들의 관심을 살펴볼 필요가 있다. 교사는 유치원 오면서 길거리에서 본 이야기를 하거나, 유치원 주위의 골목, 거리와 가게들, 동네 놀이터 등을 산책하기로 계획하였다. 예를 들어, 산책을 다녀온 아이들의 관심이 여러 가게들, 길거리의 자동차, 유치원 옆 골목의 집들, 거리를 다니는 사람들에 관심을 보였다면 교사는 아이들의 관심을 관찰하면서 주제와 연관된 교육내용을 추출해 본다. 다음은 5세 유아들이 배울 수 있는 언어 교육내용의 예이다.

누리과정 [의사소통 영역]

- **듣기와 말하기**
  - 말이나 이야기를 관심 있게 듣는다.
  - 자신의 경험, 느낌, 생각을 말한다.

- **읽기와 쓰기에 관심 가지기**
  - 말과 글의 관계에 관심을 가진다.
  - 주변의 상징, 글자 등의 읽기에 관심 가진다.

- **책과 이야기 즐기기**
  - 동화와 동시에서 말의 재미를 느낀다.

이와 같이 교육내용이 선정되고 나면 다음은 내용에 따라 적절한 활동을 고안한다. 구체적인 활동을 계획하기에 앞서 학급 유아들의 언어 발달 수준, 흥미, 태도를 고려한다. 예를 들어, 유아들이 읽고 쓰기에 관심을 갖고 있는지, 읽기·쓰기의 발달 수준은 어느 정도인지 평가하여 활동의 구체적인 목표, 활동방법, 자료 제작에 반영한다. 다음은 읽고 쓰기에 관심을 가지는 내용에 따라 활동을 고안한 사례이다.

   ○ 동네의 여러 기관, 가게 등의 간판에서 글자를 찾아보고 읽어 본다.

○ 언어카드로 가게 이름 맞히기 그룹 게임을 한다.

○ 쌓기 놀이에서 동네를 만들고 건물, 기관, 가게에 이름 붙여 본다.

○ 기관이 하는 일에 대하여 정보를 제공하는 다양한 책을 본다.

유아들은 앞의 활동에 참여하며 주변의 상징, 글자 등의 읽기에 관심을 가지게 된다. 이 외에도 교사는 언어교육을 위해서 다음과 같은 활동을 계획할 수 있다.

○ 골목 산책, 거리 산책

○ 가게 방문하기, 기관(병원, 은행 등) 방문하기

○ 동화와 동극: 로지의 동네 산책

○ 동시: 빵집 아저씨

○ 지도 그리기: 우리 동네의 길들

○ 게임: 동네의 여러 사인과 표지

활동이 추출되면 교사는 유아 개개인의 언어능력과 흥미에 따라 활동방법 및 자료를 준비하여 활동을 소개한다. 이때 유아 개개인의 참여와 흥미 관심, 발달 수준에 적합한 지원은 매우 중요한 교사의 역할이다. 예를 들어, 유아들이 동네를 구성하는 놀이를 하는 과정에서 유아 수준에 따라 적절한 언어교육을 진행한 사례이다.

유아들이 만든 거리의 건물을 보며 교사는 간판과 디자인, 사인과 표지 등에 대한 궁금함을 묻고 유아들이 간판과 상징 글자에 관심을 가지게 언어적 지원을 하였다.

○ 글을 쓸 줄 아는 유아에게는 간판 이름을 쓸 수 있도록 종이와 필기도구를 제공하여 직접 유아가 쓰도록 하기

○ 글을 보고 따라 쓰는 정도의 유아들을 위해서는 가게 이름카드를 언어 영역에 두어 필요할 때 보고 쓸 수 있도록 지원하기

○ 만약 유아가 글을 쓸 수는 없지만, 이 활동에 흥미를 보이면, 건물 간판의 글씨, 상징, 다자인, 표지판 등을 사진으로 찍어 구성놀이의 자료로 제공하여 유아들이 우선 글자를 인식하고 쉽게 접하는 경험부터 하도록 돕기

끝으로 교사는 모든 활동을 진행하면서 유아들의 언어활동에 참여하는 정도를 관찰하고 놀이의 전개를 기록하며 유아 개개인의 언어 발달의 수준을 기록한다. 이 기록은 놀이의 전개를 위한 지원, 유아의 언어 발달에 대한 지원계획에 기초자료로 활용하였다.

다음은 사전에 교사가 활동을 사전에 계획한 언어활동안의 사례이다.

 활동명 **우리 동네 만들기-건물 이름**

활동 주제: 우리 동네

대상 연령: 5세

활동 목표: • 우리 동네의 여러 기관에 대하여 이해한다.
　　　　　　• 건물의 이름을 통해 읽고 쓰기에 관심을 가진다.
　　　　　　• 창의적인 공간 구성을 할 수 있다.

자료: 종이, 필기도구, 건물이나 간판 이름카드(5×10cm), 건물과 간판을 찍은 사진, 건물을 만들 수 있는 여러 블록 또는 상자와 폐품들

활동방법

• 사전활동으로 우리 동네의 다양한 가게와 건물 이름을 견학한다.

• 쌓기놀이 영역 또는 미술 영역에서 여러 건물을 만들고, 만든 건물을 이용하여 우리 동네를 구성한다.

• 건물의 이름을 기억하여 간판을 만들어 붙인다.

참고

• 글을 쓸 수 있는 유아에게는 직접 쓸 수 있는 자료를 주어서 다양한 가게 이름을 만들어 붙이도록 한다.

• 글을 읽거나 쓸 줄 모르는 유아들을 위해 간판에 적혀 있는 언어카드와 상징기호 또는 사진 자료를 주어 쉽게 놀이에 사용하고 글자 읽기에 관심을 가지도록 한다.

관찰 내용: 문식성 발달 수준 체크리스트

　1. 글자에 관심이 없다.

　2. 글자에 관심은 있으나 읽거나 쓸 줄은 모른다.

　3. 글을 읽을 줄은 모르나 모양을 인식하고 가끔씩 아는 글자가 있다.

　4. 글을 따라 쓴다(글을 쓴 결과물 모음).

　5. 글을 읽고 쓸 줄 안다(글을 쓴 결과물 모음).

언어교육의 통합적 접근

언어는 우리가 사고하고 학습하는 데 중요한 수단이다. 언어를 통해 인간은 학습을 시작하고, 학습을 존속시키는 동시에 학습의 결과를 표현할 수 있다. 또한 언어는 듣기, 말하기, 읽기, 쓰기가 통합된 전체로서 영유아 교육과정의 강한 동인(動因)이 된다. 즉, 언어는 학습의 도구이면서 통합의 동인이라고 할 수 있다(주영희, 2001). 그러므로 언어교육은 일상의 생활과 언어교육이 자연스럽게 통합되어야 할 뿐만 아니라 언어 영역 안에서의 교육내용도 통합해서 접근해야 한다. 우리나라 영유아 교육과정은 유아 중심, 놀이 중심 교육과정을 기초로 5개 영역(신체운동·건강 영역, 사회관계 영역, 의사소통 영역, 예술경험 영역, 자연탐구 영역)의 내용이 통합적으로 영유아의 경험과 연계되도록 한다(2019 개정 누리과정「교수·학습」). 이 장에서는 언어교육의 통합적 접근으로 경험과 연계한 통합적 접근, 맥락이 이어지는 통합적 접근과 프로젝트 진행에서의 통합적 접근의 세 유형을 설명하고자 한다.

1) 경험과 연계한 통합적 접근

영유아들은 일상생활과 놀이에서 이미 5개 영역의 교육내용을 통합적으로 경험한다. 예를 들면, 유아는 모래놀이를 하며 신체를 움직이고 친구와 대화도 하며 그림도 그릴 수 있다. 또한 모래와 물을 섞으며 물질의 변화에 대해 호기심과 탐구심을 가질 수도 있다. 이처럼 유아들은 놀이를 통해 여러 영역을 통합적으로 경험하게 되므로 영유아들의 배움은 영역별로 나누어지지 않는다. 그러므로 교사는 영유아의 놀이에서 5개 영역의 내용이 자연스럽게 통합적으로 나타나는 것을 발견함으로써 놀이하며 배우고 있음을 알아내야 한다(교육부, 2020). 이처럼 언어교육도 영유아들의 모든 경험 안에 포함되어 있으며, '의사소통 영역' 안의 여러 세부 내용도 함께 통합하여 나타난다.

다음은 일상에서 유아들이 모래놀이를 하는 동안에 5개 영역이 통합되고 의사소통 영역 안의 내용들이 통합되는 사례이다.

서너 명의 유아들이 '두꺼비 집' 모래놀이를 하면서 한 친구의 재미있는 말장난에 관심을 가진다. 두꺼비 대신 여러 동물 이름을 부르며 '○○야, ○○야, 헌 집을 줄게, 새

집을 다오.'라는 노래로 바꾸어 부르고 점점 다양한 말놀이로 이어진다. 리듬이 반복되고, 동물 이름을 찾고, 함께 노래를 부르고 또 새로 얻은 집을 '공주네 집', '왕자네 집'이란 엉뚱한 이야기를 지어낸다. 이 말놀이 안에는 의사소통 영역의 여러 내용이 포함되고 다른 영역, 즉 신체운동 · 건강 영역, 탐구 영역, 사회관계 영역, 예술경험 영역의 여러 내용도 통합적으로 포함되어 있다.

끝없이 이어지는 유아들의 말놀이

두껍아 두껍아, 토끼야 토끼야

유아들은 모래놀이터에서 두꺼비집 놀이를 하고 있다. 승주가 두껍이 노래를 창작하여 부르면서 친구들이 재미있게 따라 하며 서로서로 말놀이를 펼쳐 간다.

아이들: (다 같이) ♩♫두껍아, 두껍아, 헌 집 줄게, 새집 다오. ♪

시연: (모래 속에서 손을 빼면서) 됐다. 우리 집이야. 여기가 문이야.

승주: 난, 토끼 보고 새집 달라고 해야지. ♫토끼야, 토끼야 헌 집 줄게. ♩♪새집 다오.

민준: 토끼? 두꺼비지.

승주: 난 두꺼비 싫어. 무서워. 토끼 보고 달라고 할 거야.

아이들: 하하하.

민준: 난 그럼 호랑이한테?

승주: 됐다. (모래 속에서 손을 빼며) 토끼 집이야. 토끼 집이니까 토끼가 살아야지. 엄마 토끼랑 아빠 토끼랑 아기 토끼랑 산다 그래야지.

시연: 그럼, 토끼가 놀러 온다고 해. 우리 집에. ♩토끼야, 토끼야, ♫두꺼비 집에 놀러 와라.

승주: 알았어. ♪두껍아, 두껍아, 너네 집에 놀러 갈게. ♫(하하)

아이들: (재미있게 지켜본다.)

민준: ♫호랑아, 호랑아, ♩♪헌 집 줄게, 새집 다오. 나도 다 됐어. 호랑이 집. 서아야, 너도 집 만들어.

서아: 그러면 난 강아지야. 강아지야, 강아지야. 하하하.

지호: 그러면 강아지 집이네? 하하.

서아: 아니야, 공주 집이야. 공주가 산다 그래.

시연: 그럼, ♪공주야, 공주야, ♪♫우리 집에 놀러 와라.

승주: 그럼, 왕자님 집도 만들어 ♫왕자님, 왕자님 헌 집 줄게, 새집 다오. ♩♪ 공주랑 왕자랑 같이 산다고 해.

시연: 결혼한다고 할까?

유아들: (하하하)

유아들은 동물 이름을 바꾸어 가면서 두꺼비 집 놀이를 하고 공주와 왕자의 이야기를 지어내면서 즐거운 말놀이가 이어진다. 교사는 바깥놀이를 마친 유아들에게 모래놀이에 만든 집을 그려 보고 바꾸어 불렀던 창작 이야기와 노래를 글로 써 볼 것을 제안했다. 유아들은 즐거웠던 모래놀이를 회상하며 그림을 그리고 글로 써 보기를 즐겨 한다.

승주: 나는 토끼 집이야. 토끼들이 많이 사는 토끼 마을이야.

　　　('토끼야, 토끼야, 헌 집 줄게, 새집 다오.'라고 쓴다.)

서아: 승주야, 토끼 집 옆에 내가 만든 공주 집 산다고 그래. 공주가 토끼를 좋아한다고 할래?

승주: 그래, 토끼도 공주 좋아해.

서아: 나는 공주 집이고 왕자 집도 옆에 있어. 토끼 집도 그려야지.

　　　♪강아지야, 강아지야, ♪헌 집 줄게, 공주 집 다오. ♬ 여기에 써야지.

유아들의 그림은 친구들에게 소개되고 모래놀이를 하지 않았던 유아들까지 그림을 그리고 노래를 부른다. 여러 동물들 이름을 바꾸어 노래 부르기, 상상하여 집을 그리고 그 집에는 여러 이야기가 그림과 글로 말로 지어낸다.

5개 영역의 통합적 이해

신체운동 · 건강 영역

• **신체활동 즐기기** | 손 위에 모래를 쌓고 두드리면서 모래집이 무너지지 않게 손의 힘을 조절하며 신체의 움직임을 조절한다.

의사소통 영역[의사소통 영역 안의 통합]

• **듣기와 말하기** | 유아들은 승주의 창의적인 이야기로부터 친구들의 이어지는 이야기를 관심 있게 듣는다. 자신의 이야기를 지을 때 자신의 경험, 느낌, 생각을 말한다. 이야기가 만들어지면서 상황에 맞게 적절한 단어를 사용한다. 친구들의 이야기를 듣고 관련지어 이야기를 만들어 간다.

• **읽기와 쓰기에 관심 가지기** | 모래놀이 경험을 그리고 글로 쓰며 말과 글의 관계에 관심을 가진다. 자신의 이야기를 글로 쓰려고 하면서 자신의 생각을 글자와 비슷한 형태로 표현한다.

• **책과 이야기 즐기기** | 유아들은 이야기 속에 몰입하여 상상하기를 즐긴다. '두꺼비' 노래의 리듬에

따라 노랫말을 바꾸며 말의 재미를 느낀다. 말놀이와 친구들 이야기에 이어 자신의 이야기 짓기를
즐긴다.

사회관계 영역
• **나를 알고 존중하기** | 모래집을 만들면서 자신의 감정을 알고 상황에 맞게 표현한다.
• **더불어 생활하기** | 친구들의 모래집과 창작하여 지은 노래, 이야기를 들으며 즐겁게 말놀이하는
  과정에서 서로 도우며 사이좋게 지낸다.

예술경험 영역
• **창의적으로 표현하기** | 전래동요 '두껍아 두껍아' 노래를 즐겨 부르며 우리나라 전통 예술에 관심
  을 가지고 친숙해진다.

자연탐구 영역
• **생활 속에서 탐구하기** | 모래집을 완성하기 위하여 모래의 특성, 물과 모래의 관계, 물체의 특성과
  변화를 여러 가지 방법으로 탐색한다.

앞의 사례와 같이 영유아들의 놀이는 총체적인 배움이 일어나는 교육의 장이다. 특
히 언어를 매개로 놀이가 진행되는 시기가 되면 모든 놀이 상황은 언어교육 환경이 되
며, 이외에도 놀이나 활동이 지속적으로 이어지면서 놀이를 통한 통합교육이 자연스럽
게 진행된다. 이때 교사는 발현되는 놀이 안에서 언어교육의 내용을 발견할 수 있어야
한다. 즉, 사례에서 교사가 유아들에게 그림 그리기와 글쓰기를 제안했듯이 놀이 상황
에서 가능한 언어교육의 내용을 찾고 연계된 활동들을 제안하는 등 역동적이고 전문적
인 역할이 필요하다.

2) 맥락이 이어지는 통합적 접근

영유아들 놀이의 본질은 일상과 삶과 같이 놀이가 다음 놀이나 활동으로 자연스럽게
이어지는 것이다. 그러므로 교사가 제안하는 언어교육 활동도 유아들의 반응과 흥미,
관심에 따라 심화·확장되는 경험이 가능하도록 돕는 것이 필요하다. 예를 들어, '문학
을 통합적 접근'이라 하면 그림책을 보는 것이 단순히 문학적 경험으로만 그치는 것이

아니라, 내용에 따라 동화를 듣고 이야기하기, 동화의 다음 이야기를 상상하기, 극놀이나 동극, 동화의 주인공에게 편지 쓰기 등의 이어지는 놀이와 활동들이 의미 있다. 언어교육 내용에서도 듣기, 말하기, 읽기, 쓰기의 관심과 경험, 책 보기와 이야기 만들기 등의 언어교육이 통합된다. 다음은 동화 〈브레멘의 음악대〉를 듣고 이어지는 활동들로 언어교육의 내용들과 다른 영역의 내용까지 균형 있게 통합된 사례이다.

동화　브레멘의 음악대

- -

동화 줄거리: 사람들에게 도움을 주고 사랑을 받으며 함께 살던 암탉, 고양이, 개, 당나귀가 늙고 병들자 집에서 쫓겨난다. 길거리에서 만난 동물들은 모두 함께 브레멘으로 가서 음악대를 만들어 행복하게 살게 된다는 이야기

이야기 나누기: 버려진 동물들
- 동화를 듣고 나서 동물들이 버려진 입장에 대하여 이야기 나누어 보고, 집에서 기르는 반려동물을 돌보며 생기는 일, 유기견 이야기 등에 대해서도 토론하기
- 교육내용: 의사소통–말이나 이야기를 관심 있게 듣기
　　　　　　　　　　자신의 경험, 느낌, 생각을 말하기
　　　　　　　　　　상대방이 하는 이야기를 듣고 관련해서 말하기
　　　　　　　사회관계–서로 다른 감정, 생각을 존중하기
　　　　　　　자연탐구–주변의 동식물에 관심 가지기

편지 쓰기: 동물들에게, 주인에게, 작가에게
- 이야기를 나눈 후에, 동화의 등장인물 또는 작가에게 독자로서 자신의 생각을 편 글이나 그림으로 글쓰기
- 교육내용: 의사소통–자신의 생각을 글자, 비슷한 형태, 그림 등으로 표현하기
　　　　　　　자연탐구–생명을 소중히 여기기

동화 짓기: 다시 지은 이야기
동화의 내용을 이어서 후속 이야기나 다시 지은 이야기 등 창작 이야기책 만들기
교육내용: 의사소통–책에 관심을 가지고 상상하기를 즐기기
　　　　　　　이야기 짓기를 즐기기

이와 같이 영유아가 관심을 가지는 그림책, 사물, 사건, 발현적 상황 등이 영유아의 경험을 통합적으로 연계할 수 있는 자원이 될 수 있다. 그러므로 교사는 영유아들의 놀이 상황이 연계되고 이어지는 맥락에 따라 5개 영역이 통합되도록 융통성 있는 지원을 할 수 있어야 한다.

3) 프로젝트 진행에서의 통합적 접근

프로젝트 접근은(The Project Approach)은 유아가 개별적으로나, 소집단으로 혹은 학급 전체가 흥미 있는 일이나 문제를 해결해가는 과정을 말한다. 이때 유아들은 프로젝트 수행을 위해서 일을 계획하고 실행하면서 예측, 실험, 탐색, 협력, 의사소통의 과정을 경험한다. 또한 또래와 교사 혹은 부모와 자원인사 등 주변 사람들의 지원을 요청하고 도움을 받는 등 매우 주도적인 참여를 하게 된다. 그러므로 프로젝트의 접근은 유아들의 지식과 기술을 증대시키고 적극적인 도전과 능동적인 성향 등 잠재적인 발달까지 돕는 교수 · 학습방법이다. 특히 유아들의 일상과 놀이, 활동 외에도 유아들의 관심거리를 프로젝트로 접근하는 방법으로 '유아 중심 · 놀이 중심' 교육과정 운영에 매우 적절한 교수 · 학습방법이라 할 수 있다.

프로젝트가 수행되는 과정을 살펴보면 유아들이 몰입하는 여러 활동에서 학문적 기술, 교과 영역이 통합되어 나타남을 알 수 있다. 프로젝트를 수행하기 위해 행해지는 모든 과정에는 교과적 요소 및 누리과정의 5개 영역 내용이 자연스럽게 통합된다. 그러므로 프로젝트의 진행 안에는 다양한 놀이와 언어활동들이 자연스럽게 통합될 수 있다.

예를 들어, 유치원 놀이터에 길 고양이 한 마리가 들어왔다고 가장하자. 예측하건대 대부분의 유아들은 매우 관심이 높을 것이며 자연스럽게 고양이에 대한 탐구가 시작될 것이다. 이때 유아들이 고양이에 보살피고 같이 놓아 주면서 고양이를 기르고 싶다는 요구가 발생한다면, 교사는 이 요구를 수용할 것일지 대한 교육의 관점에서 선택의 기준을 고려하고 모두 합의가 가능할 경우, 이 학급에는 '고양이 기르기' 프로젝트가 시작된다, 다음은 3~5세 학급의 '길고양이 기르기 프로젝트'[1]를 간략히 소개하고 그 안에 포함된 언어교육 내용을 분석해 보고자 한다.

---

1) '주제 접근 통합교육과정에 의한 종일제 프로그램' 2004, 명지전문대학 부속 명지유치원.

길 고양이를 기르기로 한 유아들은 먼저 무엇을 도울지 토론한다.

> **예형**: 밥이 있어야 해. 고양이들이 좋아하는 밥.
>
> **준우**: 우리 밥을 주면 돼?
>
> **소연**: 아니야 우리 밥과는 다르지.
>
> **예형**: 그럼, 고양이 기르는 애들한테 물어보자.
>
> **소연**: 책을 봐도 알 수 있어.

　유아들은 친구에게 물어보고 책에서 고양이 밥을 알아내고 다음은 어떻게 살 수 있을지, 누구에게 부탁할지, 돈을 어떻게 마련할지, 어디서 사야 하는지 등 여러 문제를 해결한다. 고양이의 밥을 구하고 밥을 주면서 밥을 주는 방법, 밥을 주는 시간, 밥의 양 등을 몰라 다시 문제에 당면한다.

> **소연**: 그럼, 고양이 기르는 수희한테 다시 물어보자.
>
> **수희**: 우리 고양이는 애기라서 조금 먹어.
>
> **소연**: 우리 고양이는 큰데. 엄마 같아. 그럼 얼마만큼 주지?
>
> **교사**: 어디서 알아보면 좋을까?
>
> **예형**: 카페에 가서 다시 물어봐요.
>
> **교사**: 혹시, 고양이 밥 봉투에 써 있는지 볼까?

　교사의 제안으로 유아들은 봉투의 안내문을 읽기, 카페 주인에게 전화해서 물어보기를 하면서 밥의 양을 결정하고 고양이가 먹는 정도를 유심히 관찰한다. 이렇게 고양이를 기르기 위해 고양이가 좋아하는 놀이터 만들기, 고양이 잠자리 만들기, 고양이의 일상 관찰하기 등등이 진행되며 최종적으로 고양이 놀이터와 집을 만드는 것으로 프로젝트는 마무리된다.

　이 프로젝트 수행은 놀이나 활동으로 진행된 것과는 다르게 일상에서 목적 있는 일로 접근이 되었다. 그러므로 유아들은 매우 주도적이고 적극적으로 일의 완성을 위해 도전한다. 이 과정에 유아들의 '배움'이 담겨 있음을 알 수 있다. 그중 언어교육의 내용을 유추하여 분석하면 다음과 같다.

■ **듣기와 말하기**
- 자신의 경험, 느낌, 생각을 말하기
- 상황에 적절한 단어를 사용하여 말하기
- 상대방이 하는 이야기를 듣고 관련해서 말하기

■ **읽기와 쓰기에 관심 가지기**
- 주변의 상징 글자 등의 읽기에 관심 가지기

■ **책과 이야기 즐기기**
- 책에 관심 가지기(정보 얻기)

언어교육의 내용 이외에도 고양이 집을 만들기 위해 설계하고 목공으로 만들기를 하면서 '신체의 움직임을 조절하기', '안전하게 놀이하고 생활하기'의 경험과 더불어 생활하는 사회관계의 경험, 주변 세계와 자연 현상에 지속적으로 호기심을 가지고 궁금한 것을 탐구하는 과정, 탐구과정에 서로 다른 생각에 관심을 가지기, 주변의 동식물에 관심을 가지고 모든 생명을 소중히 여기는 자연탐구의 과정까지 통합적 접근이 가능하다. 이때 교사는 유아들이 프로젝트를 수행하는 데 적극적 지지자로 도우면서 프로젝트 전 과정에 대한 관찰과 기록을 하고 언어교육과 더불어 여러 영역의 교육내용과 교과적 요소 등을 분석하여 균형적 지원을 제공하는 전문적인 역할을 해내야만 한다.

11
영유아 언어교육 환경

영유아의 언어 사용능력을 신장시키기 위해서는 언어를 가르치는 것
뿐만 아니라 언어적 자극이 풍부한 환경을 구성하는 것이 중요하다.
영유아를 둘러싸고 있는 환경은 영유아가 자연스럽게 언어의 여러 가
지 기능과 특징을 배울 수 있도록 해 준다. 이 장에서는 영유아의 물
리적 환경인 교실환경에 대하여 살펴본다.

1 환경 구성

영유아는 일상 속에서 자신을 둘러싼 환경과의 지속적인 상호작용을 통해 언어에 대한 가설을 세우고, 검증하며, 수정한다(이차숙, 2004). 영유아는 주변 사람들과 소송하며 관계를 맺는 능동적인 의사소통자이다(교육부, 보건복지부, 2019). 그러므로 영유아를 둘러싼 환경이 어떻게 구성되었느냐에 따라 영유아가 다른 사람과 소통하는 경험은 달라진다. 능동적인 의사소통자인 영유아의 언어생활을 지원하는 물리적 환경을 구성은 다음과 같다.

1) 구성 원칙

언어 영역에는 듣기와 말하기 및 읽기와 쓰기 그리고 책과 관련된 자료들을 비치하여 다양한 언어활동이 일어나게 하고, 이를 통해 언어 능력을 증진시킬 수 있도록 구성한다. 풍부한 언어자료와 환경 구성은 영유아의 자발적이고 능동적인 언어활동을 촉진하게 된다. 교사는 영유아가 자신의 느낌과 생각을 적절하게 말하는 경험을 통해 바른 언어생활을 할 수 있도록 돕는 역할을 할 수 있다. 유아가 아름다운 우리말이 담긴 책과 이야기에 흥미를 가지고 언어가 주는 재미와 상상을 충분히 즐길 수 있도록 지원한다(교육부, 보건복지부, 2019). 또한 영유아가 다양한 언어활동을 체험할 수 있는 기회를 제공하기 위하여 언어 영역을 구성하고, 직접적인 경험을 통해 의사소통을 높일 수 있도록 하는 것이 좋다. 언어 영역을 구성할 때 고려해야 할 사항은 다음과 같다(이차숙, 2004; 교육부, 2000; Machado, 2013; Jalongo, 2000).

(1) 언어활동을 촉진할 수 있는 풍부한 환경을 구성한다

영유아의 언어활동을 촉진할 수 있는 가장 좋은 환경 구성은 교실 내에 언어 영역을 구성하는 것이다(Field, 1980; Jalongo, 2000). 언어 영역에서 언어활동을 하게 되면 영유아들의 언어활동에 대한 집중력이 높아지고 다른 영유아의 행동을 쉽게 관찰할 수 있으며, 협동작업이 잘 이루어져 활발한 언어활동이 일어난다. 또한 각 영역에 제공되어 있는 다양한 언어자료를 직접 활용해 봄으로써 자연스럽게 언어활동을 할 수 있다. 특히, 읽기나 쓰기 영역이 잘 구성된 교실환경에서 영유아들은 책 읽기를 더욱 즐기고, 쓰기 활동에 더 즐겁게 참여한다(Morrow, 1997). 교실 내에 다양한 문식성 자료(literacy probs)를 제시해 주어 영유아들이 자발적으로 문자와 상호작용할 수 있는 기회를 제공하는 것도 언어활동을 촉진하는 좋은 방법이 된다(Newman & Roskos, 1992).

(2) 교육활동과 연계되도록 구성한다

언어 영역에 교육활동과 관련된 풍부한 자료를 제공하여 교육활동을 확장하도록 한다. 예를 들어, 개미에 관한 활동을 전개할 때 언어 영역에 개미에 관한 책, 정보지, 화보 등을 제시하여 언어 영역과 타 영역이 통합되도록 한다.

(3) 듣기, 말하기, 읽기, 쓰기가 동시에 일어나도록 언어자료를 제시한다

교사는 언어 영역에 자료를 제시할 때 통합적 활동이 일어날 수 있도록 배려한다. 예를 들어, 말하기 활동을 할 수 있는 녹음기, 컴퓨터, CD를 제시할 때, 종이와 연필도 함께 주어 영유아가 자신이 한 말을 받아 적고 싶을 때 자료를 즉시 활용할 수 있도록 하는 것이 좋다. 또한 병원놀이를 할 경우 병원에서 활용되는 모든 종류의 언어자료를 함께 제시해 주어 말하기, 듣기, 읽기, 쓰기 활동이 동시에 자연스럽게 일어나도록 한다.

언어 영역은 햇빛이 잘 드는 밝은 곳에 위치해야 하며, 소음이 발생하는 활동적인 영역과 멀리 떨어트려 배치한다. 바닥에는 카펫을 깔고 부드러운 의자, 낮은 탁자, 쿠션

등으로 아늑하고 조용한 분위기를 마련해 주어 영유아들이 안정된 분위기를 느낄 수 있게 한다(육아정책연구소, 2013). 책 읽기나 글쓰기 활동에 적절한 조명시설을 갖추고, 천장에 롤 스크린을 설치하여 다른 활동의 방해를 받지 않고 언어활동에 집중할 수 있도록 한다(Jalongo, 2000). 또한 혼자 있고 싶은 영유아들은 쉬면서 혼자만의 활동을 즐길 수 있도록 해 주며, 때때로 교사가 영유아와 일대일로 상호작용할 수 있는 공간도 구성한다.

(4) 영유아들이 심미적 · 정서적으로 좋은 기분을 느끼도록 구성한다

가능하면 언어 영역은 자연스러우면서 심미적으로 매혹적인 환경을 만들어 주는 것이 좋다. 인공적인 구성물보다는 꽃, 식물, 동물 등을 활용하여 자연적인 느낌을 주는 것이 바람직하다. 영유아들이 아름다움을 느낄 수 있는 색을 사용하고 구성물들의 색감이나 배치도 조화를 이루게 하여 심미감을 기를 수 있도록 한다.

2) 자료

언어 영역에서의 활동은 영유아의 의사소통 능력을 길러 줄 수 있어야 한다. 따라서 언어 영역에 비치할 자료를 선택할 때는 다음과 같은 사항을 고려한다.

- 사고와 언어 간의 관계성을 알게 하는 실물 자료인가?
- 영유아의 사고능력을 확장시켜 주는 감각 자료인가?
- 영유아의 의사소통 능력을 길러 주는 자료인가?
- 영유아의 일상생활에서 흔히 볼 수 있는 친근한 자료인가?
- 영유아가 좋아하는 놀잇감인가?
- 영유아가 놀이에 몰입하는 데 도움을 줄 만큼 충분히 매력적인 자료인가?

2019년 개정 누리과정 및 제4차 표준보육과정에서는 교사가 영유아의 흥미와 관심, 개별 특성을 존중하며 영유아의 다양한 놀이와 경험을 지원할 수 있도록 공간을 구성하고 자료와 시간을 조직하고 상호작용에 변화를 줄 것을 기대한다. 먼저 놀이 공간의 구성에서 교사는 영유아의 놀이 전개를 지켜보고 영유아의 놀이를 방해하는 요소를 관찰하며 유아의 의견을 반영하여 놀이 공간을 구성하고 운영해 나가는 자율성을 가진다. 따라서 교사는 기관의 교육철학과 교실의 물리적 구조, 영유아의 연령, 흥미에 따라 자율성을 가지고 교실 공간을 구성할 수 있다. 영유아의 흥미와 놀이 흐름에 따라 놀이 공간을 조정할 수 있다. 예를 들어, 영유아들이 역할 영역에서 기차놀이를 하면서 다양한 언어활동을 하고자 할 때 영유아가 자유롭게 영역을 이동할 수 있도록 공간을 가까이에 배치해 주거나 언어 영역과 역할 영역을 통합할 수 있다. 이러한 놀이 공간 구성을 진행할 때 교사는 놀이 공간 변경을 영유아가 자연스럽게 배치해 볼 수 있도록 하거나 변경하도록 지원할 수 있다(교육부, 보건복지부, 2019).

또한 언어 영역에 교사가 놀이자료나 언어자료를 제공하더라도 영유아는 자신들이 원하는 방식으로 다르게 활용할 수 있다. 따라서 교사는 유아가 어떤 자료에 흥미를 갖고 탐색하고자 하며, 놀이를 통해 새롭게 의미를 부여하고자 할 때 이를 수용하는 것이 중요하다. 유아가 언어 영역의 자료를 자신들이 원하는 방식으로 활용하고자 할 때 교사는 자신이 의도한 결과를 얻기 위해 계획한 활동으로 이끌기보다 자료가 어떻게 놀이의 매개가 되는지 지켜보고 유아가 스스로 선택한 방법 속에서 배움이 일어나도록 지원한다(교육부, 보건복지부, 2019). 예를 들어, 교사가 안전에 관한 이야기 나누기 활동자료를 언어 영역에서 유아들이 알아맞히기 게임 놀이로 활용할 수 있다. 그러므로 자료를 흥미 영역이나 생활주제 또는 연령별로 분류하기보다는 놀이자료별로 분류하여 기존 자료를 활용할 수 있는 방법을 찾아보는 것도 바람직하다(교육부, 보건복지부, 2019).

3) 듣기 및 말하기 영역

듣기는 의사소통을 원활하게 하는 데 매우 중요한 요소이다. 영유아의 일상생활에서 아주 자연스럽게 일어나는 활동으로서 큰 부분을 차지하고 있으며, 영유아 교육기관의 모든 영역에서 일어나는 활동이다. 그럼에도 영유아 교육기관에서의 듣기 지도는 소홀한 편이다(조정숙, 김은심, 2003). 듣기 영역을 매력적으로 구성하여, 영유아들이 듣기에 관심을 갖고 듣기에 관한 다양한 경험을 하도록 환경을 구성해 주어야 한다. 듣기 활동을 촉진하기 위한 자료는 다음과 같다.

- 듣기 영역에는 녹음기, 컴퓨터, 마이크, 헤드폰, 다양한 듣기 CD(예: 동요, 동시, 동화책) 등을 기본적으로 갖추어 영유아들이 자발적으로 듣기 활동을 할 수 있도록 한다.
- 빈 CD를 제공하여 영유아가 자신의 목소리를 녹음한 후 들어 보는 활동을 할 수 있도록 배려한다.
- 교사가 직접 녹음한 동화, 동시, 동요 CD를 제시한다.
- 동화책과 CD를 같이 제시하여 CD를 들으며 책을 볼 수 있도록 한다.

말하기는 듣기와 매우 밀접한 관계를 가지고 있다. 말하기는 다른 언어 영역과 마찬가지로 영유아의 일상생활과 영유아 교육기관의 모든 영역에서 자연스럽게 일어나는 활동이다(Jalongo, 2000; Machado, 2013). 그러므로 말하기가 활발하게 일어날 수 있고, 말하기를 즐길 수 있는 환경을 제공해 주어야 한다. 말하기를 촉진하는 자료는 다음과 같다.

- 녹음기, 컴퓨터, 마이크, 무전기, 헤드폰 등을 설치하여 유아들 간의 자발적인 대화를 이끌어 낸다.
- 구체적인 사물(예: 인형류, 융판 자료, 전화기, 여러 가지 악기)을 비치하여 놀이를 통해 말하고 싶은 동기를 갖게 한다.

• 그림 순서 카드, 수수께끼 상자 등을 비치하여 논리적으로 말할 수 있는 환경을 제공한다.
• 다양한 동화책을 제시하여 책 읽기를 통한 말하기 기회를 제공한다.

4) 읽기 및 쓰기 영역

읽기 영역은 언어 발달에서 매우 중요한 영역이다. 그럼에도 읽기 영역은 교실의 한쪽 구석에 책꽂이만 세워 둔 채 방치되고 있는 경우도 있다(Beaty & Pratt, 2003).

읽기 영역은 밝고 쾌적하며 온화한 느낌이 들도록 하고, 다양한 장르의 책을 마련하여 영유아가 책 읽기를 즐길 수 있도록 구성해 준다. 또한 영유아들이 손쉽게 책을 꺼내 읽을 수 있도록 책의 전면이 보이게 전시하며, 교실 내에서 진행되는 주제에 맞는 책을 비치하여 주제와 관련된 심화학습이 진행되도록 한다.

책은 적어도 한 달에 한 번 정도는 교환해 준다(Machado, 2013). 책을 교환할 때는 새로 출간된 것을 주로 비치하고, 오래되고 영유아의 흥미를 끌지 못하는 책은 바꾸어 준다. 그러나 영유아들이 좋아하는 책은 오래되었어도 함께 제시해 주어 언제든지 읽을 수 있도록 한다. 책을 읽을 때 영유아가 정서적 안정을 느낄 수 있도록 부드러운 소파를 설치하거나, 다양한 종류의 쿠션, 카펫, 영유아용 흔들의자 등을 비치해 주는 것도 좋다.

읽기 영역에 제시될 수 있는 자료는 다음과 같다.

• 다양한 종류의 책: 글자책, 수 세기 책, 개념책, 정보책, 창작동화, 생활동화, 환상동화, 세계명작동화, 전기동화, 글 없는 그림책, 동요책, 전래동화, 유아가 꾸민 이야기책, 교사가 만든 글자책
• 단어카드, 학급 친구들의 사진과 이름이 적힌 카드
• 녹음기, 컴퓨터, 이야기책 내용을 녹음한 CD
• 책꽂이, 큰 책꽂이, 거울, 표지판, 차트, 당번 표지판, 요리 순서표
• 융판동화 자료
• 유아용 잡지책

　쓰기 영역에는 영유아들이 자연스럽게 쓰기를 할 수 있도록 다양한 쓰기 자료를 마련하고 이를 보관할 수 있는 가구를 비치해 둔다. 다양한 글자, 자음과 모음 글자 등을 비치하여 모르는 글자가 있을 때 글자를 구성해 보게 하거나, 베껴 쓰기 등을 할 수 있도록 준비해 준다. 칠판이나 컴퓨터는 쓰기 활동을 촉진하는 좋은 매체가 된다.

　쓰기 활동은 쓰기 영역에서만 일어나는 것이 아니라 교실의 모든 영역에서 일어날 수 있으므로 곳곳에 쓰기 자료를 비치해 두어 영유아들이 손쉽게 활용할 수 있도록 하는 것이 좋다. 쓰기 영역에는 다음과 같은 자료를 제시할 수 있다.

- 하드보드 글자 및 글자판, 글자 퍼즐, 한글 자모음 글자판(융판용, 자석판용), 글자 카드, 한글 자모음 글자표, 단어카드, 이름카드
- 여러 가지 필기도구(굵기가 다양한 여러 종류의 연필, 여러 가지 색상의 펜, 사인펜, 마커펜, 색연필, 매직펜, 크레파스, 분필 등)
- 쓰기를 돕는 다양한 그림 자료
- 도장 및 스탬프
- 종이류(다양한 색깔·모양·크기·두께·질감의 종이류, 독서카드, 하드보드지, 먹지, 편지지, 편지 봉투 등)
- 컴퓨터 및 프린터, 유아 개인용 소형 칠판

다양한 필기구

다양한 종류의 종이

 심층 탐구

영유아 연령에 적합한 그림책

영유아들은 문식성과 관련된 다양한 상호작용을 통해 일상생활 속에서의 문자의 기능을 이해하고, 문자의 의미를 이해한다. 영아기부터 다양한 문식성 환경을 접하고(이영자 역, 1995), 문식성과 관련된 질적인 상호작용을 하면 문식성에 대한 이해도와 발달이 촉진된다(Dickinson & Smith, 1994; Kurkjian, 1994). 따라서 생애 초기부터 책을 읽어 주고, 쓰기의 모델을 보여 주며, 다양한 문자 환경을 제시하면서 영유아를 위한 풍부한 문식성 환경을 만들어 주어야 한다. 특히 그림책은 영유아의 연령과 발달 상황을 고려하여 다양하게 제시할 수 있다.

① 0~3개월
- 단순하면서도 큰 그림 또는 대조적인 배경에 뚜렷한 디자인이 포함된 책
- 하드보드지나 비닐로 된 책
- 운율을 가지고 있는 노래나 동요 등이 담긴 책

② 4~6개월
- 헝겊이나 부드러운 비닐로 된 책(찢어질 염려가 없고 여러 번 씻어 줄 수 있다.)
- 밝고 단순하며 배경과 대조되는 색깔의 그림이 있는 책
- 동요나 노래가 담긴 책

③ 7~12개월

- 크기가 작은 하드보드지로 된 책

- 찢어도 좋은 잡지나 책

- 영아에게 친근한 사물이나 활동에 관한 책

④ 13~18개월

- 반복적 운율이 담긴 책

- 영아의 경험과 관련되거나 단순한 내용의 이야기가 있는 책

- 그림 등을 지적하며 이름 등을 말할 수 있는 명명하기 책

- 글보다 그림이 많아 그림만 보고도 이야기를 파악할 수 있는 책

⑤ 19~35개월

- 그림에 대한 정보나 행위에 대한 설명이 들어 있는 책

- 책장마다 그림과 관련된 내용의 글이 짧게 담겨 있는 책

- 글의 내용이 반복적이거나 예상 가능한 이야기가 담겨 있는 책

- 친숙하고 이해되기 쉬운 내용의 책

⑥ 36~60개월

- 다양한 지식, 정보, 개념에 관한 책

- 이야기 내용을 쉽게 예측할 수 있는 책(예: '배고픈 애벌레', '곰사냥을 떠나자')

- 유아들에게 친근한 내용이 담긴 책

- 자아개념이나 타인과의 관계를 다룬 책

- 유아들이 직접 만든 책

- 유아들의 상상력을 키워 줄 수 있는 책

5) 기타 영역에서의 언어환경 구성

(1) 역할놀이 영역

역할놀이를 통해 영유아는 역할에 적절한 표현방식과 적절하지 않은 언어적 표현이 무엇인지 알게 되며, 이를 수정해 볼 수 있는 기회를 얻는다. 이러한 기회는 영유아에

게 언어를 기능적으로 활용해 볼 수 있게 하고 언어 발달이 이루어지도록 도와준다. 역할놀이 영역에서 우체국 놀이나 경찰서 놀이 또는 음식점 놀이를 할 때, 다양한 언어자료가 제시되어 있으면 영유아는 언어를 기능적으로 활용하는 방법을 터득하게 된다. 또한 음식점 놀이를 하는 도중에 메뉴판 만들기, 영수증 쓰기, 주문서 쓰기와 같은 활동이 자발적으로 일어날 수 있으므로 이와 관련된 적절한 문식성 자료를 제시해 주는 것이 좋다. 역할놀이 영역에서 문식성 자료를 효과적으로 활용하기 위해서는 영역의 가구들(의자, 탁자, 싱크대, 전자레인지, 거울 등)에 이름을 붙여 주거나 달력·포스터 또는 영유아들의 작품 등을 전시할 수 있다. 또한 역할놀이가 진행되는 동안 교사는 환경문자(environmental print)를 지적하고 읽어 주면서 문자와의 상호작용이 빈번하게 일어나도록 한다.

(2) 미술놀이 영역

미술놀이 영역에서는 쓰기와 연계된 활동이 활발하게 일어난다. 유아들은 미술작품에 자기 이름을 쓰거나, 그림에 제목을 쓸 수 있으므로 쓰기 자료를 제시하여 쓰기를 함께 하도록 한다. 미술놀이 영역과 언어환경을 통합하기 위해서는 영역에서 사용하는 도구에 이름을 붙여 주거나, 도구에 대한 사용방법, 주의 사항, 작품 제작 설명법 등을 글과 그림으로 제시하여 문자가 다양하게 활용될 수 있음을 보여 준다.

(3) 쌓기놀이 영역

쌓기놀이 영역에는 다양한 종류의 블록 세트, 자동차류, 플라스틱 동물류, 모형 사람 등을 비치하여 영유아들이 구성물을 만들어 볼 수 있도록 한다(Schlosser & Phillips, 1991). 구성물을 만드는 활동을 하면서 영유아들은 친구나 교사의 말을 주의 깊게 듣고(듣기), 자신의 의견을 말하기도 하며(말하기), 구성물에 이름을 붙이고(쓰기), 쓴 것을 읽어 보는(읽기) 등 통합적 언어활동을 경험한다. 그러므로 교사는 쌓기놀이 영역에 제목이나 상품 이름 등을 쓸 수 있는 빈 종이카드, 필기도구 등의 다양한 언어자료를 비치하여 영유아들이 필요한 자료를 바로 활용할 수 있도록 한다.

(4) 수·과학 영역

수·과학 영역에서는 숫자 쓰기 활동, 과학 실험에 대한 쓰기, 실험을 통해 발견한 사실 메모하기 등의 언어활동이 일어날 수 있다. 그러므로 종이, 연필, 지우개, 자, 가위 등을 비치해 두는 것이 좋다. 수·과학활동에 관한 책자를 비치하여 수·과학활동을 하면서 자연스럽게 읽기 활동을 할 수 있도록 환경을 구성한다. 또한 실험방법이나 게임규칙, 교구 사용에 대한 안내문 등을 벽면에 붙여 주어 자연스러운 읽기 활동이 일어나도록 유도한다.

영유아를 위한 바람직한 언어환경은 영유아를 둘러싼 물리적 환경과 인적 환경을 언어와 관련된 활동이 일어나도록 구성해 주는 것이다. 이러한 환경 간의 활발한 상호작용은 영유아의 언어 발달을 촉진한다.

(5) 음악놀이 영역

음악놀이 영역에서는 탬버린, 실로폰, 짝짝이, 마라카스, 트라이앵글, 핸드벨, 핸드드럼, 우드사운드, 리코더 등 다양한 음률놀이 악기를 배치하여 영유아의 놀이 활동을 지원할 수 있다. 유아들과 함께 배운 새 노래를 사절지 스케치북에 적어 이젤에 걸어 두면 영유아들의 자연스러운 읽기를 지원할 수 있다. 악기놀이를 하면서 음표를 적거나 가사를 적어 볼 수 있도록 다양한 형태의 종이, 필기도구, 포스트잇 등과 같은 쓰기 자료를 비치하여 영유아들이 자료를 바로 활용하도록 한다.

12
영유아 언어교육 평가

교사는 수업을 계획하기 전에 영유아의 발달 수준을 정확히 평가하고, 수업을 진행하는 중에도 영유아들을 관찰하여 자신의 교수법이 적절한지 평가함으로써, 수업 진행방법을 개선해 나가야 한다. 이 장에서는 영유아 언어교육을 위해 현장에서 사용할 수 있는 평가방법을 살펴본다.

1 관찰

관찰은 인위적 상황이 아닌 자연적 상황에서 영유아의 행동을 관찰·기록함으로써 언어 발달을 평가하는 방법이다. 관찰법은 교수·학습 과정의 일부분이므로 실제 '평가'로 인식되지 않는 경우도 있지만, 언어 발달의 대부분은 관찰법으로 수집될 수 있다. 특히 영유아의 경우 자연스러운 상황에서 자연스럽게 행동하는 것을 관찰하고 기록하는 것보다 이들의 학습이나 발달에 관해 정확한 정보를 제공해 주는 것은 없으므로 관찰법은 매우 중요한 평가방법이다.

관찰법에는 영유아의 행동 중에서 흥미 있는 특징을 서술식으로 기록하는 일화기록과 구조화된 기록양식에 관찰 내용을 표시하는 체크리스트나 평정척도가 있다.

1) 일화기록

일화기록(anecdotal records)은 어떤 짧은 내용의 사건, 즉 일화에 대한 서술적인 기록으로 한 가지 행동이나 상황에 초점을 맞춘 것이다. 사건이나 행동을 서술하는 데 마치 사진을 보는 것과 같이 사실적으로 묘사되는 글이라 하여 '글로 묘사된 사진(word picture)'이라고 표현하기도 한다(Irwin & Bushnell, 1980). 일화기록을 할 때 유의할 점은 다음과 같다.

(1) 한 가지 상황을 기록한다.

특별한 준비나 계획이 필요 없으며, 흥미 있는 행동이 나타나면 그때그때 기록한다. 여러 시기에 일어난 서로 다른 일화를 총괄적으로 기록하지 말고, 각각의 일화를 독립적으로 기록한다.

(2) 비구조화된 기록 양식을 사용한다.

일화기록은 일반적 사항(성명, 관찰자, 관찰일시)을 기록하는 비구조화된 관찰 양식을 사용하여 서술식으로 기록한다.

- 사실적 · 객관적으로 기록한다.

　영유아의 행동을 구체적 · 객관적으로 기술하고, 일반적이거나 평가적인 서술은 피한다. 관찰 대상이 한 말은 인용부호(" ") 속에 그대로 인용한다.

- 교사의 의견이나 해석은 따로 기록한다.

　관찰자의 해석이나 처리방안을 객관적 사실과 구분하여 기록하기 위해 교사의 의견 또는 해석을 기록하는 부분을 따로 만든다.

- 영유아의 작품이나 사진, CD 등 보충적인 정보를 첨가할 수 있다.

- 관찰 후 가능한 한 빨리 기록한다.

　시간이 경과하면 기억이 왜곡되고 주관이 개입될 수 있다. 따라서 관찰 즉시 간단한 기록을 남기고, 수업이 끝나면 바로 정리한다.

 관찰 사례: 일화기록

유아 명: 김민철(만 5세)

일시: 2013년 4월 16일 오전 10시~10시 20분

관찰자: 이세진

상황: 자유선택 활동 시간의 언어 영역에서 내가 사귀고 싶어 하는 친구들에게 편지 쓰기를 하고 있다. 친구들에게 편지를 쓰고 자신에게 온 편지를 읽으며 새로운 반에서 만난 친구들에게 관심을 갖게 하고 언어 발달을 돕는 활동이다. 언어 영역에는 친구들의 사진과 이름이 적힌 카드와 편지지가 있으며, 유아들마다 개인 우편함이 있다.

• • •

민철이 친구 선우를 따라 언어 영역에 왔다. 선우가 친구들의 이름을 읽자 민철이가 선우와 함께 사진과 글자를 본다. 선우가 "나, 진영이한테 편지 쓸 거야. 넌?" 하자, 민철이는 친구 이름 카드를 뒤적이다가 연준이를 고른다. 선우는 편지지를 꺼내 진영이에게 "진영아 사이좋게 놀자. 선우가."라고 글을 쓴 후에 우편함에 넣기 위해 자리를 떠났다. 민철이는 편지지를 꺼내고 이름카드를 보며 '연준아'까지 글을 혼자 썼다. 그리고 3~5분 정도 언어 영역에 앉아 친구들의 활동을 지켜본다. 선우가 다른 곳에서 놀다가 민철이에게 "아직 안 썼어?" 하며 묻는다. "뭐라고 쓸 건데?" 하고 물으니 민철이는 "나랑 놀자고~."라고 대답한다. 선우가 "내가 써 줄까?" 하더니, 다른 종이에 "나랑 놀자."라고 써 주고 간다. 민철이는 선우가 써 준 글을 그대로 따라서 쓰고 편지를 연준이의 우편함에 넣는다.

• • •

분석: 민철이는 아직 많은 친구가 없으며 선우를 따라 활동을 하고 있다. 새 친구 연준이에게 관심을 보이고 있으며 소극적인 성격이므로 편지 쓰기로 친구에게 마음을 표현할 수 있는

좋은 기회일 것 같다. 민철이의 언어 발달 수준은, 글쓰기에 관심을 가지고는 있으나 생각을 글로 표현하는 능력은 아직 부족한 듯하다. 읽기 쉬운 글자와 사진을 보고 외워서 읽는 수준으로 보인다.

지도: 1. 민철이가 연준이에게 쓴 편지를 격려하고 기회가 되면 친구들 앞에서 공개하는 것도 좋을 듯하다.

2. 민철이와 같은 단계의 유아를 위해 친구들에게 하고 싶은 말을 모아 제시카드를 만들어 준비해야겠다.

3. 민철이에게 다른 친구들에게 편지 쓰기를 제안해 보거나, 제시카드의 여러 문구를 읽어 줌으로써 편지글에 쉽게 참여하도록 도와주는 것이 좋겠다. 점차 민철이의 생각을 물어 제시카드에 없는 이야기 쓰기도 도와주도록 해야겠다.

2) 체크리스트와 평정척도

체크리스트와 평정척도는 영유아의 언어행동에 관한 문항들로 이루어진 구조화된 기록지를 이용하여 각 행동에 대한 관찰 결과를 표시하는 것이다. 이러한 방법들은 여러 가지 행동을 빠르고 효율적으로 기록할 수 있기 때문에 사용이 매우 간편하다. 그러나 행동 목록에는 관찰하려는 행동을 대표하는 문항이 모두 포함되어 있어야 하고, 문항 간에 중복이 없어야 하기 때문에, 교사가 행동 목록에 포함될 문항을 구성하기는 쉽지는 않다. 또한 각 문항은 주관적 평가를 배제할 수 있도록 관찰 가능한 행동에 초점을 두어 구체적으로 기술해야 한다. 따라서 교사는 많은 시간과 비용을 들여서 문항을 만들기보다는 이미 개발되어 나온 체크리스트를 구해서 사용하는 것이 바람직하다. 체크리스트는 행동의 출현 유무만 표시하는 반면, 평정척도는 행동이 어느 정도 출현하는가 또는 어떻게 나타나는가 하는 양적 판단까지 포함한다. 예를 들면, 〈표 11-1〉은 체크리스트이고, 〈표 11-2〉는 평정척도다.

표 11-1　체크리스트의 예: 이야기 전달

	예	아니요	비고
• 언어 전달문을 바르게 이해하는가?	____	____	____
• 이야기를 전달하기 위해 암기하는 태도가 보이는가?	____	____	____
• 언어 전달문을 바르게 전달하는가?	____	____	____

출처: 이영석 외(1997). 유치원 교육 수행평가의 이론과 실제. 국립교육평가원.

표 11-2	평정척도의 예: 이야기 회상능력 평정척도

유아 명 _____　　　　　　　　관찰 일시 _____

도서 명 _____

	상	중	하
1. 이야기에 포함되어 있는 직접적인 정보를 제시한다.	_____	_____	_____
2. 이야기를 추론한다.	_____	_____	_____
3. 가장 중요한 내용이 무엇인지 안다.	_____	_____	_____
4. 이야기의 내용을 요약하고 일반화한다.	_____	_____	_____
5. 자신의 생활과 관련지어 생각한다.	_____	_____	_____
6. 책에 애착을 갖는다.	_____	_____	_____
7. 책을 읽는 독자로서 자신을 인식한다.	_____	_____	_____
8. 질문을 한다.	_____	_____	_____

출처: 강숙현(2001). 관찰과 기록화를 통한 유아평가. 서울: 교육과학사.

② 면담

　면담은 관찰만으로는 영유아의 생각을 파악하기 어렵거나 시간이 오래 소모되는 경우 또는 표준화 검사로 평가될 수 없을 때 활용할 수 있는 유용한 방법이다. 예를 들어, '단어'에 대한 인식은 자연적인 상황에서 쉽게 관찰되지 않으며, 이를 측정하는 표준화된 검사도 없는 실정이다. 따라서 언어에 관련된 영유아의 생각을 알아보기 위해 영유아를 면담할 수 있다(이영자, 1994; 한유미, 오연주, 2003). 또한 면담은 읽고 쓰는 능력이 부족한 영유아의 발달 특성에 적합한 평가방법이라 할 수 있다. 그러나 면담은 훈련을 요하는 평가방법이며, 성공적인 면담을 위해서는 다음과 같은 사항을 고려해야 한다.

1) 면담 계획

① 면담 주제와 내용을 정한다.

　면담에 적절한 언어적 기술이나 개념 등 면담 주제를 선택하고, 어떠한 질문을 할 것인지 목록을 작성한다. 예를 들어, '이야기의 결말을 바꾸어 이야기 만들기' 활동의 경우, 다음과 같은 면담 내용을 설정할 수 있다.

- 이 활동을 하기 전에 유아가 이 그림책을 본 적이 있는가?
- 유아의 말을 받아 적어 주기 전(또는 후)에 유아가 그림을 그렸는가?
- 유아가 그 이야기에 덧붙일 새로운 아이디어를 가지고 있는가?

② 면담 일정을 잡는다.

면담 시간은 예상 시간보다 조금 더 길게 잡는다. 또한 영유아의 면담능력은 개인 차가 심해서 도저히 면담 대상이 될 수 없는 영유아도 있으므로 꼭 모든 영유아를 면담해야 하는 것은 아니다.

2) 면담 과정

① 편안하고 지지적인 면담 분위기를 만든다.

서먹서먹함을 없애며, 영유아가 면담 과정을 편안하게 느낄 수 있도록 한다. 영유 아가 흥미 있어 할 만한 내용으로 면담을 시작하는 것이 좋다. 영유아와 눈높이를 맞추어 앉고 머리를 끄덕이며 "무척 재미있네." 또는 "그걸 다 알다니 정말 놀랍구 나."라는 식으로 영유아의 말에 흥미를 느끼고 있음을 보여 준다.

② 면담 중의 인상을 기록한다.

예를 들어, '영이는 이야기하는 것을 좋아하는 것 같다.' 등과 같이 면담 중의 인상 을 기록한다. 이때 '영이는 벙어리장갑을 끼고 있다'와 같은 사실과 구별하려면 괄 호를 사용하면 된다. 또한 면담 도중 때때로 영유아는 교사가 기대한 내용 이외에 도 매우 귀중한 정보가 될 수 있는 말을 하므로 주의를 기울인다.

③ 단답형 질문과 개방형 질문을 조합해서 사용한다.

영유아가 개방형 질문에 우물거린다면 다시 단답형 질문을 시도한다. 이때 면담 상황에서 영유아가 불편한 느낌을 갖지 않도록 조심한다.

④ 영유아의 말에 수용적으로 대한다.

영유아가 내용을 잘 이해하지 못하면 다시 질문하고, 부적절한 반응도 수용적으 로 이끌어 준다. 영유아가 주제에서 벗어난 말을 할 경우에도 영유아를 중단시키 거나 꾸짖어서는 안 된다.

3) 면담 기록

① 영유아의 말을 정확하게 기록한다.

　　영유아가 언급한 내용을 그대로 기록할 때 인용부호(" ")를 사용한다. 영유아가 불분명하게 말했다면 다시 명확히 말하도록 요청한다.

② 빠르고 정확하고 읽기 쉽게 기록한다.

　　"내가 적을 때까지 기다려 주겠니?"라고 자꾸 말하면, 면담이 중단되거나 와해될 수 있기 때문이다.

③ 녹음기를 효율적으로 사용한다.

　　특별한 경우를 제외하면 녹음이나 녹화 없이 손으로 면담 내용을 적는 것으로 충분하다. 녹음이 필요한 상황이라면 면담 전에 녹음장치를 점검해 보고 녹음 방법에 익숙해져야 한다.

　　다음 사례는 'ㅋ'과 'ㅌ'을 혼돈하여 '코끼리'를 '토끼리'로 쓰는 현수(만 5세)의 문자언어 능력을 알아보기 위해서 교사가 면담을 실시한 경우다.

✎ 면담 사례

유아 명: 김현수(만 5세)

일시: 2002년 4월 8일

● ● ●

교사: 현수야, 선생님에게 네가 좋아하는 책을 읽어 줄래?

현수: (동물원에 관한 부분을 읽으면서) 우리는 동물원에 갔어요. 여러 동물을 봤어요. 나는 아이스크림을 먹었어요. 그리고 나는 코끼리에게 과자도 주었어요.

　　(대부분 틀린 글자를 쉽게 읽어 냈지만, "이건 안 읽으면 안 되나요?" 하면서 주저하기도 했다.)

교사: 동물원에 가서 참 재미있었겠구나. 동물 이름을 쓸 수 있구나. 선생님이 읽어 볼까? 토끼리.

　　(유아가 쓴 글을 그대로 읽는다.)

현수: 아니에요. 코끼리예요.

교사: 아~ 그래? 현수가 쓴 글을 그대로 읽은 것인데 왜 토끼리가 될까?

현수: 모르겠어요. 너무 빨리 쓰느라 그랬나 봐요.

ㅌ하고 ㅋ은 헷갈려요.

교사: 그래도 현수는 참 잘 쓰는데…… 그러면 ㅌ을 ㅋ으로 바꾸면 코끼리가 될까?

현수: (바꾸어 쓴다.)

교사: 다시 읽어 볼까? 코~끼리. 그래 이제 코끼리가 되었구나.

출처: 한유미, 오연주(2003). 단계별 포트폴리오의 이론과 실제. 서울: 다음세대.

검사

검사(test)는 일정한 시간에 객관적인 형식과 절차를 통해서 행동 특성을 측정하는 방법이다. 따라서 검사를 활용하면 영유아 언어능력의 여러 측면을 손쉽게 평가할 수 있다. 표준화된 검사는 문항이나 실시절차, 채점방법이 표준화되어 있으므로 전국적·지역적 비교가 가능하다. 또한 연구와 통계적 절차를 통해 개발된 것이므로 공신력이 있다. 지필식 집단검사의 경우에는 실시나 채점이 용이하고 비용도 적게 든다는 이점도 있다. 이에 영유아 언어의 평가에도 검사가 많이 사용되고 있다. 그러나 검사 결과 하나만으로 영유아의 언어 발달 수준을 판단하는 것은 무리가 있으므로 다른 평가방법과 병행해서 사용하는 것이 바람직하다. 영유아 언어 발달을 검사할 때에는 다음과 같은 점을 유념해야 한다(Jalongo, 2000).

(1) 평가에 대한 이해 부족

대부분의 영유아는 표준화된 검사의 시행절차에 익숙하지 않으며, 검사의 중요성도 이해하지 못한다. 또한 질문을 문자 그대로 해석하는 경향이 있다.

"바느질할 때 엄마는 바늘에 무엇을 넣을까요?"라는 문항에 미혜(4세)는 "우리 엄마는 바느질 안 해요."라고 말한다. 희수(5세)는 답을 알지만 '다 큰 어른에게 내가 그걸 왜 알려 줘야 해요!'라는 생각에서 대답을 안 한다.

(2) 무반응

영유아는 반드시 몰라서 응답을 안 하는 것이 아니다. 검사 절차를 이해하지 못했거나 실수할까 두려워서 반응을 보이지 않을 수 있다. 또한 검사자와 함께 있는 것이 불편해서일 수도 있다.

> 유치원생 기태는 "처음 본 이상한 아저씨가 나를 작은 방으로 데려갔어요. 그 아저씨는 대머리고, 미키마우스 시계를 차고 있었어요. 질문을 많이 했지만 모르는 아저씨라서 대답을 안 했어요."라고 말한다.

(3) 문화적 편견

많은 검사가 미국에서 개발한 것을 번역한 것이다. 이런 검사들은 미국 문화에 익숙하지 않은 우리나라 영유아에게는 불리하다. 국내에서 제작된 검사라도 도시의 중류층 영유아에게 맞춘 것이 많으므로 저소득층이나 농어촌 영유아는 낮은 점수를 얻을 가능성이 있다.

(4) 인위성

검사 문항(예: 개: 강아지 = 소:)에서 적절한 단어를 고르는 영유아가 실생활에서도 반드시 적절한 단어를 사용하는 것은 아니다. 언어는 사회적 도구이므로 인위적 상황보다 자연적 상황에서 측정하는 것이 의미 있다.

(5) 평가 문항의 연습

검사 점수를 잘 받도록 가르치는 부모나 교사가 있다. 부모는 검사 점수가 입학 여부나 반 편성 기준으로 사용될 때, 그리고 교사는 검사 점수가 교원 평가에 사용될 때 영유아에게 검사를 잘 받는 요령을 가르치려고 할 것이다. 이 경우 영유아의 발달 수준이나 행동 특성은 왜곡된다.

(6) 검사의 구성

검사 시간이 짧다는 것도 불리하다. 수능시험 시간은 아침부터 저녁까지이나 영유아 검사 시간은 최대 25분을 넘지 않는다. 또 문항 수가 적으므로 몇 개만 실수해도 낮은 점수를 받을 수밖에 없다. 또한 대개 검사는 하루에 실시되므로 이날 결석한 아이는 평가를 받지 못한다.

한편 영유아 언어 발달을 평가하기 위해 연구용으로 구성된 검사는 많이 있지만, 표준화된 검사는 많지 않다(강성화, 김경회, 2001). 따라서 표준화된 지능검사나 학습준비

표 11-3　영유아 언어검사

검사 도구	측정영역	기타
그림 어휘력 검사 (김영태, 장혜성, 임선숙, 백현정, 1981)	수용 의미론적 측면	미국 PPVT-R을 2~8세 아동에게 표준화한 것
문장이해력 검사 (장혜성, 임선숙, 백현정, 1994)	수용 구문론적 측면	미국 TOLD를 4~6세 아동에게 표준화한 것
유타 언어발달 검사 (권도하, 1994)	언어이해력 및 표현력	미국 UTLD를 3~9세 아동에 대해 기초 자료를 제시한 것
언어이해 · 인지력 검사 (장혜성, 임선숙, 백현정, 1992)	수용 의미론적 측면	미국 Bangs Receptive Checklist를 3~5세 아동에게 표준화한 것
한국 표준어음 검사 (최성규, 1996)	어음청력 (언어장애 진단과 판별)	4~17세 일반 아동, 청각장애 아동, 기타 아동 대상
영 · 유아 언어발달 검사 (김영태, 김영희, 윤혜련, 김화수, 2003)	수용언어와 표현언어	5~36개월 대상
언어발달 검사 (이은화, 이상금, 이정환, 이경우, 이기숙, 1995)	내용 이해, 내용 표현, 형태 이해, 형태 표현	4세 대상
한국 웩슬러 유아 지능검사 (K-WPPSI) (박혜원, 곽금주, 박광배, 1998)	어휘	미국 WPPSI를 3~7세에게 표준화한 것
한국 웩슬러 아동용 지능검사 III (곽금주, 박혜원, 김청택, 1991)	어휘, 이해	미국 WISC를 6~16세에게 표준화한 것
카우프만 아동용 개별지능검사 습득도 척도 중 표현어휘 (문수백, 변창진, 1997)	표현어휘, 해독 위주 읽기, 의미 이해 읽기	K-ABC를 2.5~12.5세에게 표준화한 것
계몽학습준비도 (이영석, 구학봉, 노명완, 김승훈, 차미정, 고승자, 1993)	듣기, 말하기, 읽기, 쓰기	유치원 아동과 초등학교 1학년 대상, 집단검사 가능

도 검사 중에서 언어 영역을 발췌해서 사용하기도 한다. 우리나라 영유아에게 사용할 수 있는 언어 관련 검사로는 〈표 11-3〉과 같은 것들이 있다.

4 작품 수집

영유아가 쓴 글이나 동시, 이야기 짓기, 낙서, 그림뿐 아니라 영유아의 말을 교사가 받아 적어 준 글 등 영유아의 작품을 지속적·체계적으로 수집하여 언어 발달 과정을 평가하는 것이다. 작품 수집의 주요 절차는 다음과 같다(한유미, 오연주, 2003).

① 작품 수집의 기준을 세운다.
 • 영유아 1인당 몇 개의 작품을 수집할 것인가?
 • 얼마나 자주 작품을 수집할 것인가? (매주/격주/적절한 작품이 나올 때마다)
 • 어떤 작품을 수집할 것인가? (최상의 작품/전형적인 작품/두 가지 모두)
 • 작품에 점수나 등급을 매길 것인가? 그렇다면 채점체계는 누가 만들 것인가?
② 작품의 소유는 영유아임을 인식한다.
 교사는 영유아에게 작품 수집에 동의하는지 물어보아야 한다. 영유아가 작품을 집에 가져 가고 싶어 하면 복사해서 사용한다. 작품 수집에 사용된 작품은 학기 말에 집으로 돌려보낸다.
③ 영유아의 자발적인 작품을 수집하고, 작품에 대한 영유아의 의견을 첨부한다.
 교사의 지시에 따른 작품은 영유아의 개성이 잘 드러나 있지 않기 때문이다. 영유아가 글을 못 쓰면 교사가 받아 적는다. 이때 다음과 같은 질문을 사용할 수 있다.
 • "이 작품은 어떻게 만들었니?"
 • "이 작품에서 어떤 점이 마음에 드니?"
 • "다르게 할 걸 하는 생각이 드는 것은 무엇이니?"
 • "이런 작업을 또 해 보고 싶니?"
④ 작품에 대한 교사의 의견을 기록한다.
 • 이 작품은 누가 주도했는가? (교사/영유아)
 • 이 영유아에게는 이것이 비약적인 성취인가?

- 이 작품은 특정 결과나 목적에 대한 진전을 나타내는가? (특정 목적을 적는다.)
- 이 작품은 영유아가 새로운 상황에 개념을 적용하거나 확장하고 있음을 의미하는가?

5 포트폴리오 평가

포트폴리오 평가가 바람직한 평가로 많은 인기를 끌고 있으나, 실제로 현장에서 포트폴리오 평가는 잘못 이해되거나 적용되는 경우가 많다. 또한 많은 교사가 포트폴리오 평가의 중요성을 인식하면서도 평가에 부담을 느끼며 시간 부족을 호소하고 있다. 이는 평가를 교수와 별개의 것으로 생각하기 때문이다. 포트폴리오 평가의 관점에서 볼 때 평가와 교수는 별개의 것이 아니라, 동시에 일어나며 결국 같은 것으로 볼 수 있다.

포트폴리오 평가는 영유아 언어의 개인차(interpersonal difference)보다 개인 내 변화(intrapersonal change), 즉 시간의 경과에 따른 영유아의 언어 발달에 초점을 둔다. 그리고 영유아가 어떠한 언어 문항을 틀렸는가보다는 어떠한 언어행동을 할 수 있는가, 즉 영유아의 강점에 초점을 두고 있다. 또한 탈맥락적인 상황에서 말하기, 듣기, 읽기, 쓰기 등의 언어 영역을 따로따로 측정하는 것이 아니라, 실생활에서 언어행동을 통합적으로 관찰함으로써 보다 타당하고도 종합적인 평가를 할 수 있다.

포트폴리오 평가는 작품 수집과 동일시되는 경우가 있다. 그러나 진정한 포트폴리오 평가는 작품의 선정 및 평가 과정에 교사뿐 아니라 유아, 또래, 가족 등을 참여시켜 작품에 대한 이들의 의견을 첨부하고, 이를 심화학습의 자료로 활용하는 것으로서 단순한 작품수집 차원을 넘어선다. 또한 표준화 검사에 대한 비판에서 포트폴리오 평가가 등장했다는 사실 때문에 포트폴리오 평가는 표준화 검사를 대치하기 위한 것으로 간주되기도 하는데, 이 역시 편협한 관점이다. 포트폴리오 평가는 표준화 검사를 평가의 한 부분으로 포함할 수 있는 포괄적인 평가체계라고 하는 것이 더 적절하다. 즉, 포트폴리오 평가는 앞에 제시된 관찰, 면담, 작품 수집, 검사 등 다양한 방법을 포괄하며, 교사, 또래, 가족뿐 아니라 영유아 자신도 평가자로서 능동적으로 참여하는 총체적인 평가방법이라고 할 수 있다(한유미, 2003).

실제 편

영아들의 언어놀이 만 0~2세

유아들의 언어놀이 만 3~5세

영아들의 언어놀이
만 0~2세

영아들은 출생 후 울음, 표정, 몸짓, 언어로 자신의 의사를 표현하며 점점 자라면서 노래, 춤, 그림 등의 언어적·비언어적 방법을 사용하여 다른 사람과 소통을 한다. 영아기의 언어교육은 일상에서의 우발적인 상황 또는 영아들의 놀이 안에서 지도할 수 있으나, 영아의 자발적인 참여와 흥미가 중요한 요소로 고려되어야 한다. 이 장에서는 영아의 일상 경험에서 지원할 수 있는 언어놀이와 영아가 관심을 보이는 그림책, 그림카드, 인형, 노래, 동작, 게임, 미술 등의 놀이와 함께 다룰 수 있는 언어적 경험을 소개한다. 특히, 각각의 놀이마다 「제4차 어린이집 표준보육과정」의 의사소통 영역내용과 연계하여 목표로 제시하고 있으므로 언어놀이의 교육적 의미를 살펴볼 수 있다.

도와줄래?

상황	놀잇감을 정리하는 시간/식탁에서
목표	• 도와주는 상황에 적절한 언어적 표현을 경험한다. • 도움을 청하는 말을 주의 깊게 듣는다.

○ 놀이지원

18~24개월

● 교사는 영아에게 도움을 요청하거나, 서로 도와줄 때 필요한 단어를 사용하여 이야기 나눈다.

"○○야, 이 자동차를 제자리에 놓아 줄래?"

"○○가 식탁에 숟가락을 놓을까?"

"○○야, 선생님 좀 도와줄래?"

● 영아가 교사를 돕고 나면 격려한다.

"참, 고맙다."

"교실이 정리가 잘 되었네."

24~36개월

● 친구들끼리 서로 도와주는 경험을 하도록 하여 도움에
필요한 이야기를 나눈다.

"○○에게 신발을 가져다줄까?"

"○○가 넘어졌네! 우리 가서 도와주자."

"○○가 도와주었구나. 우리 고맙다고 인사할까?"

"○○ 덕분에 식탁이 다 차려졌네."

○ 놀이연계

● 교사가 인형을 이용하여 여러 상황을 만들어 놀이한다.

"인형이 옷 입는 걸 도와줄까?", "인형이 넘어졌네. 도와주자.", "인형에게 밥을 먹여 줄까?"

아빠처럼, 엄마처럼

상황	영아가 엄마, 아빠 놀이를 할 때

목표	• 상황에 적절한 언어적 표현을 한다. • 상황에 필요한 물건의 이름을 언어로 표현한다.

○ 놀이지원

24~36개월

- 영아가 엄마, 아빠 놀이를 할 때 관련된 이야기를 나눈다.

- 음식하기

  "요리하고 있니? 맛있겠네."

  "여기 냄비에 담자."

  "숟가락으로 저을까?"

- 청소하기

  "청소하는구나. 여기도 닦아야겠다."

  "아빠가 청소하니까 깨끗해졌네."

○ 놀이연계

- 엄마, 아빠의 여러 모습이 담긴 그림을 준비하여 내용과 관련된 여러 이야기를 나눈다.

- 휴대전화를 이용하여 아빠나 엄마처럼 이야기를 나눈다.

식탁에서

상황	간식이나 식사 시간에/소꿉놀이할 때

목표	• 식사할 때의 예절에 대해 안다. • 음식의 크기와 모양, 종류, 색깔을 언어로 표현한다. • 음식을 먹어 본 경험을 이야기한다.

⊙ 놀이지원

12~18개월

• 식탁에 차려진 음식을 보고 이야기 나눈다.

"아이! 참 맛있겠다."

"○○야, 감자가 있네?"

"이게 무엇일까? 그래, 주스지."

"주스 마실까?"

18~24개월

• 음식을 먹으며 음식과 관련된 이야기를 나눈다.

"주스가 시원하지?"(달구나, 시지?)

"주스가 노란색이네?"

"주스를 가득 줄까?", "주스를 남겼네?"

"다 먹었구나."

⊙ 놀이연계

• 음식과 관련된 사진이나 그림을 보고 음식의 종류 · 맛 · 색, 먹은 경험, 함께 먹은 사람들 등을 주제로 삼아 이야기를 나누고 새로운 단어를 경험하도록 한다.

내 기분, 친구 기분

상황	영아가 다양한 감정 상태를 나타낼 때
목표	• 자신의 감정을 언어로 표현한다. • 다른 사람의 감정을 이해한다.

○ 놀이지원

12~18개월

• 영아가 놀람, 화남, 기쁨, 슬픔 등 다양한 감정을 나타낼 때 영아의 감정을 언어로 표현해 준다.

"속상하겠네. 아이, 참 속상해라."

"큰 소리가 났구나. 깜짝 놀랐지?"

"넘어졌구나. 아프겠네."

"웃고 있네. 기분이 좋으니?"

18~24개월

• 다른 친구들의 다양한 표정을 보거나 그림이나 사진을 통해서 감정을 이야기해 본다.

"○○가 왜 그러지?"

"깜짝 놀랐나 보다. 왜 놀랐을까?"

"○○는 울고 있네. 왜 울까?"

○ 놀이연계

• '기쁘구나, 화났구나, 속상하구나, 놀랐구나, 좋겠구나' 등 다양한 감정을 표현하는 단어를 사용한다.

• 영아가 자신의 감정을 화나 울음으로 표현한 경우에 이를 다양한 언어로 표현할 수 있도록 돕는다.

"화가 나서 우는구나."

"친구에게 '나 화났어. 내 거야.' 하고 말할까?"

"아파서 우는구나."

모자를 쓸까, 스카프를 쓸까?

상황	옷차림에 관심을 보일 때
목표	• 자신과 다른 사람의 모습을 언어로 표현한다. • 모자 혹은 스카프의 색깔, 크기, 형태를 언어로 표현한다.
자료	여러 종류의 모자(예: 간호사 모자, 헤어밴드, 왕관, 더듬이 모양 머리띠, 밀짚모자), 스카프 여러 장 등

○ 놀이지원

12~18개월

- 2~3명의 영아들이 여러 종류의 모자를 쓰고 벗는다.

  "모자 써 볼까?", "머리에 써 보자.", "모자를 벗었네."

  "참 예쁘구나. 멋지다.", "또 써 보자."

  "다른 모자도 써 보자."

- 모자 쓴 모습을 거울에 비추어 본다.

  "노란색 모자를 썼네. 큰 모자구나."

18~24개월

- 스카프를 가지고 놀이를 한다.

  "어? 스카프를 머리에 썼네."

  "치마처럼 입을까?"

  "빨간색 치마네?"

  "이불처럼 덮고 잘까?"

  "날개 같구나. 이걸 달고 날아 볼까?"

᠔ 놀이연계

- 영아들이 모자와 스카프를 쓰고 벗으면서 자신의 변화하는 모습을 관찰하고, 그에 따른 여러 어휘를 사용하도록 한다.

산책 가자

상황 ►	날씨가 좋은 날 주변을 산책하면서

목표 ►	• 생활 주변에서 보고 느낀 것을 언어로 표현한다.

○ 놀이지원

12~18개월

- 몇 명의 영아들과 함께 가까운 주변(놀이터, 동네)을 산책한다.
- 주변에서 볼 수 있는 사물에 대하여 이야기한다.

  "○○야, 저게 뭐지?"

  "얘들아, 예쁜 꽃이 있네!"

  "새소리가 어디서 나지?"

18~36개월

- 산책을 하는 동안 전래동요를 함께 부르며 운율도 즐기고 주변의 명칭도 알 수 있도록 한다.

  "어디까지 왔니? 나무까지 왔다."

  "어디까지 왔니? 집까지 왔다."

  "어디까지 왔니? 의자까지 왔다."

○ 참고

- 가깝고 친숙한 곳부터 산책한다.
- 같은 장소를 계절에 따라 여러 번 산책하는 것도 좋다.
- 안전에 유의한다.

○ 놀이연계

- 사진을 찍어 오거나 자연물을 모아 와서 교실에서의 놀이로 연계한다.

그림책 보기

목표	• 책의 내용을 주의 깊게 듣는다. • 책에 나온 사람이나 사물의 명칭을 언어로 표현한다. • 그림에 대한 경험을 언어로 표현한다.
자료	영유아가 아는 사물이 그려진 그림책들

> ○ **놀이지원**

12~18개월

- 영아가 그림책을 선택하도록 한다.

  "자동차 책을 볼까?"

  "음~ 동물 책을 보려고 하는구나."

- 그림을 보며 사물의 이름을 이야기한다.

  "고양이가 어디 있을까?"

  "그래, 고양이구나."

  "고양이가 쿨쿨 자고 있네."

- 영아의 이야기에 교사가 문장을 덧붙여서 이야기 나눈다.

  "고양이가 뭐하지?"

  "고양이가 어떻게 하고 있니?"

  "고양이처럼 해 볼까?"

18~24개월

- 그림책의 다음 장을 넘겨 본다.

  "또 어떤 그림이 있을까?"

  "다음 장을 넘겨 보자."

- 그림책의 등장인물과 이야기를 나눈다.

  "○○야! 고양이랑 인사해 볼까?"

  "고양이야, 안녕?"

- 그림을 보고 이야기를 상상해 꾸며 본다.

  "이건 어떤 이야기야?"

  "무슨 일이 생긴 걸까?"

"어떤 일이 생길 것 같니?"

참고

- 영아가 관심을 보이는 책으로 활동을 하며 같은 책을 여러 번 반복하여 볼 수 있음을 이해한다.
- 영아에게 질문을 하고 난 후에는 영아가 생각할 수 있도록 잠시 기다려 준다.

잡지책 속 이야기

목표	• 책에 나온 사물의 쓰임새와 명칭을 언어로 표현한다. • 책에 나온 사람, 사물에 대한 경험을 언어로 표현한다.
자료	잡지책, 광고지 등

◎ **놀이지원**

12~18개월

• 영아가 책장을 마음대로 넘겨 보도록 한다.

"○○가 책을 보는구나."

• 영아의 시선이 멈추는 곳에서 이야기를 나눈다.

"이게, 뭐지?"

"시계구나. 시~계."

• 그림과 연관된 사물을 보여 주거나 사물의 특징에 대해 이야기 나눈다.

"(교사의 손목시계를 보여 주며) 여기도 시계가 있네."

"(시계를 영아 귀에 대 주어 소리를 듣게 한다.) 어? 소리가 나네, 시계에서. 다시 들어 볼까?"

18~24개월

• 영아가 관심 있어 하는 다양한 사물의 이름과 쓰임새를 설명해 준다.

"○○가 자동차를 보는구나."

"자동차가 어디를 갈까?"

"자동차에 누가 탔을까, 차 타고 어딜 갈까?"

• 그림과 연관된 문장을 만들어 들려준다.

"아기가 기저귀를 찼네."

"아기가 오줌을 많이 쌌구나. 아기가 기저귀를 갈아 달라고 엄마를 부르는 것 같네. 엄마가 기저
귀를 갈아 주셔야겠다."

24~36개월

• 그림을 보고 영아가 직접 이야기를 하도록 한다.

"지금이 아저씨는 뭘 하는 걸까?"

24~36개월

- 다양한 사물이 들어가 있는 잡지의 페이지를 펼쳐 특정 사물 찾기 게임을 해 본다.

  "여기 그림에서 사람을 찾아보자. 사람이 몇 명 있지?"

  "모자 쓴 사람을 찾아보자."

⊙ 참고

- 영아들이 다양한 상황에 대해 자유롭게 이야기할 수 있도록 한다.
- 영아들의 이야기로부터 시작하여 다음 이야기를 이어 간다.

놀잇감 사진책

목표	• 책에 나온 놀잇감의 명칭을 말로 표현한다. • 놀잇감에 대한 경험을 말로 표현한다.
자료	교실에 있는 영아용 놀잇감을 사진으로 찍어 만든 책. 놀잇감 담는 상자

○ 놀이지원

12~18개월

- 상자 안에 놀잇감 사진책과 놀잇감들을 함께 넣어 둔다.
- 영아가 상자 안의 놀잇감에 관심을 보일 경우, 교사는 영아에게 사진책 보기를 권한다.

  "곰 인형이네."

  "책에 곰 인형이 어디 있지?"

- 사진책을 보며 상자 안의 놀잇감을 찾아본다.

  "자동차 그림이네."

  "자동차가 어디 있지? 찾아볼까?"

18~24개월

- 실제 소리와 비슷하게 흉내 내어 본다.

  "뛰뛰 빵빵~.", "부릉부릉~."

- 책에 있는 그림을 보고 놀잇감을 교실에서 찾아올 수 있다.

  "토끼 인형이 어디 있는지 찾아볼까?"

24~36개월

- 책에서 자신이 좋아하는 놀잇감 사진을 찾는다.

  "○○가 좋아하는 놀잇감 사진을 찾아볼까?"

- 특정한 색깔 · 모양 · 기능의 놀잇감 사진을 찾는다.

  "빨간색 놀잇감 사진을 찾아볼까?"

⊖ **놀이연계**

- 그림책의 놀잇감 그림을 한 장씩 떼어 바닥에 늘어놓고 똑같은 놀잇감을 찾아 그림 위에 올려놓는다.

- 사진책 없이 언어만 사용하여 놀잇감 찾기 게임을 할 수 있다.

- 사진책에 없는 놀잇감 찾아보기 게임을 할 수 있다.

우리 가족사진

목표	• 가족 구성원의 호칭을 언어로 표현한다. • 사진 속의 상황을 언어로 표현한다.
자료	영아들의 가족사신을 붙여 만든 책 (영아 사진과 가족들의 사진을 모아 책을 만든다.)

○ **놀이지원**

12~18개월

• 가족사진을 보고 이야기한다.

"○○는 어디 있니?"

"(한 사람을 손가락으로 짚으며) 이 사람은 누구니?"

"엄마는 어디 있지?"

18~24개월

• 가족사진 책에서 엄마, 아빠 등 가족을 찾고, 가족 구성원의
호칭을 이야기한다.

"사진에 누가 있니?"

"○○를 누가 안아 주셨지?"

• 사진 속의 상황을 언어로 표현한다.

"지금 뭐 하는 거야?"

24~36개월

• 가족사진에 있는 가족을 소개해 본다.

• 사진에 담긴 가족 이야기를 소개한다.

○ **참고**

• 가족사진은 크기가 큰 것(A4 사이즈)이 좋다.

• 영아들의 엄마, 아빠 사진을 모아 가족사진 책을 만들고 책에서 자신의 엄마, 아빠를 찾아볼 수 있다.

동물 그림카드

목표	• 동물의 명칭을 언어로 표현한다. • 동물과 관련된 자신의 생각과 경험을 언어로 표현한다.
자료	동물 그림카드(동물의 움직임 동작이 표현된 그림)

⊖ 놀이지원

12~18개월

- 영아들과 함께 그림을 보며 각 동물의 이름에 대하여 이야기한다.

  "호랑이가 어디 있니?"

  "(사진을 손으로 지적하며) 이건 누구지?"

- 동물의 소리를 흉내 내며 이야기한다.

  "호랑이가 어떻게 소리 낼까?"

  "어-흥 하네."

- 동물의 모습을 흉내 내며 이야기한다.

  "호랑이처럼 해 보자."

  "(영아가 표현을 하면) 아이구, 무서워라."

18~36개월

- 동물의 주변 그림을 보고 연관된 이야기나 상상한 것에 대해 이야기한다.

  "호랑이가 어디 가지?"

  "코끼리가 물을 먹네."

  "기린이 목이 길지?"

- 영아가 관심 있어 하는 동물의 습성에 대해 이야기한다.

  (동물 이름, 사는 곳, 특징, 먹이 등)

┌─○ 참고 ─▷

- 동물 그림카드는 아는 동물에서 시작하여 모르는 동물로 1~2장씩 추가한다.
- 그림카드와 동물 울음소리가 녹음되어 있는 테이프를 함께 들려줄 수 있다.

┌─○ 놀이연계 ─▷

- 3~4명의 영아가 그림카드 찾아오기 게임을 할 수 있다. 이때 참여하는 영아의 수에 맞추어 같은 동물 그림카드를 준비해 두는 것이 좋다.

  "코끼리가 어디 있지?"

- 이때 영아의 수준에 따라 그림카드의 수와 종류를 조절한다.

놀잇감 정리

목표	• 상대방의 말을 듣고 이해하여 상황에 알맞은 행동을 한다. • 수 세기를 언어로 표현한다. • 물건의 명칭과 사용했던 경험을 언어로 표현한다.
자료	교실의 여러 물건들, 물건 담는 크고 작은 통 2~3개, 물건 그림카드

○ 놀이지원

12~18개월

- 물건을 담을 통에 그림카드를 붙인다.
- 통 안에 물건을 모두 비우게 한다.
- 그림카드와 같은 물건을 찾아 채우도록 한다.

  "공이 여기 있네."

  "어디에 담을까? 똑같은 그림이 여기 있네."

18~24개월

- 통에 담을 때 색이나 수를 함께 이야기한다.

  "하나, 둘, 셋, ……."

  "빨간색 공, 여기 또 빨간색 공이 있네."

24~36개월

- 특정 조건에 맞는 물건을 찾아보고, 그 이유에 대해 이야기 나눈다.

  "동그랗게 생긴 것을 여기에 담아 볼까?" 또는 "노란색 물건을 여기에 담아 볼까?"

  "화장실에서 볼 수 있는 물건을 여기에 담아 볼까?"

  "엄마가 쓰는 물건을 찾아볼까?"

○ **참고**

● 영아들이 여러 번 반복해서 담았다가 비울 수 있도록 안전한 물건으로 한다.

● 놀잇감을 정리할 때도 그림카드와 장난감을 맞추어 정리할 수 있도록 한다.

○ **놀이연계**

● 놀잇감 분류하기, 놀잇감 수 세기, 대응하기 등의 수활동으로 연계할 수 있다.

어디 있지? 찾아볼까?

목표	• 사물의 명칭과 사용했던 경험을 언어로 표현한다. • 질문을 이해하고 적절한 답을 언어적 · 비언어적으로 표현한다.
자료	영아에게 친숙한 장난감들(곰 인형, 자동차, 공 등), 놀잇감을 가릴 수 있는 헝겊 여러 장, 놀잇감이 그려진 그림카드

○ 놀이지원

12~24개월

• 놀잇감 그림카드를 보고 이야기한다.

"이건 뭐지?"

"곰 인형이네. (다음 것을 지적하며) 이건 뭘까?"

• 그림카드와 같은 놀잇감을 찾아본다.

"곰 인형이 어디 있지?"

"그림하고 똑같은 자동차는 어디 있을까?"

• 헝겊으로 놀잇감을 감추어 본다.

"곰 인형을 감추어 보자."

"또 누구를 덮을까?"

"어? 곰이 없어졌네."

• 영아가 헝겊을 들추어 본다.

"(헝겊 위에서 만져 본다.) 무엇일까? 아! 곰이구나."

○ 참고

• 영아가 여러 헝겊을 들추어 볼 수 있도록 기다려 준다.

"어? 곰이 아니네. 자동차네."

"어디 갔을까?"

"무엇이 숨었는지 만져 볼까?"

표정카드

목표	• 감정을 적절한 어휘로 표현한다. • 자신이 이해한 상황을 언어로 표현한다. • 상황에 따라 감정이 달라짐을 이해하고 언어로 표현한다.
자료	분명한 표정이 있는 얼굴(놀람, 웃음, 울음, 화남, 슬픔, 수면 등의 모습) 카드, 거울(영아와 교사의 얼굴이 보일 정도의 크기)

> **놀이지원**

12~18개월

• 그림카드 속 감정을 말하면서, 거울을 보며 표정을 똑같이 따라 지어 본다.

"(울음카드를 보면서) 운다."(거울을 보며 우는 표정을 지어 본다.)

18~24개월

• 영아와 표정카드를 한 장씩 본다.

"어? 아저씨가 우네?"

"왜 울지?"

"어떻게 울지?"

• 표정을 따라 흉내 내어 보고, 자신의 표정을 거울로 본다.

"선생님도 울어 볼까?"

"○○도 우네?"

"왜 슬픈데?"

"왜 울지? 아프니? 속상하니?"

24~36개월

• 특정한 상황에 대해 이야기 나누어 보고, 그 상황에 맞는 표정카드를 찾아본다.

"아빠가 ○○한테 선물을 주셨어요. 어떤 얼굴이 될까?"

"(놀란 표정카드를 집었다면) 친구가 왜 이런 얼굴이지?"

> **참고**

• 영아의 언어 발달 수준에 따라 표정에 따른 다양한 상황의 모습을 상상하여 말할 수 있도록 돕는다.

인형하고 소곤소곤

| 목표 | • 자신이 원하는 것을 언어로 표현한다.
• 상대방이 지시하는 것을 이해하고 언어와 행동으로 표현한다. |

| 자료 | 영아가 안고 업고 할 수 있는 크기의 인형(30cm 크기의 헝겊 인형) |

▷ 놀이지원

- 인형과 마주 보고 앉는다.
- 인형 이름을 짓는다.
  "이름을 지어 주자. 아기라고 할까?"

18~24개월

- 인형을 데리고 놀 수 있도록 여러 지시를 한다.
  "○○ 안아 줄까?"
  "○○ 뽀뽀하자."
  "선생님도 ○○ 안아 주어야지."
- 영아가 놀이를 지시한다.
  "선생님이 ○○ 어떻게 해 줄까?"
  "업어 줄까? 그래 업어 주자."

24~36개월

- 영아가 인형과 하루 동안 함께 생활하며 다양한 상황과 행동을 언어로 표현해 보도록 한다.
  "○○야! 오늘 하루 동안 ○○가 인형의 엄마(또는 친구)가 되는 거야!"
  "아기가 무엇을 하고 싶어 하는 것 같니?"

▷ 참고

- 다양한 놀이를 통해 의사소통을 위한 언어활동을 돕도록 한다.
  (업어 주기, 안아 주기, 혼내 주기, 우유 먹이기, 뽀뽀하기, 재우기, 달래 주기 등)

내가 인형이에요

목표	• 상황에 알맞은 언어로 표현한다. • 질문을 이해하고 자신의 의견을 언어로 표현한다.
자료	인형 2~3개

⊙ 놀이지원

● 영아에게 좋아하는 인형을 선택하도록 한다.

● 인형을 대신해서 영아가 이야기하도록 여러 질문을 한다.

"너는 이름이 뭐니, 아가야?"

"밥 먹을까 아가야?", "무슨 반찬 먹을래?"

"어디에 앉을까?"

"어디 갈까?"

12~18개월

● 영아가 인형을 가지고 '예, 아니요' 대답을 하도록 한다.

"밥 먹을까?"

"졸리니? 잘까?"

"밖에 나가 놀까?"

18~24개월

● 다양한 상황에서의 인사말을 한다.

"밖에 나가 놀고 오자. 아가야."

"잘 놀고 와."

"안녕, 놀러 왔니?"

"잘 가, 또 놀러 와."

"안녕, 또 만나자."

⊙ 참고

● '예', '아니요', '싫어요', '좋아요' 등의 자기 의사 표현을 나타내는 어휘, 인사말 등을 인형놀이를 통해 하도록 한다.

낮잠 잘 때

> **목표** ━ • 자장노래와 운율을 통해 다양한 의성어와 의태어의 표현을 익힌다.

◁ **놀이지원**

• 영아들이 모두 잠자리에 누우면 조용한 음악과 함께 운율을 넣어 자장노래를 불러 준다.

멍멍개야 짖지 마라

자장자장 자장자장 우리 아기 잘도 잔다　　우리 아기 잠 깬단다 자장자장 우리 아기
마루 밑에 삽살개도 멍멍멍멍 짖지 말고　　엄마 품에 푹 안겨서 칭얼칭얼 잠노래를
앞뜨락에 꼬꼬닭도 꼬꼬댁댁 우지 마라　　그쳤다가 또 하면서 쌔근쌔근 잘도 잔다
뒷동산에 꾀꼬리도 꾀꾀꼴꼴 울지 말고　　앞집 개도 잘도 잔다 뒷집 개도 잘도 잔다
나무 섶에 참새들도 찍찍찍찍 우지 마라　　우리 아기 잘도 잔다 어여쁘게 잘도 잔다

◁ **참고**

• 영아들이 낮잠 준비를 마치고 휴식을 시작할 때 활동한다.

• 영아의 발달 수준에 따라 처음에는 2~4소절만 반복하여 들려준 후, 점차 늘려 가거나 가락을 변형시킬
수 있다.

　(변형의 예) 자장자장 자장자장 우리 (○○ 이름) 잘도 잔다.

　　　　　　마루 밑에 강아지도 멍멍멍멍 짖지 말고.

　　　　　　자장자장 자장자장 우리 (○○ 이름) 잘도 잔다.

　　　　　　앞집 개도 잘도 자고 뒷집 개도 잘도 잔다.

머리 어깨 무릎 발

목표	• 신체의 명칭을 듣고 이해한다. • 신체의 명칭을 언어로 표현한다.

⊙ 놀이지원

● 영아 4~5명과 모여 앉는다.

● 영아가 아는 신체 부위의 이름을 말한다.

　"눈은 어디 있니?"

　"코는 어디 있지?"

　"(입을 가리고) 선생님 입이 어디 있니?"

　"○○ 발은 어디 있을까?"

● 영아는 교사가 신체 부위를 짚는 것을 보며 따라 한다.

● 노래를 부르며 신체 부위를 짚는다.

　"머리 어깨 무릎 발 무릎 발."

⊙ 참고

● 신체 부위 찾기 놀이를 충분히 한 후에 노래한다.

● 영아들이 찾을 수 있도록 충분히 기다려 주고 노래를 천천히 부르거나, 몸의 명칭 1~2개로 시작한다.

● 영아가 노래에 익숙해지고 몸의 명칭을 알게 되면 빠르기에 변화를 주어 다양한 방법으로 부를 수 있다.

○○는 어디 있나?

목표	• 친구의 이름을 듣고 친구를 찾는다. • 친구의 이름을 언어로 표현한다.

○ 놀이지원

- 영아 4~5명과 모여 앉는다.
- 교사가 한 명의 영아 이름을 부른다.

  "○○는 어디 있나?"

- 호명된 영아는 손을 들어 자신임을 나타내고 다른 영아들은 두 손으로 호명된 영아를 가리킨다.

  "○○ 어디 있나? 여–기."

  "○○ 어디 있나? 저–기."

- 교사는 다른 영아 이름을 넣어 게임을 한다.

○ 참고

- 이름 대신 사물의 명칭을 넣어 놀이를 할 수 있다.
- 영아들이 찾을 수 있도록 충분히 기다려 준다.
- 모든 영아가 호명될 수 있도록 배려한다.
- '요기조기' 노래를 부르며 할 수 있다.

걷자, 뛰자, 구르자

목표	• 다른 사람이 지시하는 내용을 이해하고 적절한 행동을 한다. • 자신이 하는 행동을 나타내는 언어 표현을 듣고 이해한다.
자료	리듬·박자가 반복되는 음악, CD 플레이어

○ 놀이지원

- 음악을 듣고 마음대로 춤을 춘다.
- 음악에 따라 움직인다.

  "우리 걸어 볼까? 빨리 걷자."

  "이번엔 뛸까?"

  "높이 깡충깡충 뛰자. 높이, 높이."

  "굴러 보자. 이렇게 데구르르."

12~18개월

- 교사를 따라서 영아가 움직일 때의 모습을 이야기한다.

  "○○가 뛰고 있네."

  "○○는 걸어가고 있어요."

18~24개월

- 다양한 변화를 주면서 활동한다.

  "빨리 걸어 보자."

  "천천히 걸어 보자."

  "높이 뛰어 보자."

○ 참고

- 영아들 5~6명과 함께한다.
- 영아들이 동작을 따라 할 수 있도록 교사는 분명한 동작과 단어로 표현한다.

숨바꼭질

목표 • 자신의 생각을 다양한 언어로 표현한다.

○ 놀이지원

12~18개월

- 영아 3~4명과 숨바꼭질을 한다.
- 교사는 눈을 가리고 '숨바꼭질' 노래를 부르고 영아는 숨는다. 교사는 숨은 영아를 찾는다.

  "꼭꼭 숨어라.

  머리카락 보인다.

  꼭꼭 숨어라.

  옷자락이 보인다."

18~24개월

- 영아가 숨은 곳을 찾아다니며 노래를 연장하여 부른다.

  "어디 어디 숨었나?

  옷장 뒤에 숨었네.

  어디 어디 숨었나?

  커튼 뒤에 숨었네."

○ 참고

- 영아의 발달 단계에 따라 전래동요의 가사와 운율을 변형할 수 있다.
- 영아가 좋아하는 인형을 숨기고 영아들과 함께 노래를 부르며 찾는다.
- 처음에는 영아가 '꼭꼭 숨어라' 구절만 운율에 맞추어 부를 수 있도록 한다.

도리도리 짝짜꿍

목표
• 노랫말을 듣고 이해하여 몸으로 표현한다.
• 자신이 원하는 노랫말로 바꾸어 표현한다.

○ 놀이지원

12~18개월

• 노랫말에 따라 손동작을 한다.
  - 도리도리 (고개를 좌우로 돌린다.)
  - 잼잼 (두 손을 폈다 주먹을 쥐었다 한다.)
  - 곤지곤지 (한 손을 펴고 한 손은 한 손가락만 펴서 손바닥을 찍는다.)
  - 짝짜꿍 (양 손바닥을 마주친다.)

18~24개월

• 노래를 부르며 손동작을 따라 한다.

  "짝짜꿍　　짝짜꿍
  도리도리　짝짜꿍
  곤지곤지　짝짜꿍
  잼 – 잼　　잼 – 잼
  우리 아기　잘도 한다."

○ 놀이연계

• 영아들의 흥미와 발달 수준에 따라 운율과 노랫말을 변형할 수 있다.

  "끄덕끄덕　끄덕끄덕
  훨 – 훨　　훨 – 훨
  상충상충　깡충깡충
  뒹굴뒹굴　뒹굴뒹굴
  우리 아기　잘도 한다."

까꿍

목표	• 반복되는 문장 안에서 사물의 명칭을 바꾸어 언어로 표현한다.
자료	손수건 크기의 헝겊

놀이지원

12~18개월

- 3~4명의 영아가 함께 모여 앉아 부른다.

  "아기 없다, 까꿍."

  "엄마 없다, 까꿍."

- 노래를 부르며 교사는 헝겊으로 얼굴을 가리고 있다가 '까꿍' 소리와 함께 헝겊을 내린다.

  "선생님 없다, 까꿍. 선생님 없다, 까꿍."

- 교사가 영아를 한 명씩 가려 주면서 노래를 부르며 운율을 즐긴다.

  "○○ 없다, 까꿍. ○○ 없다, 까꿍."

18~24개월

- 영아가 헝겊을 가지고 여러 인형이나 장난감을 감추게 하고 함께 까꿍 노래를 부르며 즐긴다.

  "곰이 없다, 까꿍.

  인형이 없다, 까꿍.

  자동차 없다, 까꿍.

  기차 없다, 까꿍."

놀이연계

- 커튼을 이용해서 영아가 커튼 뒤로 숨으면 교사는 영아
  의 이름을 부르며 까꿍 놀이를 해 본다.
- 24~36개월 영아와는 숨바꼭질 놀이를 해 볼 수 있다.

끼적거린 그림

목표	• 자신의 생각을 언어로 표현한다. • 자신이 그린 그림에 대해 언어로 표현한다. • 다른 사람이 그린 그림에 대해 언어로 표현한다.
자료	굵은 크레파스(지름 1cm 이상), 종이(전지 크기)

⊙ 놀이지원

12~18개월

• 영아가 좋아하는 크레파스로 도화지에 끼적거리기를 하도록 한다.

"와~ 무엇을 그렸니?"

"여기까지 그렸네."

"많이 그렸네."

"(그림을 보며) 야~ 재밌게 그렸구나."

18~24개월

• 영아가 흥미 있어 하면 종이를 더 주어 그리도록 하고 여러 장을 모아 책으로 만들어 준다.

"(끼적거리기 한 것을 펼쳐 보며) 무엇을 그렸지?"

⊙ 참고

• 영아가 손에 힘을 기를 수 있도록 활동을 격려한다.

• 영아가 끼적거린 그림을 모아 책으로 만들어 놓고 볼 수 있게 한다.

⊙ 놀이연계

• 큰 종이에 3~4명의 영아가 함께 끼적거리기를 할
  수 있다.

셰이빙 크림 그림

목표	• 자신의 느낌을 언어로 표현한다. • 자신이 그린 그림과 경험에 대해 언어로 표현한다. • 색의 명칭을 언어로 표현한다.
자료	셰이빙 크림, 식용색소, 낮은 책상, 막대기, 비닐, 작업복

◦ **놀이지원**

12~18개월

- 영아에게 셰이빙 크림을 탐색하도록 한다.

  "손으로 만져 봐."

  "야~ 아주 부드럽네."

  "냄새를 맡아 볼까, 어떤 냄새지?"

18~24개월

- 영아가 원하는 그림을 그릴 수 있도록 한다.

  "그림을 그려 보자."

  "무슨 그림을 그렸지?"

- 셰이빙 크림에 식용색소를 넣어 그림을 그려 본다.

  "색깔이 변했네, 빨간색 크림이네."

  "너는 무슨 색깔 자동차를 그렸니?"

  "이번에는 무슨 그림을 그릴 거지?"

24~36개월

- 막대기를 이용하여 영아가 원하는 그림을 그릴
  수 있도록 한다.

> ○ **놀이연계**

- 실외에서 활동하는 기회를 제공한다.
- 투명한 이젤을 제공하여 앞뒤에서 그려 보는 놀이로 확장한다.

> ○ **참고**

- 쉐이빙 크림을 손으로 탐색하기 어려워하는 영아의 경우 도구나 손가락 끝으로 만져 보게 하여 친숙하게
  한 후에 교사가 영아의 손을 잡고 함께 만지고 그리는 놀이에 참여한다.
- 손을 씻을 수 있는 곳과 가까운 곳에서 놀이를 진행한다.

유아들의 언어놀이
만 3~5세

유아기는 언어 발달이 활발하게 이루어지는 시기이며, 언어적 사고
가 유아 발달의 여러 영역에 영향을 미친다. 유아기의 언어활동을 위
해서는 유아의 실생활에서 습득하는 총체적 접근과 유아 발달 수준에
적합한 체계적인 언어교육이 균형적으로 지도되어야 한다. 이 장에
서는 제10장에서 설명한 영유아 언어교육 방법에 대한 사례로 '일상
에서의 언어놀이', 교사가 계획한 '언어활동과 이어지는 놀이' 그리고
'통합적 접근의 사례'로 구분하여 소개한다.

01.
일상에서의 언어놀이

유아기의 언어놀이는 일상생활에서 총체적으로 접근하는 것이 바람직하다. 교사는 유아들의 생활 속에서 다루어진 언어적 경험을 연계하여 유아 발달에 적합한 체계적인 언어활동과 병행하도록 한다. 이 장에서는 일상생활 속에서 다루어진 언어놀이를 소개하고, 이와 연관된 체계적인 언어활동을 '연계활동'으로 소개하였다. 또한 각각의 놀이와 활동마다 「2019 개정 누리과정」의 의사소통 영역내용과 연계하여 목표로 제시하고 있으므로 언어놀이의 교육적 의미를 살펴볼 수 있다.

- 느낌을 나타내는 말들
- 약속 만들기
- 비 오는 날
- 어릴 때 내 모습
- 돌멩이로 만든 이야기

01. 일상에서의 언어놀이

느낌을 나타내는 말들

상황	유아들이 일상생활의 여러 상황에서 다양한 감정을 나타낼 때
목표	• 자신의 경험, 느낌, 생각을 말한다. • 상황에 따라 적절한 단어를 사용하여 말한다.

○ 놀이지원

3세

• 유아의 감정을 수용하며, 반영적 경청을 한다.

　－친구가 때렸어요.

　"친구가 때려서 몹시 화가 났구나."

　"친구가 때려서 많이 아프구나."

4, 5세

• 유아가 자신의 감정을 언어로 표현하도록 한다.

　"왜 울고 있니? 무슨 속상한 일이라도 있었어?"

　－친구가 때렸어요.

　"그랬구나. 그래서 속상했구나?"

　－너무 아파서 화가 났어요.

　"아파서 화도 나고 또 친구에겐 어떤 마음이 들었니?"

　－내가 좋아하는 친구가 나를 때리니까 섭섭하고 기분도 나쁘고 그래요.

　"그랬겠다. 정말 섭섭한 마음이 들었겠어."

○ 참고

• 교사는 유아가 느끼는 다양한 감정을 주의 깊게 관찰해야 한다.

• 유아는 정서를 나타내는 표현과 기분을 나타내는 표현을 함께 사용할 수 있다.

• 참고: 김혜선(2007). 유치원교실의 존중받는 상호작용, pp. 87-142.

○ **연계활동 1** 〉 표정 보고 이야기하기

목표

- 감정에 관련된 다양한 어휘를 익힌다.

자료

- 다양한 표정의 그림카드(10장 정도)나 인물의 표정이 많이 나온 잡지, 거울

활동방법

- 카드나 잡지 속의 인물 표정을 살펴보고 그림의 사람들이 어떤 기분인지 예측해 본다.
- 자신도 다양한 표정을 지어 거울에 비추어 본다.

참고

- 교사는 일상생활에서 일어나는 다양한 느낌과 감정에 관한 여러 가지 어휘를 사용함으로써 유아들의 감정 표현 어휘가 확장될 수 있도록 한다(화난, 슬픈, 외로운, 놀란, 창피한, 행복한, 부러운 등).

○ **연계활동 2** 〉 하루 일과를 마치고

목표

• 상황과 감정을 연결하여 언어로 표현한다.

자료

• 기분을 나타내는 얼굴 모습이 그려진 목걸이, 표정카드

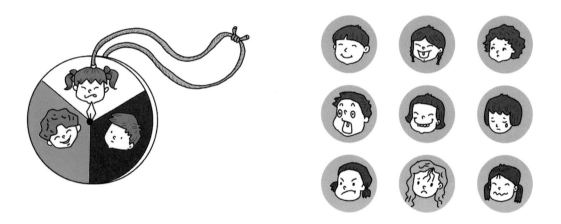

활동방법

• 하루 일과를 마친 후 자신의 기분을 이야기한다.

• 화살표로 자신의 기분을 나타낸 그림을 가리키고 기분을 이야기한다.

"기분이 어땠니?"

"왜 기분이 좋았니?"

"지금 같은 기분이 들었던 때가 또 언제 있었니?"

• 하루 일과를 회상하며 느꼈던 여러 느낌을 카드를 보여 주며 이야기한다.

－난 비행기를 만들어서 즐거웠지만 놀이터에서는 속상했어요. 축구에서 졌거든요.

01. 일상에서의 언어놀이

약속 만들기

상황	유아들의 놀이에서 갈등이 일어났을 때 또는 학급의 규칙을 새롭게 만들어야 할 때
목표	• 상대방이 하는 이야기를 듣고 관련해서 말한다. • 자신의 생각을 글자와 비슷한 형태로 표현한다.

◦ 놀이지원

5세

- 갈등이 생긴 유아들이 함께 모여 갈등이 일어난 원인을 찾아본다.

  "왜 친구를 때렸니?"

  – 내 장난감을 부쉈어요.

  "○○야, 왜 친구 장난감을 부수었지?"

  – 정리 시간이니까요.

  "○○가 부순 것이 아니고 정리 시간이라서 장난감을 정리한 것이구나."

  – 그런데 난 간식 먹고 또 놀려고 잘 놔둔 거였어요.

- 원인을 알아낸 후, 친구들의 마음을 이해하고 새롭게 대안을 찾아본다.

  "어떻게 하면 내가 정리하고 싶지 않은 장난감을 모든 친구들이 알 수 있을까?"

  – 표시를 해야겠어요. '정리하지 마시오.'라고 써요.

  – 글씨를 못 읽는 친구들이 있으니까 그림도 그려요.

- 새롭게 생긴 규칙을 글이나 그림으로 만들어 규칙이 필요한 곳에 붙인 후, 모든 학급의 친구들에게 알린다.

정리하지 마시오

○ **연계활동** > 우리 교실의 규칙과 사인

목표

- 상황에 적절한 단어를 사용하여 말한다.

- 말과 글의 관계에 관심을 가진다.

활동방법

- 교실에서 지켜야 할 규칙을 이야기하고 글이나 그림(사인)으로 표기하여 규칙을 만들어 붙인다.

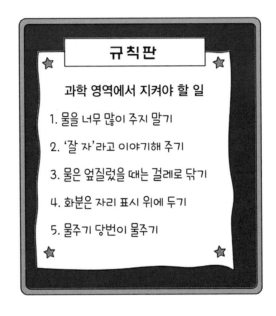

01. 일상에서의 언어놀이

비 오는 날

상황 ▶ 비가 오는 때

목표 ▶ • 말놀이와 이야기 짓기를 즐긴다.

○ 놀이지원

• 비 오는 날 등원하는 유아를 맞이하며 날씨에 관한 이야기를 나눈다.

"비가 오네! 유치원에 오면서 비 오는 소리를 들었니?"

"비가 내릴 때 어떤 소리가 나지?"

"비가 오는 소리를 말로 표현해 볼 수 있을까?"

"또 다른 말로 표현해 보면 어떻게 할 수 있을까?"

• 유아들의 생각과 표현을 들어 보고, 여러 가지 빗소리를 표현하는 말을 만들어 본다.

　예 죽죽, 쫙쫙, 보슬보슬, 톡톡, 주르르주르르, 쏴라라라 …….

○ 연계활동 1 〉 동시-비

목표

• 동시에서 말의 재미를 느낀다.

자료

• 동시

활동방법

• 비에 대해 표현한 여러 가지 말을 이용하여 동시를 짓는다.

• 유아들이 지은 동시를 함께 읽으며 비에 관한 여러 표현을 경험한다.

> 비 오는 날
>
> 　　　　　김혜선 지음
>
> 비 오는 날은
> 심심한 날
> 놀이터도 못 나가고
>
> 죽죽
> 비를 보고
> 그림도 그리고
>
> 톡톡
> 비를 따라
> 뛰어도 보고
>
> 비 오는 날도
> 재미있는 날
> 빗소리와 노는 날

○ 연계활동 2 날씨카드

목표

• 말과 글의 관계에 관심을 가진다.

자료

• 날씨 그림과 날씨를 나타내는 단어를 적은 카드

활동방법

• 날씨를 나타내는 단어와 날씨에 대한 느낌을 표현한다.

• 날씨를 주제로 한 동화나 동시를 지어 본다.

• 날씨를 표현한 단어들을 모아 본다.

 비 오는 날	주룩주룩	짝짝	보슬보슬	톡톡

 바람 부는 날	쌩쌩	슈웅	웽웽 웽웽	후욱

 눈 오는 날	펑펑	솔솔솔	흔들흔들	살살살

01. 일상에서의 언어놀이

어릴 때 내 모습

상황 ▶ 친구들을 서로 알아갈 때

목표 ▶ • 말이나 이야기를 관심 있게 듣는다.

○ 놀이지원

3세

- 학급 유아의 어릴 때 모습이 담긴 사진을 함께 보며 이야기한다.

  "이 친구는 누구일까?"

  "우리 반 친구 중에서 누구의 어렸을 때 모습일까?"

  "왜 그렇게 생각했지? 얼굴의 어느 부분을 보고 그 친구일 거라고 생각했니?"

- 사진 속 친구의 어릴 때 모습과 현재 모습을 보면서 이야기한다.

  "○○이의 지금 모습과 어떤 부분이 닮았지?"

- 어릴 때 사진과 현재의 사진을 함께 게시해 두고 친구 이름을 이야기한다.

  "이 사진이 누구인지 지금 사진과 함께 찾아보자."

○ 연계활동 이렇게 자랐어요

목표

- 자신의 생각을 글자와 비슷한 형태로 표현한다.

자료

- 학급 유아들의 어릴 때 사진 연령별로 3~4장, 필기도구

활동방법

5세

- 유아들과 어렸을 때 사진을 보며 이야기한다.

  "몇 살 때 모습이니?"

  "이때 기억이 나니? 무엇을 하고 있지?"

  "이것은 또 몇 살 때일까?"

  "앞에 사진(○살 때)의 모습과 어떤 점이 달라졌니?"

- 자신의 어릴 때 사진 아래에 소개하는 글을 쓴다.

- 연령별로 사진과 소개 글을 모아 책을 만든다.

"점점 커 가면서 어떻게 변했지?"

"앞으로 더 크면 어떤 모습으로 자랄까?"

"크면서 어떤 것들을 해 보고 싶니?"

"이 다음에 ○○(이)가 자라면 어떤 어른이 되어 있을까?"

01. 일상에서의 언어놀이

돌멩이로 만든 이야기

상황 ▶ 주변의 돌멩이에 관심을 보이며 관찰할 때

목표 ▶ • 바른 태도로 듣고 말한다.

○ 놀이지원

- 돌멩이의 생김새를 관찰하고 특징과 느낌을 말한다.

  "돌멩이가 어떤 모양이니?"

  "무엇과 비슷하게 생겼지?"

- 여러 가지 모양의 돌멩이에 색을 칠하거나 그림을 그려 꾸민다.

  "여기에 어떤 그림을 그리고 싶지?"

  "○○처럼 생긴 돌멩이에 어떤 그림을 그리면 진짜 ○○처럼 보일까?"

- 색칠과 그림으로 꾸민 돌멩이를 이용하여 창의적인 모양을 구성한다.

  "이 돌멩이로 어떤 모양을 만들 수 있을까?"

- 만든 작품을 친구들에게 소개한다.

  – 이 돌멩이는 요술 돌멩이에요. 돌멩이가 사람이 되었어요.

  – 돌멩이로 만든 사람은 돌멩이 집에서 살아요. 이것은 돌멩이 집이에요.

  – 이 돌멩이 집에는 돌멩이 강아지도 살아요.

○ 연계활동 〉 돌멩이 이야기책

목표

- 이야기 짓기를 즐긴다.

자료

- 유아들이 만든 돌멩이 작품을 찍어서 인쇄한 자료, 필기도구

활동방법

4, 5세

- 유아들의 작품 사진의 수를 늘려서 긴 이야기를 짓거나, 여러 친구들의 작품을 연결하여 이야기를 꾸미며 책을 만든다.

강가에 돌멩이 6개가 만났습니다.

돌멩이는 예쁜 강아지가 되었습니다. 사람들과 사이좋게 살았습니다.

이번엔 새로 변해서 하늘을 날아다니며 여행을 했습니다.

출처: 교육과학기술부(2009). 유치원 지도서 II-환경과 생활. p. 133.

체계적인 언어활동을 계획하기 위해서는 진행되고 있는 놀이 주제들과 연계하여 준비하며 균형 있게 다루어야 한다. 언어교육 활동에서 다루어야 하는 내용(듣고 말하기, 읽고 쓰기)을 특히 유아의 연령과 개개인의 발달 수준을 고려하여 사전에 준비하고 유아들의 참여를 관찰하여 진행한다. 이 장에서는 「2019 개정 누리과정」의 의사소통 영역내용에 따라 각각의 활동을 소개하고, 이어지는 놀이를 예상하여 안내하였다.

02. 언어활동과 이어지는 놀이 ■ 듣고 말하기 활동과 놀이

둥둥 엄마오리, 동동 아기오리

의사소통 영역내용	• 말이나 이야기를 관심 있게 듣는다. • 상황에 적절한 단어를 사용한다.
자료	막대 인형(오리 두 마리: 엄마오리 아기오리), 연못 배경 그림

놀이지원

3세

● 오리 인형의 움직임을 보며 동시를 듣는다.

"둥둥 엄마오리 연못 위에 둥둥/동동 아기오리 엄마 따라 동동"

"풍덩 엄마오리 연못 속에 풍덩/퐁당 아기오리 엄마 따라 퐁당"

● 동시를 따라 읊으며 소리의 차이를 경험한다.

4, 5세

● 동시에서 표현하는 의성어(둥둥과 동동)와 의태어(풍덩과 퐁당)의 차이를 구별하고, 느낌에 대하여 이야기 나눈다.

"'둥둥'과 '동동'은 느낌이 어떻게 다르지?"

"왜 다르게 표현했을까?"

"'풍덩'과 '퐁당'은 어떻게 다를까?"

"오리는 또 어떻게 걸을까?"

"오리가 걷는 모습을 다르게 말해 볼까?"

"엄마오리가 풀밭을 걸을 땐 어떤 모습일까?"

"아기오리가 걷는 모습은 어떨까?"

－뒤뚱 아기오리 풀밭 위에 뒤뚱, 뒤뚱 아기오리 엄마 따라 뒤뚱

> ○ **참고**

- 교사는 오리 인형을 동시의 음율에 맞추어 표현한다.
- 유아들이 비슷한 말소리(의성어와 의태어)를 주의 깊게 듣도록 한다.
- 5세 활동이 익숙한 유아들은 글자카드 놀이로 확장할 수 있다.
  - 동시를 그림과 글로 준비하고 의성어와 의태어를 낱말카드로 만들어 붙여 볼 수 있게 한다.

오리

금수현 요 · 곡

> ○ **이어지는 놀이**

- 오리 인형놀이
- 말 바꾸어 노래하기
- 말놀이, 이야기 짓기 놀이

02. 언어활동과 이어지는 놀이 ▪듣고 말하기 활동과 놀이

이야기 듣고 움직이기

의사소통 영역내용	• 말이나 이야기를 관심 있게 듣는다.
자료	여러 가지 타악기 또는 동작 표현을 돕는 음악

○ 놀이지원

3세

● 교사가 지시하는 이야기를 듣고 몸으로 표현한다.

"우리 같이 걸어 보자."

"뱀처럼 기어 볼까?"

"토끼처럼 뛰어 보자."

4, 5세

● 교사의 두 가지 지시 사항을 이해하고 몸으로 표현한다.

"조용히 빨리 걸어 보자."

"천천히 아주 낮게 기어가 볼까?"

"높게 한 발로 뛰어 보자."

○ 참고

● 유아가 이야기를 잘 듣고 따라 할 수 있도록 바른 발음으로 천천히 말한다.

● 유아가 활동에 흥미 있게 참여하도록 교사의 언어적 지시와 악기 연주 또는 음악을 함께 제공한다.

○ 이어지는 놀이

● 유아들끼리 지시하고 따라 하기 놀이

● 동물 흉내 놀이

02. 언어활동과 이어지는 놀이 ■ 듣고 말하기 활동과 놀이

어린이날을 축하해 – 사랑하는 딸 ○○에게

의사소통 영역내용	• 자신의 경험, 느낌, 생각을 말한다.
자료	어린이날을 축하하기 위해 자녀에게 보낸 부모님의 편지 또는 영상 자료

○ 놀이지원

3, 4세

- 어린이날 즈음에 부모님이 보내 주신 편지(또는 메일, 녹음 자료, VTR 자료 등)를 소그룹의 유아들이 모여 함께 듣는다.

  "여기 편지가 왔는데 어떤 내용인지 들어 볼까?"

  "누구의 부모님이 보내 주신 편지일까?"

- 내용에 대하여 이야기 나눈다.

  "○○의 부모님은 ○○에게 어떤 마음을 갖고 계실까?"

  "부모님은 왜 ○○(이)를 사랑하실까?"

5세

- 부모님의 사랑을 경험했던 순간에 대해 이야기 나눈다.

  "너희들은 부모님이 너희를 사랑하는 것을 언제 느낄 수 있니?"

  "어떤 방법으로 부모님께 사랑하는 마음을 전할 수 있을까?"

○ 참고

- 어린이날 전에 부모님들께 가정 통신문을 보내어 미리 편지를 받아 둔다.

  (나이 어린 유아의 경우 부모의 이야기를 영상 자료로 준비하는 것이 바람직하다.)

○ 이어지는 놀이

- 부모님들의 편지와 녹음 자료 듣기
- 읽기가 가능한 유아들은 편지 읽기
- 부모님께 감사의 답장 쓰기(3, 4세 –그림, 5세 – 글과 그림)

사랑하는 우리 동욱이에게

세상에서 가장 소중한, 엄마·아빠의 보물!

맨 처음 엄마·아빠에게 찾아왔을 땐

아주 작고 어린 아가였는데…….

어느새 유치원에서 제일 큰 형님이 되었네.

하루가 다르게 쑥쑥 자라는 우리 동욱이를 보면서

우리 가족은 얼마나 기쁘고 행복한지 모른단다.

어린이날을 축하한다!

지금처럼 씩씩하고 바른 어린이로 자라렴~♡.

2021. 5.

동욱이를 사랑하는

엄마·아빠가

02. 언어활동과 이어지는 놀이 ■ 듣고 말하기 활동과 놀이

토의 - 컴퓨터를 함께하려면

의사소통 영역내용
- 상대방이 하는 이야기를 듣고 관련해서 말한다.
- 바른 태도로 듣고 말한다.
- 고운 말을 사용한다.

○ 놀이지원

3, 4세

- 컴퓨터 영역에서 유아들이 서로 하고 싶어서 갈등이 생길 경우에 집단 토의 주제로 정하여 이야기를 나눈다.

  "왜 싸움이 일어났는지 이야기해 볼까?"

- 자신의 입장도 이야기하고 친구의 생각도 끝까지 듣는다.

  "준희가 컴퓨터를 먼저 시작했는데 영서가 그만하라고 해서 몹시 화가 났구나."

  "영서는 준희가 혼자 컴퓨터를 너무 오래 하니까 하고 싶었겠다."

- 다툼이 일어난 이유를 정리해 본다.

  "먼저 시작한 친구가 오래 하는 것이 문제구나."

  "게임이 끝날 때까지 하고 싶구나."

- 함께 컴퓨터를 할 수 있는 방법을 생각해 본다.

  "어떻게 하면 모두 할 수 있을까?"

- 교사가 제안한 몇 가지 해결방법 중에서 선택하여 결정한다.

5세

- 유아들 스스로 해결방법을 찾아본다.
  - 기다리는 순서를 정하자.
  - 시간을 정하자.
  - 한 게임을 너무 길게 하지 말자.
- 새롭게 나온 대안들의 문제점을 예측해 본다.

  "시간을 얼마만큼 정할까?"

  "사용한 시간을 어떻게 알 수 있을까?"

  "시간을 정해 놓을 경우 하다가 멈추면 속상할 텐데 어떻게 하면 좋을까?"

- 모두가 좋은 방법으로 결정한다.
- 실행해 보고 결과에 대하여 의논한다.

  "잘되고 있니?"

  "어떤 문제가 있지?"

  "그 문제는 어떻게 해결하면 좋을까?"

◦ **참고**

- 교사는 유아들이 친구의 이야기를 끝까지 들을 수 있도록 지도한다.

  "○○의 이야기를 다 듣고 네 이야기를 하도록 하자."

- 유아가 친구 이야기를 경청하거나 기다렸다가 이야기하는 태도를 보일 경우 격려한다.

  "음~, ○○가 친구의 이야기를 잘 듣고 있구나."

- 3세의 유아들이 적절한 대안을 내놓지 못할 경우 교사가 두세 가지 대안을 제시하여 선택할 수 있도록 한다.

- 유아들이 자신의 생각을 이야기할 때 교사는 분명하게 정리하여 다시 한번 모두에게 전달한다.

  "아! ○○는 순서표를 만들었으면 좋겠다는 생각이구나."

  "새로운 생각인데? 다른 생각을 해냈구나."

- 새롭게 만든 규칙을 글과 그림으로 기록하여 붙인다.

- 참고: 김혜선(2007). 유치원교실의 존중받는 상호작용, pp. 143-167.

◦ **이어지는 놀이**

- 규칙을 지키며 놀이하기
- 문제가 발생하면 다시 토론하기

02. 언어활동과 이어지는 놀이 ■ 듣고 말하기 활동과 놀이

내가 제일 좋아하는 물건

의사소통 영역내용	• 바른 태도로 듣고 말한다.
자료	유아들이 가져 온 물건이나 놀잇감

○ 놀이지원

3세

- 유아가 집에서 가져 온 물건을 다른 친구에게 보여 주고 그 물건에 대해 설명한다.
  - 이름: "이게 무엇이니?"
  - 갖게 된 경위: "어떻게 가지게 되었니?"
  - 좋아하는 이유: "왜 좋아하는데?"
  - 물건을 사용하는 방법: "어떻게 가지고 노는지 이야기해 주겠니?"
- 발표한 친구의 물건에 대해 궁금한 것이 있을 경우 질문을 한다.

4, 5세

- 유아가 가지고 온 물건을 다른 친구와 함께 가지고 놀고 싶을 때에는 규칙을 정한다.

  "너의 장난감을 친구와 함께 가지고 놀아도 되겠니?"

  "이 물건을 가지고 놀 때 조심해 주겠니?"

  "어떻게 사용하는 것인지 설명해 주겠니?"

  "가지고 논 다음에 정리는 어떻게 할까?"

○ 참고

- 3세의 유아들에게 표현하고자 하는 적절한 단어를 알려 주거나 단어를 모아 문장으로 말하는 모델을 보여 주다
- 4, 5세의 유아들에게는 유아의 이야기에 적당한 질문을 하여 어휘력과 문장력을 확장시킨다.

  유아: "아빠가 사 주셨어요."

  교사: "왜 사 주셨지?"

  유아: "내 생일이라서요."

  교사: "아, 아빠가 생일을 축하해 주시려고 선물하셨구나."

⊙ **이어지는 놀이**

● 유아들이 가지고 온 놀잇감으로 같이 놀기

02. 언어활동과 이어지는 놀이　■ 듣고 말하기 활동과 놀이

방학 여행 이야기

| 의사소통
영역내용 | • 말이나 이야기를 관심 있게 듣는다.
• 자신의 경험, 느낌, 생각을 말한다. |

| 자료 | 여행에서 찍은 사진이나 여행지에서 수집한 자료들 |

○ 놀이지원

• 유아들이 소그룹으로 모여 여행 이야기를 할 수 있도록 원으로 모여 앉는다.

• 유아들이 자신의 경험을 이야기하도록 한다.

3세

• 유아가 이야기할 수 있도록 구체적인 질문을 한다.

　"어디를 다녀왔니?"

　"누구와 함께 갔지?"

　"무엇을 하고 놀았니?"

　"무엇이 제일 재미있었니?"

4, 5세

• 자신이 경험한 여행 이야기를 스스로 발표할 수 있도록 한다.

　"여행 다녀온 이야기를 친구들에게 이야기해 줄 수 있겠니?"

　"제일 재미있었거나 속상했던 일은 무엇이었니?"

○ 참고

• 3세의 유아들이 자신의 차례를 기다려 이야기하도록 돕는다.

• 4, 5세의 유아들이 친구의 이야기에 적절히 대답하고 질문하는 경험을 하도록 돕는다.

○ 이어지는 놀이

• 사진이나 수집물을 놀이 시간에 자유롭게 보며 궁금한 것을 서로 묻고 대답하기

02. 언어활동과 이어지는 놀이 ■ 읽고 쓰기 활동과 놀이

동물의 울음소리

의사소통 영역내용	• 말과 글의 관계에 관심을 갖는다. • 자신의 생각을 글자와 비슷한 형태로 표현한다.
자료	동물 그림카드(앞면: 동물 그림, 뒷면: 동물의 이름), CD

⊖ 놀이지원

동물 울음소리 맞히기

3, 4세

- 동물 그림카드의 동물 이름을 알아보고 그림 밑의 글씨에 관심을 가진다.
- 녹음된 동물의 울음소리를 듣고 동물카드를 찾아본다.

5세

- 카드의 뒷면(동물의 이름 단어)이 보이도록 모두 뒤집어 놓는다.
- 동물의 울음소리를 듣고 맞는 이름카드를 찾는다.
- 카드를 뒤집어 글과 그림을 확인한다.

동물 울음소리와 글쓰기

3세

- 동물의 울음소리를 말로 흉내 낸다.

  "호랑이가 어떻게 소리를 내지?"

  – 어~~~엉.

  – 으르렁.

  – 어~~훙.

- 유아들이 흉내 내는 말소리를 교사가 글로 적어 카드로 만든다.

4, 5세

- 자신이 만든 소리를 글로 적어 보고 단어카드를 만든다.

● 5세 유아 중에서 글을 쓸 수 있는 유아들은 울음소리를 다양하게 표현하고 글로 써 보는 놀이를 할 수 있
도록 녹음 테이프와 필기도구를 제공한다.

	앙앙	어엉	으르렁	어흥

	꾸울꾸울	꽥꽥		

	꼭 꾜~오	꼬끼오	꼬꼬꼬	

	월월월	멍멍	컹컹	

02. 언어활동과 이어지는 놀이 ■읽고 쓰기 활동과 놀이

친구 이름카드 모으기

의사소통 영역내용	• 주변의 상징, 글자 등의 읽기에 관심을 가진다.

자료	이름카드: 학급의 모든 유아의 이름과 사진이 들어 있는 카드  글자카드: 유아들의 이름이 들어간 낱글자 카드 김 현 선 규칙판 **내 친구** ★ 게임 규칙 ★ 1. [이름카드]를 바닥에 펴 놓는다. 2. [글자카드]를 뒤집어 모두 쌓아 놓는다. 3. 순서를 정한다. 4. 순서대로 [글자카드]를 한 장만 뒤집는다. 5. 같은 글자가 들어 있는 [이름카드]를 모두 갖는다. 6. [이름카드]가 없어지면 게임이 끝난다. 7. 카드를 세어 본다.

⊙ 놀이지원

3세

- 친구의 사진을 보고 이름을 말해 본다.
- 친구의 이름을 말하고 해당 카드를 가져간다.
- 순서를 정하여 내가 아는 친구 카드를 한 장씩 갖는다.
- 누가 많이 가졌는지 세어 본다.

4, 5세

- 게임 규칙을 이해한다.

  "어떻게 순서를 정할까?"

"글자카드를 뒤집어 놓는 것은 어떻게 하는 것이지?"

● 규칙에 따라 게임을 진행하며 같은 글자카드를 찾고 글을 읽어 보는 경험을 한다. (한 유아가 '강' 카드를 뒤집은 경우)

"무슨 글자를 뒤집었니?"

"누구 이름에 '강'자가 써 있었지?"

"정말 잘 찾는구나."

◇ **참고**

● 글자에 관심이 있는 유아를 위해 다양한 놀이로 확장한다.

● 같은 글자가 들어 있는 친구들의 이름을 모아 책을 만든다.

● 이름에 같은 낱글자가 들어 있는 친구를 찾아본다.

● 준비된 종이에 낱글자가 들어 있는 친구의 이름을 찾아 쓰거나 이름이 쓰인 종이를 붙인다. 이름이 쓰인 종이가 여러 장이 되면 책으로 묶어 준다.

02. 언어활동과 이어지는 놀이 ■ 읽고 쓰기 활동과 놀이

'서울'과 'SEOUL'

의사소통 영역내용	• 주변의 상징, 글자 등의 '모양'에 관심을 가진다.
자료	8절 도화지, 크레파스, 풀, 한글 '서울'의 자모음 글자와 영어 'S·E·O·U·L' 알파벳(색종 이를 글자 모양대로 자른 것)

> ○ **놀이지원**

5세

- 유아들이 한글(자모음)이나 영어(알파벳) 중 한 세트를 선택한다.
- 한글 자모음(또는 영어 S·E·O·U·L)을 이용하여 창의적으로 모양을 만든다.

  "이 글자를 이용하여 어떤 모양을 만들 수 있나?"

  "그 모양이 어느 부분과 비슷하지?"

  "어떤 글자들을 사용할까?"
- 모양이 정해지면 풀로 붙인다.
- 크레파스를 이용하여 꾸민 모양에 첨가되는 그림을 그린다.
- 그림 이야기를 만들어 본다(교사는 그림 이야기를 적는다.).

> ○ **참고**

- 교사는 사전에 이야기 나누기를 통해 한글이 다른 나라 글자와 생김새, 말소리가 다르다는 것을 유아들이 이해하도록 돕는다.
- 선택한 자모음(알파벳)을 모두 이용하여 글씨를 만들도록 하며, 빼거나 가위로 오리지 않도록 지도한다.
- 교사는 유아들이 작업한 그림을 모아 이야기로 구성할 수 있다.

출처: 명지전문대학부속 명지유치원(2004). 만 4〜5세 주제접근 통합교육과정에 의한 종일제 프로그램, p. 752.

02. 언어활동과 이어지는 놀이　■ 읽고 쓰기 활동과 놀이

내 작품에 제목 짓기

의사소통 영역내용	• 말과 글의 관계에 관심을 가진다. • 자신의 생각과 글자를 비슷한 형태로 표현한다.
자료	네임펜, 코팅한 색도화지(20×10mm), 투명 테이프

○ 놀이지원

3세

• 유아들이 만든 작품에 대하여 이야기한다.

"무엇을 만들었니?"

"무엇을 가지고 만들었니?"

• 작품의 제목을 한 단어로 지어 본 후, 교사가 글로 적어 준다.

"제목을 무엇이라고 지을까?"

– 꽃과 나비, 우리 집 식구들

4, 5세

• 제목을 정하고 수식할 수 있는 단어를 찾아본다.

"꽃을 그렸구나. 그런데 아주 키가 큰데? 어떤 꽃이라고 할까?"

– 키 큰 해바라기

"꽃들이 뭐 하고 있는 거니? 제목을 짓는다면 어떻게 하면 좋을까?"

– 꽃들의 이야기

• 제목을 글로 적어 본다.

○ 참고

• 친구들이 정한 제목을 보고 의미를 알아본다.

• 예술작품이나 노래, 친구의 이름, 가게 간판, 물건 이름, 건물 이름 등의

의미를 찾아본다.

02. 언어활동과 이어지는 놀이 ■ 책과 이야기 짓기 놀이

사자와 생쥐

의사소통 영역내용	• 책에 관심을 가지고 상상하기를 즐긴다. • 상대방이 하는 이야기를 듣고 관련해서 말한다. • 바른 태도로 듣고 말한다.
자료	이솝우화 '사자와 생쥐'(그림책 또는 동화 자료) 동화 내용: 숲 속에서 잠자고 있는 사자에게 장난을 친 생쥐는 그만 사자의 잠을 깨운다. 사자는 무서워 덜덜 떨고 있는 생쥐를 용서해 준다. 어느 날 덫에 걸린 사자의 그물을 생쥐가 이빨로 갉아 내어 구해 주고 둘은 친구가 되었다.

○ 놀이지원

3세

• 동화를 듣는다.

• 동화의 내용에 대해 이야기 나눈다.

　"어떤 이야기가 제일 재미있었지?"

• 이야기 줄거리의 흐름을 기억해 본다.

　"잠자던 사자는 왜 화가 났지?"

　"생쥐가 사자를 어떻게 구해 주었니?"

4, 5세

• 동화의 내용에서 우정의 의미를 찾아 이야기 나눈다.

　"사자는 생쥐를 왜 살려 주었을까?"

　"생쥐는 사자를 왜 살려 주었을까?"

　"사자와 생쥐는 어떻게 친구가 되었을까?"

　"서로 도울 수 있는 것에는 무엇이 있을까?"

• 동화의 내용을 유아들의 경험과 관련지어 이야기 나눈다.

　"우리도 친구를 용서해 준 적이 있나?"

　"우리도 친구를 도울 수 있을까?"

　"무엇을 도울 수 있을까?"

　"○○가 특별히 잘 할 수 있는 것은 무엇이 있지?"

- 우정과 관계된 여러 이야기를 찾아본다.
  - 사람과 반려동물의 우정
  - 할아버지와 손자의 친구 같은 사랑

◦ **참고**

- 유아들이 관심을 가지고 이해해 가는 과정을 존중해 준다.
- 5세의 유아가 보다 적극적인 '듣기' 활동을 위해 서로 의견을 비교하거나 공감하면서 이야기를 듣고 이해하도록 돕는다.

◦ **이어지는 놀이**

- 후속 이야기 상상하여 그림 그리기(사자와 생쥐가 어떻게 지낼까?)

02. 언어활동과 이어지는 놀이 ■ 책과 이야기 짓기 놀이

그림책 - 여러 가지 탈것

의사소통 영역내용	• 책에 관심을 가지고 상상하기를 즐긴다.
자료	교통기관에 대한 다양한 책, 팸플릿 등

◦ **놀이지원**

3세

• 여러 가지 교통기관에 대한 책을 보며 자신이 경험한 여러 종류의 교통기관을 찾아보고 새로운 교통기관에 대해서도 이해한다.

4, 5세

• 교통기관에 대하여 궁금한 것을 알아본다.

"우주에 가려면 어떤 것을 타야 할까?"

"옛날에는 어떤 것이 있었을까?"

"하늘을 나는 차를 만들 수는 없을까?"

"차는 어떻게 움직일 수 있는 걸까?"

"바람으로만 갈 수 있는 차는 없을까?"

• 질문거리가 정해지면 여러 책에서 조사하여 궁금한 것을 알아낸다.

• 조사한 내용을 친구들 앞에서 이야기한다.

◦ **참고**

• 동화책 이외에도 여러 정보를 제공하는 책, 만화, 잡지 등 다양한 책의 종류를 제공한다.

02. 언어활동과 이어지는 놀이 ■책과 이야기 짓기 놀이

신문(인터넷 소식) 보기

의사소통 영역내용	• 주변의 상징, 글자 등의 읽기에 관심을 가진다. • 말놀이와 이야기 짓기를 즐긴다.
자료	신문(예: 축구 이야기)/인터넷 기사(출력한 종이)

◦ 놀이지원

4세

● 신문에 난 사진을 보고 축구 경기에 대해 이야기 나눈다.

  "무슨 소식일까?"

  "우리나라와 어느 나라가 경기를 했을까?"

  "누가 이겼는데?"

● 교사가 신문의 기사 제목이나 선전 문구(큰 글씨)를 천천히 읽어 주고 유아들은 듣는다.

5세

● 신문의 기사 내용을 좀 더 자세히 읽어 준다.

  "박○○ 선수가 두 골을 넣어 월드컵 8강 진출에 한 발 다가섰다."

● 교사가 읽어 준 내용을 이해하기 위해 이야기를 나눈다.

  "무슨 뜻일까? 8강 진출이 무엇이지?"

  "월드컵이 무엇인지 알고 있니?"

● 자신의 경험과 생각을 기초로 여러 이야기를 나눈다.

  – 우리나라와 경기하는 다른 나라에 대하여

  – 축구와 월드컵 경기에 대하여

  – 우리나라 축구선수에 대하여

◦ 이어지는 놀이

● 계속해서 신문이나 인터넷 기사의 새 소식을 찾고 관심거리에 대하여 이야기 나눈다.

● 유아들이 관심 있어 하는 신문기사를 계속 스크랩하여 소개한다.

● 유아의 발달 수준에 따라 아는 글자 읽기 놀이를 한다.

02. 언어활동과 이어지는 놀이 ■책과 이야기 짓기 놀이

나랑 친구하지 않을래?

의사소통 영역내용
- 동화 · 동시에서 말의 재미를 느낀다.
- 말놀이와 이야기 짓기를 즐긴다.

자료
동물 퍼펫(4개), 편지지(여러 모양의 편지지), 필기도구(컬러펜, 색연필), 편지글(글씨를 쓰지 못하는 유아를 위해 모양 종이에 동화에서 나왔던 여러 종류의 편지를 써서 제시함), 우체통(유아들이 만든 것), 반 친구들의 사진과 이름

동화: 『나랑 친구하지 않을래?』(김혜선 저)

유치원에서 새로운 친구를 만났습니다. 호돌이는 새 친구 중에서 쌓기 놀이를 하고 있는 곰돌이랑 놀고 싶습니다. 그러나 곰돌이는 다른 친구와 노느라고 호돌이를 잘 보지 못합니다.

　호돌이: "(혼잣말로) 뭐라고 하지? 곰돌이한테? 같이 놀고 싶은데……."

곰돌이는 찻길을 만들고 있는 쥐돌이랑 놀고 싶습니다.

쥐돌이는 찻길을 만드느라 곰돌이를 보지 못합니다.

　곰돌이: "나도 놀고 싶은데……."

쥐돌이는 찻길을 만들다가 옆에 있는 토순이를 보았습니다.

　쥐돌이: "참 예쁘다! 같이 놀고 싶은데, 뭐라고 말할까?"

그러나 쥐돌이는 토순이에게 아무 말도 하지 못했습니다.

토순이는 간식을 먹으려고 합니다. 과자가 몇 개인지 몰랐는데 호돌이가 세 쪽이라고 알려 주었습니다. "고마워." 토순이는 호돌이가 참 친절하다고 생각했습니다. 그리고 호돌이랑 놀고 싶어졌습니다.

　토순이: "뭐라고 그럴까, 호돌이한테……. 같이 놀고 싶은데……."

　　　"아! 그래! 내가 편지를 써야지."

토순이는 호돌이에게 편지를 썼습니다. '나랑 같이 놀래?' 토순이는 편지를 들고 호돌이에게로 갔습니다. "호돌아!" 하며 편지를 건네주었습니다.

호돌이는 토순이의 편지를 봅니다. '나랑 같이 놀래? '

　호돌이: "토순이가 나랑 친구하고 싶은가 보다. 야, 신나는데?"

호돌이는 참 기뻤습니다.

　호돌이: "그럼 나도 곰돌이한테 이 편지글 건네주어야지."

호돌이는 곰돌이에게 편지를 주었습니다.

　곰돌이: "어? 호돌이가 나랑 같이 놀자고 그러네? 그럼 친구가 되잖아!"

호돌이하고 친구가 된 곰돌이는 쥐돌이하고도 친구가 되고 싶었습니다.

　곰돌이: "그래! 나도 쥐돌이에게 편지를 써야지. 뭐라고 쓸까? '쥐돌아 난 네가 참 좋아.' 이렇게 써야지."

자료	곰돌이는 참 좋았습니다. 이제 친구가 둘이 될 것 같아서 아주 기뻤습니다. 편지를 받은 쥐돌이는 곰돌이랑 친구가 된 것이 정말 좋았습니다. 둘이는 찻길놀이를 아주 재미나게 하였습니다. 쥐돌이는 토순이를 보았습니다. 　쥐돌이: "참! 나도 토순이하고 놀고 싶었는데, 나도 편지를 보내 볼까? 뭐라고 할까?" 쥐돌이는 '토순아! 나하고 친하게 지내자.'라고 써서 토순이에게 보냈습니다. 토순이는 편지를 받고 웃었습니다. 　토순이: "나도 편지를 받았네? 나랑 친하게 지내자고? 그러면 내가 좋아하는 호돌이하고 　　　나랑 친하게 지내고 싶은 쥐돌이하고 우리 셋이서 친구하면 되겠네?" 　호돌이: "아니야, 곰돌이도 친구야." 호돌이가 말했습니다. 친구들이 모두 모였습니다. 　호돌이: "우리 넷이 그럼 모두 친구네." 　곰돌이: "그래, 우리 넷이 모두 친구야." 　쥐돌이: "또 다른 친구도 사귀어 보자." 　토순이: "그래." 친구들은 "누구에게 또 편지를 쓸까?" 하며 다른 친구들을 찾아보았습니다.

○ **놀이지원**

3, 4세

- 동화를 듣고 이야기를 나눈다.

  "동물들이 친구들에게 무엇이라고 말했지?"

  "우리도 서로 친구하고 싶으면 어떻게 말할까?"

- 내가 좋아하는 친구들에게 그림 편지를 써 보자.

5세

- 동화에서 동물들이 주고받은 편지를 써 본다.

○ **이어지는 놀이**

- 반 친구들의 사진과 이름을 보고 친구가 되고 싶은 유아를 선택한다.
- 편지를 써서 유아들이 만든 우체통에 넣는다.
- 우체통에 모아진 편지는 회상하기나 귀가 시간에 나누어 갖는다.
- 서로 답장을 주고받는다.

> ○ **참고**

- 동화에 나오는 문장을 써서 복사해 두고 유아들이 편지에 풀로 붙여 사용할 수 있도록 한다.
- 동화에 나온 글을 유아들이 따라 쓸 수 있도록 미리 카드로 만들어 쓰기 영역에 준비한다.

출처: 명지전문대학부속 명지유치원(2005). 주제접근 통합교육과정, p. 209.

02. 언어활동과 이어지는 놀이 ■ 책과 이야기 짓기 놀이

나의 책

의사소통 영역내용	• 책에 관심을 가지고 상상하기를 즐긴다. • 말놀이와 이야기 짓기를 즐긴다.
자료	나를 소개할 수 있는 사진이나 자료들, 풀, 가위, 필기도구, 종이류

○ **놀이지원**

3, 4세

• 사진이나 자료를 이용하여 나를 소개한다.

– 나의 모습

– 나의 가족(사진 자료 이용)

– 어린 시절의 나(사진 자료 이용)

• 교사가 미리 준비한 자료를 붙일 수 있는 종이를 소개한다.

– 겉장: 제목, 유아 사진 붙이는 곳, 유아 이름 쓰는 곳(글씨를 쓰지 못하는 유아는 인쇄된 자료를 붙일 수 있도록 함)

– 속지: 사진을 붙이거나 그림을 그릴 수 있는 곳, 글씨 쓸 공간

5세

• 준비한 자료를 이용해서 문장을 만든다.

– 나는 ○○입니다.

– 내가 좋아하는 장난감은 로봇입니다.

• 책을 만드는 방법에 대하여 의논한다.

"책에는 어떤 내용이 있어야 할까?"

"책의 겉장에는 어떤 것이 써 있을까?"

"제목을 무엇이라고 정하면 좋을까?"

"지은 사람은 누구라고 할까?"

- 유아들이 자신의 이야기를 만들 수 있도록 학부모에게 유아에 관한 자료를 미리 부탁한다.
- 계속해서 자료를 수집하여 붙이거나 기록할 수 있도록 돕는다.
- 유아의 흥미에 따라 다양한 책을 만든다.
  - '우리 ○○반 책'이나 '우리 ○○유치원 책'을 제목으로 하여 안내 책자 만들기
  - 동화 다시 지은 책(후속 이야기, 패러디 등)이나 큰 책 만들기
  - 정보를 주는 책(예: 공룡 이야기, 자동차 정보지, 도구의 이용방법) 만들기

〈우리 아빠〉　　　　　　　　　　　　　　〈매미〉

○　이어지는 놀이

- 유아들이 만든 책을 모아 '도서관' 놀이로 확장할 수 있다.
  - 도서관 만들기
  - 책 분류하기
  - 책 대여하기

03.
통합적 접근의
사례

유아들의 언어놀이는 그림책 보기, 이야기 나누기, 말놀이, 동화, 동시, 동극, 언어카드 놀이, 언어게임 등 다양하며 놀이와 일상의 경험으로 자연스럽게 이어진다. 이 과정에서 언어교육 내용이 통합적으로 접근되도록 지원하는 것이 바람직하다. 이 장에서는 언어활동과 놀이가 다양하게 통합되는 사례를 소개한다.

03. 통합적 접근의 사례 ■ 의사소통 영역 안에서의 통합 사례

동화 - 로지의 산책

자료	그림동화: 『로지의 산책』(Pat Hutchins 저, 1987) 동화 내용: 암탉 '로지'가 연못가 방앗간 담장을 지나 산책을 한다. 여우가 '로지'를 잡으려고 오지만 연못에 빠지고, 밀가루를 뒤집어 쓰고, 쟁기에 맞고, 벌들에게 쏘이며 수난을 겪는다. '로지'는 무슨 일이 일어났는지 전혀 모른 채 산책을 끝내고 집으로 돌아온다.

동화 듣기-로지의 산책

 동화, 동시에서 말의 재미를 느낀다.

- 동화를 듣는다.
- 『로지의 산책』에서 여우에게 생긴 여러 가지 일과 재미있던 표현에 대하여 기억나는 것을 이야기한다.

이야기 나누기-산책에서 생긴 일

 주변의 소리에 관심을 가지고 듣는다.

- 산책 길 주변의 사물에서 난 여러 소리를 표현한다.

  "수레가 굴러갈 때 어떤 소리가 날까?"

  "여우가 연못에 빠질 때 어떤 소리가 났을까?"

  "로지는 어떤 모습으로 걸어갈까?"

- 여러 의성어, 의태어를 만들어 동화를 읽을 때 함께 이야기한다.

동화 짓기-다시 지은 『로지의 산책』

 말놀이와 이야기 짓기를 즐긴다.

- 『로지의 산책』에서 여우에게 생길 수 있는 또 다른 일을 상상하여 그린다.
- 유아들이 만들어 낸 그림의 장면에서 들을 수 있는 의성어나 의태어를 만들고 글로 쓴다.

  "여우가 철길을 건너고 있는데 기차가 왔어요."

  "빠-앙 빠-앙, 철커덕 철커덕."

- 유아들의 그림을 모아 동화로 만든다.
- 제목을 지어 책을 완성한 후, 여럿이 함께 읽는다.

출처: 명지전문대학부속 명지유치원(2005). 주제접근 통합교육과정, p. 356.

03. 통합적 접근의 사례 ■ 의사소통 영역 안에서의 통합 사례

동시 - 바사삭, 바사삭

| 자료 | 동시 자료 |

동화 듣기-바사삭, 바사삭

| 의사소통 영역내용 | 동화, 동시에서 말의 재미를 느낀다. |

- 가을 동산이나 놀이터에서 나뭇잎이 수북이 쌓인 모습을 관찰하고 가을의 풍경을 경험한다.
- 나뭇잎이 쌓인 곳의 소리를 들어 본다.

  "나뭇잎을 밟으니 소리가 나네?"

  "어떤 소리가 나지?"
- 동시를 감상한다.
- 동시를 듣고 난 느낌을 말한다.

  "낙엽을 밟으면 어떤 느낌이 날까?"

3, 4세

- 동시를 함께 읊어 본다(질문과 대답으로 나누어).

  교사: "나뭇잎 소리를 내 볼까?"

  유아: "바삭, 바삭. 스스슥, 스스슥."

  교사: "누가 오나 보지요?"

  유아: "아뇨, 낙엽 사이로 가을바람이 지나갔어요."

> 바사삭 바사삭
>
> 작자 미상
>
> 바사삭 바사삭
> "누가 오나 보지요?"
> "아뇨, 낙엽 사이로
> 가을바람이 지나갔어요."
>
> 바사삭 바사삭
> "누가 오나 보지요?"
> "아뇨, 낙엽 사이로
> 다람쥐가 지나갔어요.

5세

- 익숙해지면 수준과 반대로 교사와 유아가 문장을 바꾸어서 읊는다.

동시 짓기-내가 지은 동시

| 의사소통 영역내용 | 자신의 생각을 그림이나 친숙한 글자를 이용하여 표현한다. |

- 나뭇잎 밟는 소리를 만들어 본다.
- 낙엽 사이로 지나간 것이 누구인지 상상하여 글을 짓는다.

• 유아가 지은 동시를 그림으로 표현한다.

 "폴폴 폴폴"

 "누가 오나 보지요?"

 "아니요. 나뭇잎이 떨어지는 거예요."

 "아니요. 토끼가 깜짝 놀란 거예요."

03. 통합적 접근의 사례 ■ 의사소통 영역 안에서의 통합 사례

이야기 꾸미기 - 그림으로 만든 이야기

자료	그림카드-사람들의 다양한 표정, 동물들, 낮과 밤, 장소(산, 바다, 우주, 도시) 그림을 붙일 수 있는 이야기판 

이야기 꾸미기-그림 보고 상상하기

의사소통 영역내용	말놀이와 이야기 짓기를 즐긴다.

- 그림이 붙어 있는 이야기판을 소개한다.

  "이 그림을 보자. 어떤 이야기가 있는 것 같니?"

  "그림만 보고 이야기를 생각해 보자."

- 그림과 글씨를 연결하여 이야기를 지어 본다.

- 그림 조각을 몇 개 떼어 낸 후 이야기 내용에 맞추어 어떤 그림을 넣어야 할지 생각해 본다.

  "어떤 그림을 더 넣어 이야기를 지어 볼 수 있을까?"

책 만들기-내 이야기책

의사소통
영역내용 · 말과 글의 관계에 관심을 가진다.
· 자신의 생각을 글자와 비슷한 형태로 표현한다.

- 그림카드를 이용하여 새로운 이야기를 구성한다.
- 지은 이야기를 글자로 표현한다.

 는 항상 에 놀기를 좋아합니다. 그래서 친구가 없어요.

 는 심심해서 을 찾아갔어요.

그러나 은 이라 자고 있었어요.

 에 간 꿈을 꾸고 있어요.

 는 에 가서 친구를 찾았어요.

 도 이라 잠을 잔데요.

03. 통합적 접근의 사례 ■의사소통 영역 안에서의 통합 사례

그룹 게임 - 같은 상표 찾기

| 자료 | 상표를 오려 붙인 카드 두 세트씩, 글자카드(상표의 이름) 두 세트씩, 규칙판, 글자가 쓰인 포장지(유아들이 좋아하는 음식물 등의 포장지) |

(상표 포장 글씨)　　　　　　　(글자카드)

이름 읽기-과자 이름

| 의사소통 영역내용 | 주변의 상징, 글자 등의 읽기에 관심을 가진다. |

- 유아들이 주변에서 많이 볼 수 있는 여러 가지 제품의 이름을 오려서 모아 둔다.
- 글씨의 색깔과 모양 등 특징을 기억하여 읽으면서 글자를 익힌다.

그룹 게임-같은 상표 찾기

| 의사소통 영역내용 | 말과 글의 관계에 관심을 가진다. |

4, 5세

- 게임 규칙을 이해한다.
- 게임 규칙에 따라 게임을 진행한다.
- 문제 상황이 생기면 사로의 의견을 조율한다.

같은 상표 찾기

★ 게임 규칙 ★

1. 모든 카드를 뒤집어 바닥에 펴 놓는다.

2. 순서를 정한다.

3. 순서가 되면 동시에 두 장을 뒤집는다.

4. 같으면 가져 간다(상표와 상표, 상표와 글자, 글자와 글자).

5. 카드가 없어지면 게임이 끝난다.

6. 카드를 모두 세어 본다.

이름 짓기-과자 이름

의사소통 영역내용	자신의 생각을 글자와 비슷한 형태로 표현한다.

- 요리 시간에 만든 과자나 잡지에 나온 여러 음식 사진을 보거나, 상상하여 과자 이름을 지어 본다.
- 과자 포장지를 만들어 보며 이름 짓기, 이름 쓰기, 디자인하기 등의 활동을 전개한다.

03. 통합적 접근의 사례 ■ 5개 영역의 통합 사례

그림자 놀이

| 자료 | 그림자가 생긴 모습을 찍은 사진 또는 그림자 카드 |

바깥놀이-그림자 찾기와 게임

| 5개 영역 내용 | • 신체운동 · 건강: 신체활동 즐기기
• 자연탐구: 탐구과정 즐기기
• 사회관계: 더불어 생활하기 |

- 햇빛에 그림자가 생기는 날, 유아들과 함께 그림자를 만들어 보고 동작에 따라 변하는 그림자의 다양한 모습을 관찰한다.
- 그림자가 생기는 원리를 발견해 본다.
- 내 그림자를 다양한 모양으로 만들어 본다.
- 친구 그림자 밟기 게임을 한다.

  "내 그림자가 밟히지 않으려면 어떻게 할까?"

동시 듣기-그림자는 흉내쟁이

| 5개 영역 내용 | 의사소통: 듣기와 말하기/책과 이야기 즐기기 |

- 그림자 사진(또는 카드)을 보며 어떤 동작이었는지 예측해 본다.
- 그림자가 생기는 모습을 교사의 질문에 따라 언어로 표현한다.

  교사: "우리가 뛰면 그림자는 어떻게 될까?"

  유아: "그림자도 뛰어요."

  교사: "우리가 걸으면?"

  유아: "그림자도 걸어요."

  교사: "그림자는 흉내쟁이구나."

- 운율을 맞추어 동시를 듣고 따라 읊는다.

> 그림자는 흉내쟁이
>
> 작자 미상
>
> 내가 뛰면
> 그림자도 뛰고.
> 내가 걸으면
> 그림자도 걷고,
> 내가 멈추면
> 그림자도 멈추고,
> 그림자는 나만 따라 하는 흉내쟁이야.

신체 표현-그림자 만들기

5개 영역 내용	• 의사소통: 듣기와 말하기 • 예술경험: 창의적으로 표현하기

- 유아가 상상하여 동시를 지어 본다.
- 동시의 표현대로 그림자 놀이를 한다.

출처: 명지전문대학부속 명지유치원(2005). 주제접근 통합교육과정, p. 451.

03. 통합적 접근의 사례　■ 5개 영역의 통합 사례

명화 감상과 제목 짓기

명화(낮잠/별이 빛나는 밤–고흐, 피아노 치는 소녀들–르누아르, 무대 위의 무희–드가, 절규–뭉크, 풍속도–김홍도 등)

자료

빈센트 반 고흐의
〈낮잠(Noon–Rest from Work)〉

빈센트 반 고흐의
〈별이 빛나는 밤(The Starry Night)〉

르누아르의
〈피아노 치는 소녀들(Young Girls at the Piano)〉

드가의
〈무대 위의 무희(Dancer on Stage)〉

뭉크의 〈절규(The Scream)〉

김홍도의 〈풍속도 '씨름'〉

그림 감상-명화 보기

5개 영역 내용	• 의사소통: 듣기와 말하기 • 예술경험: 창의적으로 표현하기

● 명화를 보며 느낌을 이야기한다.

 "그림에서 무엇을 보았니?"

 "그림이 그려진 곳은 어딜까?"

 "어떤 이야기일까?"

 "이 사람은 누굴까?"

 "무엇을 하는 걸까?"

이야기 짓기-작품의 이야기 상상하기

5개 영역 내용	• 의사소통: 듣고 말하기/책과 이야기 즐기기 • 예술경험: 창의적으로 표현하기

● 유아들의 자유로운 그림 그리기나 일상이 담긴 사진을 찍는다.

● 다른 친구의 작품이나 사진을 감상한다.

● 작품과 사진에 담긴 이야기를 상상한다.

03. 통합적 접근의 사례 ■5개 영역의 통합 사례

음악 감상 – 비발디 〈사계〉

자료	비발디 〈사계〉–'겨울' 음악 CD, 오디오, 겨울철 풍경 그림

음악 감상-비발디 〈사계〉-'겨울'

5개 영역 내용	• 예술경험: 예술 감상하기/아름다움 찾아보기 • 음악을 듣기 전에 작곡가와 음악의 제목을 이야기한다.

• 음악을 들으며 겨울 풍경 그림을 본다.

• 겨울의 다양한 경험을 생각하며 음악을 감상한다.

"이 음악을 들으니까 겨울의 어떤 일이 생각나니?"

"정말 눈이 펑펑 내리는 것 같구나."

"따뜻한 방에서 식구들이 이야기하는가 보다."

창작동화 만들기-겨울이야기

5개 영역 내용	• 의사소통: 듣고 말하기/책과 이야기 즐기기 • 예술경험: 예술 감상하기

• 음악을 들으며 겨울철을 상상하여 그림을 그린다.

• 유아가 그린 그림에 대한 이야기를 짓는다.

• 음악에 따라 그림 이야기의 순서를 정하여 겨울이야기를 완성한다.

• 유아의 그림을 확대하여(파워포인트 자료) '겨울이야기' 그림을 보며 비발디 〈사계〉를 다시 감상할 수 있다.

03. 통합적 접근의 사례 ▪ 5개 영역의 통합 사례

딸기 주스 만들기

자료 ━ 딸기, 생수(3ℓ), 시럽(600㎖), 믹서기, 빵 칼, 도마

요리하기-딸기 주스

5개 영역 내용 ━
• 자연탐구: 생활 속에서 탐구하기
• 신체운동 · 건강: 건강하게 생활하기

• 유아들과 재료를 탐색한다.

　"딸기를 만져 보자. 어떤 느낌이니?"

　"어떤 맛인지 조금 떼어서 먹어 볼까?"

　"냄새는 어떠니?"

• 딸기 주스를 만드는 방법과 순서에 대하여 알아본다.

• 순서에 따라 요리를 한다.

• 딸기 주스의 맛과 모양, 냄새 등을 탐색한다.

　"딸기가 어떻게 변했지?"

　"왜 분홍색이 되었지?"

　"맛은 어떨까? 마셔 보자."

　"무슨 맛이지?"

책 만들기-요리책

5개 영역 내용 ━
• 의사소통: 읽기와 쓰기에 관심 가지기/책과 이야기 즐기기

• 유아들과 먹고 싶은 요리를 사전에 이야기한다.

• 결정된 요리의 재료와 조리방법 등을 부모님, 책, 인터넷을 이용해서 조사한다.

• 요리책 만드는 방법에 대해 의논한다.

　"요리책을 어떤 모양으로 할까?"

　"어떤 방법으로 만들까?"

- 조사한 내용을 가지고 각 집단의 유아들이 의논하여 결정한 방법대로 다양하게 필요한 재료, 도구, 요리 순서에 대해 그림을 그리고, 글씨를 써서 요리책을 만든다.
  - 필요한 재료를 그림으로 그리고 수량 적기
  - 도구 그리기
  - 요리의 순서를 차례대로 그리기
  - 겉장 만들기
- 내용을 적은 것에 그림을 더해 책으로 묶어서 요리 차트가 되도록 붙인다.
- 유아들이 만든 '요리책'을 보고 간식 만들기 활동으로 이어질 수 있다.

03. 통합적 접근의 사례 ■ 5개 영역의 통합 사례

곤충 퍼즐

| 자료 | ● | 나비의 그림, 전체 그림에서 부분을 잘라 낸 조각들(밑판에는 나비 부위의 이름을 적는다.) |

퍼즐 맞추기-나비 퍼즐

| 5개 영역 내용 | ● | 자연탐구: 생활 속에서 탐구하기 |

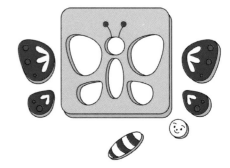

• 전체 그림을 보면서 이야기 나눈다.

"그림에 무엇이 있지?"

"무슨 색이지?"

"무슨 모양이지?"

"이 부분의 이름이 무엇인지 알고 있니?"

• 전체 그림을 보여 주면서 유아들과 함께 부분 그림 조각을 맞춘다.

글자 퍼즐-공통 그림과 글자 퍼즐

| 5개 영역 내용 | ● | • 의사소통: 읽기와 쓰기에 관심 가지기
• 자연탐구: 생활 속에서 탐구하기 |

• 곤충 그림과 글자를 맞추어 본다.

03. 통합적 접근의 사례 ■ 프로젝트에서의 통합 사례

인형극 관람

- 인형극을 관람하고 난 후 교사와 함께 내용을 회상하고 유아들은 인형극 놀이를 시작한다.
- 유아들은 인형극 놀이를 하면서 인형극을 만들어 공연하자는 흥미가 생기고 프로젝트 '우리 인형 극장'이 시작된다.
- 내용 구성하기, 대본 만들기, 극놀이하기, 공연 배우와 인터뷰하기, 공연 팸플릿 만들기, 공연 준비하기, 공연하기 등이 이어지면서 교육내용이 통합적으로 접근된 사례다.

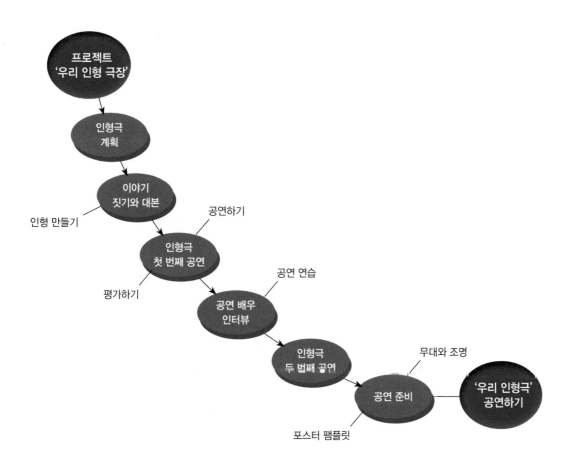

출처: 명지전문대학부속 명지유치원(2004). 만 4, 5세 주제접근 통합교육과정에 의한 종일제 프로그램, p. 835.

인형극 관람과 회상하기

5개 영역 내용	• 의사소통: 듣고 말하기 • 자연탐구: 생활 속에서 탐구하기

- 인형극을 보고 재미있었던 장면에 대하여 이야기한다.
- 인형극에서 기억나는 대사를 표현한다.
- 인형극 내용이 주는 의미를 알아본다.
- 인형극장의 시설에 대하여도 이야기한다(무대, 인형, 배우, 극장 안의 모습, 매표소, 표, 팸플릿, 포스터).

인형극 놀이

자료	• 유아들이 만든 인형들(인형극에 등장했던 인형)

- 인형극에 등장했던 인형들을 유아들이 만들어 인형놀이를 한다.
- 재미있던 장면의 대사를 인형을 이용해 표현한다.

03. 통합적 접근의 사례 ■ 프로젝트에서의 통합 사례

프로젝트: '우리 인형 극장'

인형극 계획하기

5개 영역 내용	• 의사소통: 듣기와 말하기 • 사회관계: 더불어 생활하기 • 예술경험: 창의적으로 표현하기

● 인형극을 만들어 공연을 하자는 유아의 흥미가 생긴다.

● 교사와 유아들과 인형극 공연을 하기 위한 준비를 구체적으로 계획한다.

내용 구성하여 대본 만들기

5개 영역 내용	• 의사소통: 읽고 쓰기에 관심 가지기/책과 이야기 즐기기 • 사회관계: 더불어 생활하기/나를 알고 존중하기

● 인형극의 내용에 대해 이야기 나눈다.

  "어떤 내용으로 인형극을 하면 좋을까?"

  "등장인물을 누구누구로 하면 좋을까?"

● 정해진 내용을 그림과 글씨로 적어 대본을 만든다.

대본대로 인형극 놀이하기

5개 영역 내용	• 예술경험: 창의적으로 표현하기

- 대본의 내용에 대해 이야기한다.

  "우리가 만든 대본에 누가 나왔었지?"

  "그 역할을 누가 하면 좋을까?"

  "더 필요한 인형은 없을까?"

- 대본대로 인형극 놀이를 한다.

공연 배우와 인터뷰하기

5개 영역 내용	• 의사소통: 듣고 말하기 • 사회관계: 다양한 문화에 관심 가지기

- 만들어진 대본대로 인형극 놀이를 하는 과정에서 전문적인 지식이 필요할 경우 자원(전문) 인사를 초청할 수 있다.

- 인형극을 공연하는 배우나 연극배우, 연출가 등 공연계에서 일하는 자원(전문) 인사를 초청하여 유아들과 이야기 나누는 시간을 계획한다.

  "우리가 궁금한 것들에 대해 누가 잘 알고 계실까?"

  "그분이 오시면 어떤 것에 대해 여쭤 볼까?"

- 질문할 내용을 정리하여 질문지를 만든다.

  "질문할 내용을 잘 기억할 수 있는 방법은 없을까?"

- 자원(전문) 인사를 초청했을 때 지켜야 할 예의에 대해 이야기한다.

  "준영이가 오셨을 때 어떤 것을 지켜야 할까?"

- 자원(전문) 인사를 초청하여 준비한 질문 내용으로 인터뷰한다.

예 인형극을 잘하려면 인형을 어떻게 움직이면 될까요?

어떻게 하면 목소리를 여러 소리로 낼 수 있나요?

인형을 움직이는 사람이 안 보이게 하려면 어떻게 하면 될까요?

이야기를 재미있게 만들려면 어떻게 하면 좋을까요?

무대를 얼마만큼 높게 해야 할까요?

인형을 여러 모양으로 만들기 위해서는 어떤 방법이 있을까요?

공연 팸플릿 만들기

5개 영역 내용	• 의사소통: 읽기와 쓰기에 관심 가지기/책과 이야기 즐기기 • 예술경험: 창의적으로 표현하기/예술 감상하기 • 사회관계 더불어 생활하기

• 인형극을 다른 사람에게 소개할 방법에 대해 의논한다.

"우리가 하는 인형극을 다른 사람들에게 잘 소개할 수 있는 방법이 없을까?"

"어떤 내용을 소개하면 좋을까?"

• 다른 공연의 팸플릿을 소개하며 팸플릿의 구성에 대해 알아본다.

"여기 있는 책은 어떤 책일까?"

"무엇을 소개하는 것일까?"

"이 공연은 어떤 내용일까?"

"등장인물은 누구누구 나오지?"

"누가 공연을 하는 것이라고 나와 있니?"

• 팸플릿 만들기에 대해 의논한다.

"우리 공연도 팸플릿을 만들어 보면 어떨까?"

"우리 팸플릿에는 어떤 내용을 넣으면 좋을까?"

• 의논한 내용대로 직고 그림을 그려서 팸플릿을 만든다.

공연 준비하기

5개 영역 내용	• 의사소통: 듣고 말하기 • 사회관계: 더불어 생활하기

- 유아들이 진행한 인형극을 다른 사람들 앞에서 공연하는 것에 대해 의논한다.

  "우리가 하고 있는 공연을 다른 사람들에게 보여 주면 어떨까?"

  "누구에게 보여 줄 수 있을까?"

- 공연을 위해 준비할 것에 대해 의논한다.

  "다른 사람들에게 공연을 보여 주기 위해서 어떤 것들을 준비해야 할까?"

  "우리가 지난번에 보았던 인형극 공연에서는 어떤 것들이 준비되어 있었지?"

- 의논한 내용대로 인형극 공연 준비를 한다.

  예 좌석 만들기, 무대 만들기, 포스터 만들기 등

인형극 공연하기

5개 영역 내용	• 예술경험: 예술 감상하기 • 사회관계: 더불어 생활하기 • 의사소통: 듣고 말하기

● 공연하기 위해 준비한 내용을 확인한다.

"우리가 계획한 대로 준비가 되었니?"

"관객들이 오셨을 때 어떻게 맞이하면 좋을까?"

● 준비한 대로 관객을 초대하여 인형극 공연을 한다.

● 공연이 끝난 후 준비 과정부터 공연까지의 활동에 대해 회상한다.

"우리가 준비한 대로 공연이 잘 되었나?"

"빠진 부분이나 아쉬웠던 부분은 없었나?"

"우리 힘으로 공연을 하고 나니 기분이 어떤가?"

"공연을 하면서 힘들었던 점은 없었나?"

참고
문헌

강성화, 김경회(2001). 유아언어교육. 서울: 동문사.

강숙현(2001). 관찰과 기록화를 통한 유아평가. 서울: 교육과학사.

강옥경, 김명순 공역(2005). 영아 언어의 이해(Boysson-Bardies, B. 저). 서울: 학지사.

공경희 역(2000). 베이비 사인(Acredole, L. P., & Goodwyn, S. 공저, Baby Signs, NY: Graw-Hill). 서울: 명진.

곽경화, 김영실(2014). 3, 4세 유아들의 이름글자 쓰기 발달 분석. 어린이미디어연구, 13(1), 313-332.

곽금주, 박혜원, 김청택(1991). K-WISC-Ⅲ 한국 웩슬러 아동용 지능검사. 서울: 특수교육.

곽금주, 성현진, 장유경, 심희옥, 이지연, 김수정, 배기조(2005). 한국영아발달연구. 서울: 학지사.

교육과학기술부(2008). 유치원 교육과정 해설. 서울: 장애우권익문제연구소(리드릭).

교육과학기술부, 보건복지부(2012). 3~5세 누리과정 고시.

교육부, 보건복지부(2020). 2019 개정 누리과정 해설서. 서울: 교육부, 보건복지부.

교육인적자원부(2000). 유치원 교육활동 지도자료 1: 총론. 서울: 대한교과서 주식회사.

권도하(1994). 유타 언어발달 검사. 대구: 한국언어치료학회.

권민균, 권희경, 문혁준, 성미영, 신유림, 안선희, 안효진, 이경옥, 전희녕, 안유신, 황혜진(2005). 아동발달. 서울: 창지사.

김명순, 신유림 공역(2000). 영유아의 문해발달 및 교육. 서울: 학지사.

김명순, 조경자(2002). 유아를 위한 음악교육의 이론과 실제. 서울: 다음세대.

김명순, 홍경은(2000). 글 없는 그림책 읽기 활동이 유아의 이야기 구성능력에 미치는 장단기 효과. 유아교육연구, 20(2), 103-119.

김세희(2000). 유아 문학 교육. 서울: 양서원.

김영태, 성태제, 이윤경(2001). 취학 전 아동의 수용언어 및 표현언어 발달척도. 서울: 서울장애인종합복지관.

김영태, 장혜성, 임선숙, 백현정(1981). 그림어휘력검사. 서울: 서울장애인종합복지관.

김정연(1996). 대상과 성별에 따른 영아의 언어적, 비언어적 상호작용. 서울대학교 대학원 석사학위 청구논문.

김정화, 이문정(2003). 소리내어 책읽기에서 나타나는 실수를 통한 유아의 읽기 전략 분석. 아동학회지, 24(5), 91-104.

김혜선(1996). 유치원 교육과정에서의 프로젝트 접근법 적용. 이화여자대학교 대학원 석사학위 청구논문.

김혜선(2017). 유치원교실의 존중받는 상호작용. 경기: 공동체.

김혜선(2020). 유치원교실에서 배우는 삶의 기술. 경기: 공동체.

명지전문대학부속 명지유치원 편(2004). 만 4~5세 주제접근 통합교육과정에 의한 종일제 프로그램. 서울: 양서원.

명지전문대학부속 명지유치원(2005). 주제접근(중심) 통합교육과정. 서울: 양서원.

문수백, 변창진(1997). K-ABC. 서울: 학지사.

문승윤(2008). 손짓으로 말하는 아기대화: 베이비 사인으로 아기의 마음을 읽어요. 서울: 출판 명인(구, 랜덤하우스코리아).

박경숙, 윤점룡, 박효정(1989). 기초학습기능검사-한국교육개발원-. 서울: 특수교육.

박경자, 강복남, 장복명(1994). 언어교수학. 서울: 박영사.

박배식(1992). 언어발달과 지도. 서울: 학문사.

박상희, 윤복희, 정윤자(2004). 특수아동교육. 서울: 동문사.

박승희, 장혜성(2002). 교실중심 언어중재를 위한 교사와 언어치료사의 협력적 역할 수행. 언어청각장애연구, 8(1), 117-143.

박정민(2002). 다운증후군 유아와 일반 유아의 언어 및 몸짓 발달비교 연구. 이화여자대학교 대학원 석사학위논문.

박혜경, 김영실, 김진영, 김소양(1999). 유아언어교육-이론과 실제-. 서울: 양서원.

박혜원, 곽금주, 박광배(1998). K-WPPSI 한국 웩슬러 유아지능검사. 서울: 특수교육.

박화문, 박재국, 김윤혜, 김영한, 김영경, 박미화, 이정순(1999). 장애유아의 교육과 지도. 서울: 창지사.

보건복지가족부(2009). 장애아 보육프로그램 운영 매뉴얼. 서울: 한학문화.

보건복지부(2020). 제4차 어린이집 표준보육과정 해설서.

엄윤재, 박윤경(2004). 유아를 위한 문해 교수법의 효과 비교: 균형 잡힌 문해교수법과 발음중심교수법을 중심으로. 아동학회지, 25(6), 259-277.

여성가족부(2007). 표준보육과정의 구체적 보육내용 및 교사지침(여성가족부 고시 제2007-1호).
    서울: 여성가족부.

오문자(2000). 레지오 에밀리아의 유아교육 실제와 레지오 접근법: 한국 현장 적용 실태와 21세기
    유아교육의 비전. 한국 유아교육학회 창립 25주년 기념 제1회 학술대회 자료집(pp. 162-200).

우윤식(1997). 언어와 인간생활. 부산: 부산외국어대학교 출판부.

육아정책연구소(2013). 만 3~5세 누리과정. 서울: 교육인적자원부, 보건복지부.

이경화(1994). 유아언어교육. 서울: 상조사.

이경화, 조순옥, 김정원, 심은희, 이연규, 이문정(2003). 유아언어교육. 서울: 창지사.

이기숙(2001). 유아교육과정. 서울: 교문사.

이기숙, 김영실, 현은자(1993). 유아의 문자언어교육을 위한 통합적 접근법에 관한 연구. 서울: 창지사.

이소현(2002). 유아특수교육 기관에서의 장애유아 교육진단 및 교육과정 운영실태조사. 특수교육
    학연구, 36(3), 165-196.

이순형, 권미경, 최인화, 김미정, 서주현, 최나야, 김지현(2010). 영유아 언어지도. 서울: 교문사.

이승복(1994). 언어획득과 발달. 서울: 정민사.

이연섭, 권경안, 김성일(1979). 한국아동의 구문발달(Ⅰ). 연구보고 88집. 한국교육개발원.

이영, 조연순(1988). 영·유아발달. 서울: 양서원.

이영석, 구학봉, 노명완, 김승훈, 차미정, 고승자(1993). 계몽학습준비도. 서울: 계몽사.

이영석, 박영충, 김미경, 최나영, 임명희, 나귀옥(1997). 유치원교육 수행평가의 이론과 실제. 국립교
    육평가원.

이영자(1994). 유아언어교육. 서울: 양서원.

이영자(2004). 유아언어발달과 지도. 서울: 양서원.

이영자, 이종숙(1985). 비지시적 지도방법에 의한 유아의 읽기와 쓰기 행동의 발달. 덕성여대 논문
    집, 14, 367-402.

이영자, 이종숙(1990a). 유아의 문어발달과 비지시적 지도방법이 문어발달에 미치는 영향에 관
    한 연구. 교육학 연구, 28(2), 105-123.

이영자, 이종숙(1990b). 유아의 문어발달과 구어·문어구별 능력 발달에 대한 질적 분석연구. 유
    아교육연구, 10, 41-65.

이은화, 이상금, 이정환, 이경우, 이기숙(1995). 한국 4세 유아의 발달에 관한 연구−청삼아동문제연구
    소−. 서울: 창지사.

이인섭(1976). 유아어휘−현영(2.3세), 현주(3.2세)의 어휘 연구. 서울여자대학교 논문집 제5호,
    별책.

이인섭(2001). 유아어휘. 서울여자대학교 논문집, 5, 17-45.

이정모, 이재호 외 공편(1998). 인지심리학의 제문제 Ⅱ−언어와 인지−. 서울: 학지사.

이차숙(2004). 유아언어교육의 이론적 탐구. 서울: 학지사.

이차숙, 노명완(1994). 유아언어교육. 서울: 동문사.

임영심, 채미영(2007). 만 3, 4세 유아의 쓰기 발달에 관한 사례 연구. 열린유아교육연구, 12(3), 69-94.

장신재(1996). 영어를 어떻게 배우고 가르칠 것인가. 서울: 신아사.

장유경(1997). 유아기의 언어습득-인지발달 측면-. 새국어생활, 7(1).

장유경, 최윤영, 김소연(2005). 한국 영아의 초기 의사소통: 몸짓의 발달. 아동학회지, 26(1), 155-167.

장혜성, 임선숙, 백현정(1992). 언어이해 · 인지력 검사. 서울: 서울장애인종합복지관.

장혜성, 임선숙, 백현정(1994). 문장이해력 검사. 서울: 서울장애인종합복지관.

장휘숙(2000). (전생애 발달심리학) 인간발달. 서울: 박영사.

전경원(2004). 유아특수교육. 서울: 창지사.

정동빈(1994). 언어발달지도. 서울: 한국문화사.

정옥분 역(1991). 인간발달의 이론. 서울: 교육과학사.

정옥분(2018). 아동발달의 이해(3판). 서울: 학지사.

정태선(1997). 글놀이 파피루스 2. 서울: 미래 M&B.

조명한(1982). 한국아동의 언어획득연구: 책략모형. 서울: 서울대학교 출판부.

조복희(1999). 아동발달. 서울: 교육과학사.

조복희, 정옥분, 유가효(1997). 인간발달-발달심리적 접근-. 서울: 교문사.

조정숙, 김은심(2003). 유아언어교육. 서울: 정민사.

주영희(1992). 유아의 글자 환경과 읽기에 관한 연구. 교육학 연구, 30(4), 217-231.

주영희(1998). 유아의 언어 습득 책략과 모성어 연구. 경인교육대학교 초등교육연구원 교육논총, 15, 191-205.

주영희(2000). 유아 언어발달의 사회적 기초. 인천교육대학교 교육논총, 17, 37-59.

주영희(2001). 유아언어발달과 교육. 서울: 교문사.

지성애, 마송희(2002). 유아의 읽기태도 척도 개발 연구. 한국영유아보육학, 제21집(pp. 39-56).

최성규(1996). 한국표준어음검사. 서울: 특수교육.

최성규(2001). 장애아동 언어지도. 대구: 한국언어치료학회.

한국아동학회 한솔교육문화연구원(2001). 아동발달백서. 서울: (주) 한솔교육.

한유미(2003). 유아수학교육. 서울: 창지사.

한유미, 김혜선, 권희경, 양현숙, 백은정(2013). 영유아 언어교육의 이해: 이론과 실제(3판). 서울: 학지사.

한유미, 오연주(2003). 단계별 포트폴리오의 이론과 실제. 서울: 다음세대.

Adams, M. J. (1990). *Beginning to read: Thinking and learning about print*. Cambridge, MA:

Massachusetts Institute of Technology.

Adams, M. J. (1994). Modeling the connections between word recognition and reading. In R. B. Ruddell, M. R. Ruddell, & H. Singer (Eds.), *Theoretical models and processes of reading. International reading association.* Newark, Delaware.

Ault, R. L. (1989). *Children's cognitive development.* 곽금주 역(1989). 아동의 인지발달. 서울: 중앙적성출판사.

Bandura, A. (1977). *Social learning theory.* NJ: Englewood Cliffs.

Barron, R. W. (1986). Word recognition in early reading: A review of the direct and indirect access hypothesis. *Cognition, 24,* 93-119.

Beaty, J. J., & Pratt, L. (2003). *Early literacy in preschool and kindergarten.* New Jersey: Merrill Prentice Hall.

Berger, K. S. (2003). *The Developing Person: Through Childhood and Adolescence* (6th ed.). NY: Worth Publishers.

Bloom, L. (1970). *Language development: Form and function in emerging grammars.* Cambridge MA: The M.I.T. Press. Japanese translation (1981). Japan: Taishukan Publishing Company.

Bluma, S., Shearer, M., Frohman, A., & Hilliard, J. (1976). *Portage guide to early education.* 강순구, 조윤경 공역(1990). 포테이지 아동 발달 지침서. 서울: 도서출판 특수교육.

Bradbard, M. R., & Endsley, R. C. (1983). How can teachers develop young children's curiosity? In J. F. Brown (Ed.), *Curriculum planning for young children.* Washington, DC: NAEYC.

Braine, M. D. S. (1971). The acquisition of language in infant and child. In C. E. Reed, (Ed.), *The Learning of Language.* Appleton-Century-Crofts, New York.

Brederkamp, S., & Rosegrant, T. (Eds.). (1995). *Reaching potentials: Transforming early childhood curriculum and assessment* (Vol. 2). Washington, DC: National Association for the Education of Young Children.

Bromley, K. (1991). *Language arts: Exploring connections.* Boston, MA: Allynnd.

Butterfield, E. C., & Siperstein, G. N. (1974). Influence of contingent auditory stimulation upon non-nutritional suckle. In *Proceedings of Third Symposium on Oral Sensation and Perception: The mouth of the infant.* Springfield, IL: Charles C. Thomas.

Butterworth, G. (1984). The relationship between language and thought in young children. In *Journal of Psychology Review.*

Case, R. (1985). *Intellectual development: Birth to adulthood.* San Diego, CA: Academic Press.

Chall, J. S. (1992). The new reading debates: Evidence from science, art, and ideology.

Teachers College Record, 94, 315-328.

Chaney, C. (1994). Language development, metalinguistic awareness, and mergente literacy skills of 3-year-old children in relation to social class. *Applied Psycholinguistics, 15,* 371-394.

Chomsky, C. S. (1979). Approaching reading through invented spelling. In L. B. Resnick & P. A. Weaver (Eds.), *Theory and practice of early reading.* Hillsdale, NJ: Erlbaum.

Christophersen, P. (1973). *Second Language Learning: Myth & Reality.* Baltimore: Penguin Books.

Clark, M. M. (1976). *Young fluent readers.* London: Heinemann.

Clarke, M. A. (1987). Don't blame the system: Constraints on "whole language" reform. *Language Arts, 64,* 384-396.

Clay, M. (1975). *What did I write?* London: Heinemann Educational Books.

Clay, M. (1983). Getting a theory of writing. In B. m. Kroll & G. Wells (Eds.), *Exploration in a development of writing.* New York: Willey.

Clay, M. (1991). *Becoming literate: The construction of inner control.* Portsmouth, NH: Heinemann.

Cohen, D. H., Stern, V., & Balaban, N. (1997). *Observing and recording the behavior of young children.* 박경자 역(1997). 유아행동관찰. 서울: 학지사.

Crawford, P. A. (1995). Early literacy: Emerging perspectives. *Journal of Research in Childhood Education, 10*(1), 71-86.

Curry, N. E., & Johnson, C. N. (1990). *Beyond self-esteem: Developing a genuine sense of human value.* Washington, DC: National Association for the Education of Young Children.

Curtiss, S. (1979). *Genie: A psycholinguistic study of a modern-day "wild child".* NY: Academic Press.

de Villers, P. A., & de Villers, J. G. (1979). *Early Language.* Cambridge, MA: Harvard University Press. 곽덕영 역(1997). 유아의 초기언어학습. 서울: 학문사.

Deford, D. (1981). Literacy, reading, writing, and other essentials. *Language Arts, 58,* 652-658.

Dickinson, D., & Smith, M. (1994). Long-term effects of low-income children's vocabulary and story comprehension. *Reading Research Quarterly, 29,* 104-122.

Durkin, D. (1966). Children who read early. New York: Teachers College Press.

Dyson, A. H. (1982). Reading, writing, and language: Young children solving the written language puzzle. *Language Arts, 59,* 829-839.

Dyson, A. H. (1985). As individual differences in emerging writing. In T. Garcia (Ed.),

Advanced in writing research: Children's early writing development (pp. 59-126). Norwood, NJ: Ablex.

Dyson, A. H. (1988). Appreciate the drawing and dictating of young children. *Young Children, 43*(3), 25-32.

Edelsky, C., Altwerger, B., & Flores, B. (1991). *Whole language: What's the difference.* Portmouth, NH: Heinemann Education Books, Inc.

Farris, P. J. (2001). *Language arts: process, product, and assessment* (3rd ed.). New York, NY: McGraw-Hill Higher Education.

Field, T. (1980). Preschool play: Effects of teacher/child ratios and organization of classroom space. *Child Study Journal, 10,* 191-205.

Firth, U. (1985). Beneath the surface of developmental dyslexia. In K. E. Patterson, K. C. Marschall, & M. Coltheart (Eds.), *Surface dyslexia: Neuropsychological and cognitive studies of phonological reading.* Hillsdale, NJ: Erlbaum.

Flavell, J. H., Miller, P. H., & Miller, S. A. (1993). *Cognitive development* (3rd ed.). Englewood Cliffs, NJ: Prentice Hall.

Freeman, Y. S., & Freeman, D. E. (1992). *Whole language for second language learners.* Portsmouth: Heinemann.

Gelman, R. (1978). Counting in the preschooler: What does and does not develop. In R. S. Siegler (Ed.), *Children's thinking: What develops?* Hillsdale, NJ: Erlbaum.

Ginsberg, B. G. (1997). *Relationship Enhancement Family Therapy.* Wiley Series in Couples and Family Dynamics and Treatment.

Goodman, K. (1986). *What's whole in whole language.* Portsmoyth, NH: Heinemann.

Gopnik, A., & Choi, S. (1990). Do linguistic differences lead to cognitive differences? A cross-linguistic study of semantic and cognitive development. *First Language, 10,* 199-215.

Goss, B. (1982). Listening as information processing. *Communication quarterly, 30*(4), 304-307.

Gough, P. B., & Tunmer, W. E. (1986). Decoding, reading and reading disability. *Remedial and special education, 7,* 6-10.

Hall, N. (1987). *The emergence of literacy.* Portsmouth, NH: Heinemann.

Halliday, M. A. K. (1973). *Explorations in the Functions of Language.* London: Edward Arnold.

Hannon, P. (2000). *Reflecting on literacy in education.* London: Routledge-Falmer.

Hetherington, E. M., & Parke, R. D. (1993). *Child Psychology-A Contemporary Viewpoint-* (4th ed.). NY: McGraw-Hill, Inc.

Ingram, D. (1989). *First language acquisition: Method, description, and explanation.* New

York: Cambridge University Press.

International Reading Association and the National Association for the Education of Young Children (1998). Learning to read and write: Developmentally appropriate practices for young children. *The Reading Teacher, 52*(2), 193-216.

Irwin, D. M., & Bushnell, M. M. (1980). *Observational Strategies for Child Study.* NY: Holt, Rinehart and Winston.

Jalongo, M. R. (2000). *Early childhood language arts* (3rd ed.). Needham Heighs, MA: Allyn and Bacon.

Kurkjian, C. M. (1994). *The mediation of literacy in selected Head Start Classrooms. Unpublished doctoral dissertation.* University of Northern Colorado, Greeley.

Lamme, L. (1985). *Growing up writing.* Washington, DC: Acropolis.

Lenneberg, E. H. (1967). *Biological foundations of language.* New York: Wiley.

Leonard, L. (1986). Early language development and language disorders. In G. H. Shames & E. H. Wigg (Eds.), *Human communication disorders* (2nd ed., pp. 291-330). Columbus, OH: Merrill/Macmillan.

Levin, G. (1983). *Child Psychology.* Belmont, CA: Wadsworth.

Lucy, J. A. (1992). *Grammatical categories and cognition.* Cambridge: Cambridge University Press.

Machado, J. M. (2013). *Early childhood experience in language arts* (10th ed.). Belmont, CA: WADSWORTH.

Mason, J. (1980). When do children begin to read: An exploration of four year old children's letter and word reading competencies. *Reading Research Quarterly, 15,* 203-227.

Masur, E. F. (1983). Gestural development, dual-directional signaling, and the transition to words. *Journal of Psycholinguistic Research volume 12,* 93-109.

McGee, L. M., & Richgels, D. J. (1996). *Literacy's beginnings: Supporting young readers and writers.* Boston: Allyn and Bacon.

McGee, L. M., & Tompkins, G. E. (1981). The videotape answer to independent reading comprehension activities. *The Reading Teacher, 3*(4), 427-433.

McNeill, D. (1966). Development psycholinguistics. In F. Smith & G. A. Miller (Eds.), *The Genesis of Language.* MA: MIT Press.

McReynold, L. (1986). Functional articulation disorders. In G. H. Shames & E. H. Wigg (Eds.), *Human communication disorders* (2nd ed., pp. 139-182). Columbus, OH: Merrill/Macmillan.

Miller, W. H. (2000). *Strategies for developing emergent literacy.* IA, Dubuque: McGraw-Hill.

Morford, M., & Goldin-Meadow, S. (2009). Comprehension and production of gesture in combination with speech in one-word speakers. *Journal of Child Language, 19*(3), 559-580.

Morphett, M., & Washburne, C. (1931). When should children begin to read? *Elementary School Journal, 31,* 496-503.

Morrow, L. M. (1997). *Literacy development in the early years* (3rd ed.). Boston: Allyn & Bacon.

Morrow, L. M. (2001). *Literacy development in the early years: Helping children reading and write.* Needham Heighs, MA: Allyn and Bacon.

Morrow, L. M., & Rand, M. K. (1991). Preparing the classroom environment to promote literacy during play. In J. F. Christie (Ed.), *Play and early literacy development* (pp. 141-165). Albany, NY: State University of New York Press.

Newman, S. B., & Roskos, K. (1992). Literacy objects as cultural tools: Effects on children's literacy behaviors during play. *Reading Research Quarterly, 27,* 203-223.

Nicholson, J., & Beloff, H. (Eds.). *Psychology Survey 5.* Leicester: British Psychological Society.

Nicholson-Nelson, K. (1998). *Developing Students' Multiple Intelligences.* NY: Scholastic Professional Books.

Owens, R. (2001). *Language Development-An Introduction-.* Boston: Allyn and Bacon.

Phelps, L. (1991). *PHELPS Kindergarten Readiness Scale (PKRS).* Brandon, VT: Psychology Press Inc.

Pulaski, M. A. S. (1980). *Understanding Piaget.* NY: Harper and Row Pub. 이기숙, 주영희 공역 (1993). 어린이를 위한 피아제 이해. 서울: 창지사.

Purves, A. C. (1990). *The scribal society.* New York: Longman.

Read, C. (1971). Pre-school children's knowledge of English phonology. *Harvard Educational review, 41,* 1-41.

Read, C. (1975). *Children's categorizations of speech sounds in English.* Urbana, IL: National Council of Teachers of English.

Sachs, J. (1985). Prelinguistic development. In R. Schiefelbusch & J. Pickar (Eds.), *The Acquisition of Communitive Competence.* Columbus, OH: Merrill.

Schickedanz, J. (1986). *More than the ABCs: The early stages of reading and writing.* Acropolis Books Inc, Atlanta. 이영자 역(1995). 읽기와 쓰기를 즐기는 어린이로 기르는 방법: 유아의 읽기 와 쓰기 기초 단계 이해. 서울: 이화여자대학교 출판부.

Schickedanz, J. (1990). *Adam's righting revolution. Portsmouth.* New Hampshire: Heinemann

Educational Book.

Schickedanz, J., & Dickson, D. (2005). *Comprehensive early literacy program (CELP)*. New York, NY: Teacher.

Schlosser, K. G., & Phillips, V. L. (1991). *Beginning in whole language: A practical guide*. Scholastic, New York.

Seefeldt, C., & Barbour, N. (1994). *Early childhood education: An introduction* (3rd ed.). Upper Saddle River, NJ: Merrill/Prentice Hall.

Share, D. L., Jorm, A. F., Maclean, M., & Mathews, R. (1984). Sources of individual differences in reading acquisition. *Journal of Educational Psychology, 76*, 1309-1324.

Shores, E., & Grace, C. (1998). *A Step-by-Step Guide for Teachers: The Portfolio Book*. NY: Gryphon House.

Sinclair de Zwart, H. (1967). *Acquisition du language et development de la pensee*. Paris: Dunod.

Smith, F. (1971). *Understanding Reading*. New York: Holt, Rinehart and winston.

Smith, F. (1984). The creative achievement of literacy. In h. Goelma, A. A. Oberg, & F. Smith, (Eds.), *Awakening to literacy* (pp. 143-153). London: Exter Heinemann Educational Books.

Stabb, C. (1992). *Oral Language for Today's Classroom*. Ontario: Pippin Publishing Ltd.

Steinberg, D. D. (1982). *Psycholinguistics: Language, Mind and World*. London: Longman.

Sulzby, E. (1985). Children's emerging reading of favorite storybooks: A developmental study. *Reading Research Quarterly, 20*, 458-481.

Sundberg, M. L. (2007). Verbal behavior. In J. O. Cooper, T. E. Heron, & W. L. Heward (Eds.), *Applied Behavior Analysis* (2nd ed., pp. 526-547). Upper Saddle River, NJ: Merrill/ Prentice Hall.

Taylor, J. (1973). *Reading and Writing in the First School*. London: George Allen and Unwin Ltd.

Teale, W. H., & Sulzby, E. (1986). Introduction: Emergent literacy as a perspective for examining how young children become writers and readers. *Emergent literacy: writing and reading*. Norwood, NJ: Ablex.

Teale, W. H., & Sulzby, E. (1996). Emergent literacy: New perspectives. In R. D. Robinson, M. C. McKenna, & J. M. Wedman (Eds.), *Issues and trends in literacy education*. Massachusetts: Allyn and Bacon.

Thomas, R. M. (1987). *Comparing theories of child development*. Wadsworth Publishing Company. 백운학 역(1987). 아동발달의 제이론. 서울: 교육과학사.

Tomkins, G. E. (1998). *Language arts: Content and teaching strategies* (4th ed.). Columbus, OH: Merrill.

Trawick-Smith, J. (2001). *Interactions in the classroom: facilitating play in the early years.* NJ: Prentice Hall PTR. 송혜린, 신혜영, 신혜원 성지현, 이종희, 임세희, 임용순, 임지연, 조혜진, 황보영 공역(2001). 놀이지도: 아이들을 사로잡는 상호작용. 서울: 다음세대.

Valdez-Menchaca, V., & Whitehurst, G. J. (1992). Acceleration language development through picture-book reading: A systematic extension to Mexican daycare. *Developmental Psychology, 28,* 1106-1114.

Van Riper, C. (1978). *Speech correction* (5th ed.). Englewood Cliffs, NJ: Prentice-Hall.

Weaver, C. (1994). *Reading process and practice.* Portsmouth, NH: Heinemann.

Weaver, C. (1998). *Reconsidering a balanced approach to reading.* Eric Document. No. 418-388.

Whorf, B. (1956). *Language, Thought & Reality.* Cambridge, MA: MIT Press.

Wortham, S. C. (1998). *Early childhood curriculum: Developmental bases for learning and teaching.* Upper Saddle River, NJ: Merrill/Prentice Hall.

Yule, G. (1986). *The study of language.* NY: Cambridge University Press. 이길수 역(1999). 언어의 연구. 서울: 새문사.

Zinober, B., & Martlew, M. (1985). Developmental changes in four types of gesture in relation to acts and vocalizations from 10 to 21 months. *British Journal of Developmental Psychology, 3*(3), 293-306.

조선일보(2003. 10. 7.). 동물에게 말 가르칠 수 있을까—김선영, 김영주 교수가 만드는 과학면.
중앙일보(1999). Newsweek 한국판 특별호—귀여운 우리 아기. 중앙일보사.

http://bsrc.kaist.ac.kr
http://elanguages.org
http://kem.edunet4u.net
http://onlinelibrary.wiley.com/
http://synnic.com.ne.kr/
http://www.born2talk.com/001_infant_signing.asp
http://www.brain.riken.jp/en/awa...ion.html

찾아
보기

내용

저자 소개

한유미(Han You Me)
현 호서대학교 유아교육과 교수

김혜선(Kim Hye Seon)
현 명지전문대학 유아교육과 교수

권희경(Kwon Heekyoung)
현 건국대학교 유아교육과 교수

4판
2019 개정 누리과정에 따른
영유아 언어교육의 이해

2006년 9월 25일 1판 1쇄 발행
2009년 10월 20일 1판 6쇄 발행
2010년 9월 10일 2판 1쇄 발행
2013년 1월 25일 2판 5쇄 발행
2013년 9월 25일 3판 1쇄 발행
2020년 9월 10일 3판 9쇄 발행
2022년 1월 10일 4판 1쇄 발행
2023년 1월 20일 4판 2쇄 발행

지은이 • 한유미 · 김혜선 · 권희경
펴낸이 • 김 진 환
펴낸곳 • (주) **학지사**

04031 서울특별시 마포구 양화로 15길 20 마인드월드빌딩 5층

대표전화 • 02) 330-5114   팩스 • 02) 324-2345

등록번호 • 제313-2006-000265호

홈페이지 • http://www.hakjisa.co.kr
페이스북 • https://www.facebook.com/hakjisabook

ISBN 978-89-997-2546-3 93370

정가 **18,000**원

출판미디어기업 **학지사**

간호보건의학출판 **학지사메디컬** www.hakjisamd.co.kr
심리검사연구소 **인싸이트** www.inpsyt.co.kr
학술논문서비스 **뉴논문** www.newnonmun.com
원격교육연수원 **카운피아** www.counpia.com